史記紀年考

劉坦 著

創于1897
商務印書館
The Commercial Press
二〇一七年·北京

圖書在版編目(CIP)數據

史記紀年考 / 劉坦著. — 北京 : 商務印書館, 2017
ISBN 978 - 7 - 100 - 12642 - 7

Ⅰ. ①史… Ⅱ. ①劉… Ⅲ. ①《史記》—研究 Ⅳ. ①K204.2

中國版本圖書館CIP數據核字(2016)第245038號

史記紀年考
劉 坦 著

商 務 印 書 館 出 版
（北京王府井大街36號 郵政編碼 100710）
商 務 印 書 館 出 版 發 行
北京駿馳印刷有限公司印刷
ISBN 978 - 7 - 100 - 12642 - 7

2017年2月第1版 開本 787 × 1092 1/16
2017年2月北京第1次印刷 印張 23 1/4

定價：98.00元

◎序一

商務印書館重印《史記紀年考》，責任編輯約筆者寫篇序言予以評介。作者劉坦先生已經作古，他是一位自學成才的農家出身的才子，在一生艱苦歲月、困頓生活中完成了多部學術論著，《史記紀年考》是其一，實在了不起。關於劉坦先生的傳奇事跡，喬治忠先生的文章做了詳細的介紹，筆者也是第一次讀《史記紀年考》，對於作者，筆者除了無限敬佩之外，別無話可說。本文集中談一談對《史記紀年考》的讀後感，領略該書的精義所在，與讀者分享。

司馬遷作《史記》，創作了系統的歷史紀年法，即歷史年代學。《史記》十表編年摘要，列載帝王、諸侯相承，貫通古今，劃分歷史斷限，詳今略古，爲全書之經絡。《三代世表》、《十二諸侯年表》爲古代史表；《六國年表》、《秦楚之際月表》爲近代史表；漢興以來六表爲今世史表。本紀、世家編年記事，有系統的帝王與諸侯相承的在位年代記録。但紀年存在許多疏略抵牾，本紀、列傳與年表互異，世家與本紀相違，其中多數年代之異爲一年之差。例如，《平原君列傳》載平原君『孝成王十五年卒』，而《六國年表》與《趙世家》并載『十四年卒』。又如，《趙世家》載：『八年，平原君如楚請救。還，楚來救，及魏公子無忌來救，秦圍邯鄲乃解。』而《六國年表》繫楚、魏救趙，解圍邯鄲在趙孝成王九年。以上兩例，《史記》三家注皆有指陳。

古代紀年的一歲之差有多種原因：或爲所據史料不同；或爲誤記；或在流傳中産生的譌誤；或爲虛歲與實歲紀年不同；或爲敘事突出行文的順暢而統攝使紀年晦澀，導致誤解。孝成王八年，平原君求救於楚、魏，而楚、魏九年來救，解圍邯鄲，《趙世家》、《六國年表》皆不誤，而《趙世家》用『還』與『及』兩字突出平原君外交活動的成果，而疏略了兩年時間的距離，『秦圍邯鄲乃解』句之前應補『九年』二字。

三國時譙周作《古史考》、清梁玉繩《史記志疑》、近人崔適《史記探源》，引證文獻考辨《史記》之失，自然涉及許多年代的糾正，但不系統。《史記紀年考》是一部專門全面地、系統地梳理《史記》紀年的論著，有别于傳統的考證，不是廣征博引文獻來正誤《史記》，而是就《史記》論《史記》解讀司馬遷的歷史紀年法，以純學術的視角來看，《史記紀年考》應名之爲《史記紀年表》，但其中考辨了許多紀年的失誤，所以名爲《史記紀年考》也相宜。這裏旨在説明《史記紀年考》本質是一部古籍整理專著，而不是傳統意義的考據辨正專著。爲此，作者劉坦特别在《凡例》第一條慎重聲明：『本考爲《史記紀年考》，而非《古代紀年考》，故於《史記》以外之紀年，無論是非，片語隻辭，並無所取，以完一家之言。』筆者非常讚賞這一原則，此可爲研究《史記》者之一座右銘。特别是註解《史記》、研究《史記》疑案的作者要牢記這一座右銘，解讀《史記》，第一要義是透徹瞭解司馬遷的著述旨趣以及著述方法，而不是擷取片言隻語來標新立異、鉆牛角。

《史記紀年考》全書有三大亮點，是作者獨具匠心的創作：其一，宏觀架構，立意高遠；其二，參錯互證的考據方法，簡明精細；其三，表列年代體系完美，異同自見。分述於次。

其一，宏觀架構，立意高遠。《史記紀年考》全書三卷，第一卷爲《綜合年表》，總體表現《史記》的紀年内容與方法，是居高臨視《史記》總體工程，按梁啓超《中國歷史研究法》的説法是『鳥瞰』；卷二是分篇，也可稱爲分專題梳理本紀、世家的紀年；卷三是《考定年表》，用卷二的成果與《史記》十表對照。卷二、卷三，依梁啓超氏的説法是在地上穿街走巷做細緻調查，也可稱爲解剖氏方法。《史記紀年考》的三卷式架構，分開看各卷是一個獨立的系統，合起來又是一個不可分割的立體架構，共同完成《史記》的年表與本紀、世家的互證，在對照中清晰地展示了《史記》全書的紀年内容與紀年方法以及異同是非，多數年代的譌誤得到糾正。用作者的話說，就是：『今考《史記》紀年，雖多疏略抵捂，然要其本末，則常遺之於前，終得之於後，又或失之於後，而可證之於前。』《史記紀年考》展現的三卷式架構，看似簡單，立意於會通思考，全面系統把握，其實是嘔心瀝血的創作。《綜合年表》的製作，作者以已知的共和元年庚申爲基準點，之前的紀年逆推，之後的紀年以《史記》十表互證，把本紀、年表、世家總彙一體考查，用以糾其錯誤，一經點撥，豁然開朗。俗話說：『站得高，看得遠。』作者通考《史記》紀年，宏觀架構，立意高遠，獲得了成功。

其二，參錯互證的考據方法，簡明精細。對《史記》紀年中的疏略抵牾，作者在卷二中運用排比本紀、世家以及年表的紀年，參錯互證，是非自顯。試舉一例以明之。

《秦始皇本紀》篇後附有秦起襄公至秦二世共三十二代國君相承年表，結句爲：『右秦襄公至二世，六百一十歲。』《正義》曰：『《秦本紀》自襄公至二世，五百七十六年矣。《年表》自襄公至二世，五百六十一年，三說並不同，未知孰是。』《史記紀年考》排比《秦本紀》、《秦始皇本紀》附録、《六國年表·秦表》自襄公至秦二世之紀年：《秦本紀》爲五百七十七年，《秦始皇本紀》附録爲五百七十二年，《六國年表》爲五百七十一年。《秦始皇本紀》附録與《六國年表》相當一致，其中秦悼公在位，《秦本紀》及《六國年表》爲十四年，《秦始皇本紀》附録爲十五年，於是多出一年。《秦本紀》紀年，靈公紀年十三年，《始皇紀》、《年表》爲十年，多出三年；簡公、獻公又各多出一年，於是《秦本紀》紀年共爲五百七十七年，多出《秦始皇本紀》五年，多出《年表》六年。以上歧義，《史記紀年考》如何考證的呢，茲引録悼公紀考全文如下：

悼公紀年，《本紀》及《年表》，同爲十四年，而《始皇本紀》，爲十五年。因《始皇本紀》所録，無事可據，茲故仍以《秦本紀》考之。據《秦本紀》載：悼公『九年，晉定公與吴王夫差盟，爭長于黄池，卒先吴。吴彊，陵中國。』《年表》載吴晉爭長於黄池，亦當秦悼公九年。按《晉年表》載定公三十年，『與吴會黄池，爭長。』又《晉世家》亦載：定公『三十年，定公與吴王夫差會黄池，爭長。趙鞅時從，卒長吴。』是則秦悼公之九年，與晉定公三十年同年。復據《秦本紀》載：厲共公『二十四年，晉亂，殺知伯，分其國，與趙、韓、魏。』按《晉世家》載：『哀公四年，趙襄子、韓康子、魏桓子，共殺知伯，盡并其地。』又《年表》載：晉哀公四年，魏桓子、韓康子、趙襄子，敗知伯晉陽，三分其地，亦當秦厲共公二十四年。是則秦厲共公之二十四年，與晉哀公四年同年。以晉歷年考之，自定公三十年，至哀公四年，凡爲三十年。則秦自悼公九年，至厲共公之二十四年，亦應爲三十年。今依《秦本紀》及《年表》謂悼公十四年數之，適得三十年。更以《始皇本紀》謂悼公十五年數之，則爲三十一年。故以晉歷年爲徵，則《始皇本紀》載悼公十五年，實衍一年。

以上引文就是一例生動的排比參錯互證方法，非常簡單而適用，但要細心煩瑣的排比，比較各方記載，不是人人想得到做得到的事。至於秦靈公多出的三年，簡公、獻公、莊襄王各多出的一年，均用同一方法考出。於是秦紀的紀年得到驗證，《年表》的記載最爲正確。至於五百六十一年與六百一十年的記載，明顯是誤記。五百六十一年與《年表》的五百七十一年差十年，而六百一十年則差三十九年，兩個數字都不是司馬遷的統計。五百六十一年是《正義》張守節的統計，或一時粗心致誤。《秦始皇本紀》的附録，與《過秦論》上篇、中篇係後人補入，茲不贅言。

其三，表列年代體系完美，異同自見。前文指出，《史記紀年考》，實爲《史記紀年表》，作者解讀《史記》紀年，主要形式爲用列表紀年方式表述，即使是第二卷《唐虞夏商紀年考》亦將最終成果用列表方式表述。卷一直接命名爲『綜合年表』，展示《史記》全書紀年内容，卷二是考據，卷三《考定年表》與卷一首尾呼應，實質是『綜合年表』與《史記》十表做簡化排比互證。善治史者莫過於善於製表，能够把複雜豐富的歷史内容簡明地納入尺幅之中，即爲表也。唐司馬貞曰：『《禮》有《表記》，而鄭玄云「表，明也」。謂事微而不著，須表明也。』（《三代世表·索隱》）清趙翼曰：『作史體裁，莫大於是。』（《廿二史劄記》卷一）《史記紀年考》是一部非常完美的歷史年代學論著，《史記》紀年的文字異同與是非淋漓盡致地表述出來，可以作爲工具書使用。

作爲學術論著，直行排版的《史記紀年考》供專業人士參考較爲莊重，如果作爲工具書，則要横排，并標示公元紀年，以便廣大讀者閲讀、應用。筆者建議稍加整理，改造成爲一部讀《史記》的工具書，社會效益更大，也不辜負作者的初衷。

是爲序。

張大可

二〇一六年九月十六日

◎序二

天津市之西約三十公里的距離，有一王慶坨鎮，現今工廠密集，交通發達，京滬高速公路、津保高速公路與津同公路在此處交匯。而在二十世紀前期，王慶坨僅僅是個村鎮，住户基本皆爲農民。就在這相當偏僻的鄉間，出現了一位極其特殊的民間學者劉坦（一九一〇—一九六〇），他終生矢志不移地研討艱深的中國歷史年代學，並且取得十分突出的成就，二十世紀五十年代被郭沫若等學術大家賞識和關注，但逝世後漸至埋没，其學遂成絶唱。在中國學術史、史學史的研究日益深入的當下，有必要對這位歷史年代學家及其創樹予以梳理和研討，以有助於展示中國文化星空燦爛多輝之全貌。

一、劉坦的生平事跡

劉坦，原名允恭，號田驕，中年方改名坦，一九一〇年出生于武清縣王慶坨鎮。幼年家境貧寒，直至九歲方入私塾舊學。私塾教師王猩酋（一八七六—一九四八）乃當時文化名士，其人私辦書塾，教習本鄉學子，不出王慶坨鄉里而享譽京津學界乃至全國，性格灑脱，品格剛正，詩文豪爽，書畫凝重，且有多種學術論著面世，所撰《雨花石子記》全面考察雨花石的質地、形色、紋路、鑒賞、交易、收藏，報紙上連載後於一九四三年出版，馳名全國[一]，二〇〇六年又得以再版。劉坦初始開蒙問學，即遇如此良師，真乃幸運，而王猩酋先生亦賞識劉坦聰慧好學，根據其性情、資質，從識字起步，循序漸進地課以《四書》、《左傳》、《國語》等典籍，間讀子部各書以及《昭明文選》等。

隨從王猩酋學習七年之後，劉坦因迫于生計而輟學，一九二七年，曾執教于天津武清王慶坨鎮小范口小學，『然於學問之道，未敢或忘』〔二〕，堅持自修文史，茫昧之中苦苦探索。至一九三〇年間，撰成十餘萬字的《周秦諸子傳略考》，這是劉坦初入歷史考據之途的處女作，而于劉坦在世時即已佚失。後來劉坦自己總結說：『雖於上考輯得十萬餘言，然去成功絕遠，但因感覺一切典籍關於史實檢討之繁費多難，實啓是後致力「別録」工作之門徑。』〔三〕由此可知，雖然撰成之文不很理想，但這次嘗試使劉坦在治學生涯上獲得不少進展。第一，研究『諸子傳略』，必然已經細讀司馬遷《史記》，此乃不言而喻。精心研究《史記》，後來成爲劉坦一生治學的樞紐。第二，開始系統性思考治學門徑的問題，悟出針對古代史籍做『別録』的方法，不僅可以打下牢固的學術根基，而且大開歷史考證中提供檢索和利用資料的方便之門。因此，劉坦不惜投入很大的精力和佔用很多時間，做各種古代典籍的『別録』。

劉坦的所謂『別録』，是突破和甩開原古籍的編纂系統和體例，另行分門別類地輯録其中的史事記載，例如《國語》一書，原本是按照春秋時代的周、晉、魯、齊、鄭、楚、吴、越等八個國別，分別記載當時人物的言論和事跡，而劉坦《國語別録》，則設立人物或八國之外的國別與地區，抄録《國語》中的相關内容。如『周棄史略』條抄寫了《國語》中《周語》、《魯語》、《晉語》、《鄭語》所載關於棄（即周先祖后稷）的記述；『莒史略』條抄録了《魯語》、《齊語》、《鄭語》所載關於莒國和莒人的記述。其餘皆類此例。可以想見，這是一項强制研習、梳理和歸納歷史資料的工作，耗時費力，但起到夯實史學基礎的作用，編輯過程中就會發現許多值得研究的學術問題。在當年缺乏史料檢索工具的條件下，這類『別録』對此後的治學具有重大的輔助作用。

劉坦做了多種古籍的史料『別録』，尤其是《史記別録》，部帙宏富，類目廣博，所投入的精力最多。司馬遷撰著的《史記》是中國古代第一部紀傳體通史，記載的時間跨度自傳說的黃帝時期直至西漢武帝，空間廣度自西漢統治的中心地區延伸到東部朝鮮、南方閩粵、越南、漠北匈奴、西北西域以及西南雲、貴、川藏、印度等地〔四〕，包括了當時所知的整個世界。其書歷史文化藴涵廣袤，思想内容博大淵深，文筆生動，氣勢豪邁。劉坦被《史記》深深吸引，他所矚目之處不是欣賞司馬遷的文章華美，也不是樂知古人軼事，而是發現《史記》之學大有可爲，其中存在諸多應當追索考訂的學術問題，特别是《史記》中存在大量年代記載的歧異和抵牾，促進劉坦將歷史年代學作爲學術探討的主攻方向。當然，這也必須結合研討那些與《史記》紀事相關的其他經史典籍。從劉坦最初撰寫《周秦諸子傳略考》到最後出版的《中國古代之星歲紀年》，無一不與研習《史記》密切相關。據劉坦本人的《四十自紀》，他正式編輯《史記别録》是起於一九三二年，到一九四六年仍在做補充修訂，這一階段也撰成多種功力深厚的學術論著。因此，在一定意義上可以説：編輯《史記别録》的進程，乃是推動劉坦最終成爲卓越歷史年代學家的主要動因。

一九三五年，劉坦《孔誕考正》發表於是年九月出版的《東方雜誌》第三十二卷第十七號。《東方雜誌》是上海商務印書館主辦的名刊，創始于清季的一九〇四年，直至一九四八年才停刊，作爲鄉間學人在此刊物上發文，無疑加强了劉坦繼續矢志治學的信心。此後研討益深，筆耕不斷，接著，《史記紀年考》一書於一九三七年五月在上海商務印書館出版，標誌著作者在歷史年代學研究上已經漸入佳境，能够自立于學術之林，而此年劉坦僅二十七周歲。但遇上日本軍國主義者大舉進攻和侵佔中國，全國性的抗戰爆發，劉坦的學術成就未能獲得時人的充分關注。

無論是貧病交加還是世勢變遷，都絲毫不能改變劉坦的治學意志，他的生活狀況十分艱苦，終生未婚，一生除了很短時期擔任教師或其他辦事人員外，絕大多數年華都是做無報酬的學術研究。身爲農民却並不種田，土屋之内，整日閉門謝客，埋頭於古代人物、史事及其年代的疏通考核。吃穿簡陋，長期以玉米窩頭和鹹菜充饑。其妹劉慧牲女士雖不通史學却盡力協助兄長的治學與研究，料理家務並且打理收發書信、預備紙墨等一應瑣事，也終身未婚。劉坦之弟並不識字，爲傳統型農民，有妻室子女，也對兄長的學問由衷敬服，心甘情願地種田勞動，供養劉坦兄妹的衣食。這是一個極爲特殊的家庭，所有成員爲了一種學術而默默地做力所能及的貢獻。劉坦研究的課題與眼前的生活事務毫無關係，也無法與社會的風雲動蕩直接關聯，兢兢業業，孜孜探討，全憑治學興趣，皆因癡迷於那遥遠的歷史文化内容，從未想過名與利的謀求，唯此而能够做到直書真見，絲毫没有討好任何個人或學派的心思，也不顧及任何避諱，真正是獨立的學者。到二十世紀五十年代之初，劉坦按照自己的治學理路，陸續撰寫了《史記世族譜》書稿與《三五通考》、《世經紀年考》、《竹書紀年表》等多篇考據論文，均爲與現實無多關聯的研討。不僅如此，他由歷史年代學的研習而步入了中國古代星歲紀年問題的探索，這個專題在傳統學術中即十分冷僻，但對劉坦個人的治學而言，乃是打開了一個别致的境界。

一九五四年，劉坦的長文《論星歲紀年》，受到中國科學院院長郭沫若、副院長竺可楨的關注，一九五五年八月科學出版社將之刊印大開本單行本公開出版。另一論文《〈吕覽〉『涒灘』與〈服賦〉『單閼』、〈淮南〉『丙子』之通考》，發表於《歷史研究》一九五六年第四期。而英國學者李約瑟《中國科學技術史》七卷本的首卷，正是在一九五四年于英國劍橋大學出版，這在中國引起很大的轟動。新中國的科學院，一方面積極聯絡和支持李約瑟的工作，一方面加快了研究中國古代科學技術史的學術部署，一九五四年八月就組織了中國自然科學史研究委員會，竺可楨爲主任，葉企孫、侯外廬爲副主任，分爲幾個學科而各聘委員，如天文學史研究委員由竺可楨擔任，物理學史爲葉企孫、丁西林，水利工程學史爲張含英，建築學史爲梁思成、劉敦楨等〔五〕，調動全國力量投入研究。通過一系列的準備工作，一九五六年七月九日至十二日，在北京西苑大旅社召開了中國自然科學史第一次科學討論會，劉坦被邀請參加了這次大會。

筆者經查閱此次科學史討論會的會議檔案〔六〕，知會議分爲四組，即：一、農學及生物學史組；二、醫學史組；三、數學及天文學史組；四、其餘各學科史組。劉坦參加第三組，學科屬於天文學史，因爲星歲紀年雖可歸屬於曆法，但曆法與日月、星宿密切相關，星歲紀年在研究中，是要涉及木星運行週期等天文學問題。與會名單上列有代表八十五人〔七〕，來自天津者唯劉坦一人，全國來自民間無公務職業者，仍是唯劉坦一人，其他會議代表姓名後都注明任職單位如大學、各種研究所、政府、文化部門等，唯劉坦姓名之後寫的是居住地址：天津西王慶坨建設街鹽店胡同。會議收到論文共五十四篇，具體題目不詳，經審閱挑選僅在會議上宣讀二十三篇〔八〕，這第一是爲了嚴格把守學術品質，第二是便於進行充分、集中的學術討論。其中劉坦没有提交論文，應是倉促與會，未遑準備。

這次學術會議結束，劉坦回到故鄉，專心撰寫和修訂關於星歲紀年的論著，一九五七年十二月，科學出版社仍以大開本出版發行劉坦《中國古代之星歲紀年》一書，約二十七萬字，這是其一系列論著中的最佳精品，可謂中國歷史年代學研究園地的一朵奇葩。僅憑此一書，作者即可挺立于史學界第一流學者之林。此後，劉坦受到户籍所在地武清縣政府的高度重視：一九五八年二月，劉坦被選爲王慶坨鄉第三届人民代表；一九五九年被聘爲政協武清縣第二届委員。然而劉坦依然過著清貧節儉的生活，出書、發文的稿費數額可觀，但都購買了學術書籍，不大用於改善衣食水平。至一九六〇年舊病爆發，且營養不良，于當年秋季逝世，享年僅五十周歲。政府有關部門實際上對劉坦頗爲照顧，按高級知識分子待遇給以特供食品購買券，病重期間，特派有名醫生專職守護，予以調理和醫治，然終因身體過於虚弱，難以挽救。劉坦逝世後，人們發現他將食品特供券悉數壓於床枕之下，多已過期作廢，蓋劉坦不願意享受有別于平民的待遇。而枕邊放置的，乃是尚在修訂的《三五通考》，其情景令人諮嗟。

在劉坦逝世後，其事跡廣爲傳揚，特别是在家鄉武清縣（今天津市武清區）的行政機構、文化單位、醫院、學校，人們對本地出現這樣一位大學者驚奇、感奮，又因其過早去世而惋嘆。傳聞多來自各個知情人，而故事流傳日積月久，則不免稍有誇張或失真，近年來已有若干採寫、報導見諸報紙、書刊及電子網絡，應當擇要予以甄別和考析，真實者傳揚之，謌誤者消除之，處疑信之間者且待進一步考訂。

其一，傳聞一九三七年十二月劉坦《史記紀年考》出版之後，陳垣先生來信祝賀。〔九〕經查《陳垣來往書信集》（增訂本），毫無關乎劉坦的信息，也没有陳垣曾經提到《史記紀年考》的任何資料，而劉坦自己保存的信件已經不知下落，無法證實。況當時正日寇侵佔北京，國民政府西遷時節，陳垣是否見到劉坦之書，尚爲疑問，如不能發現新的確切資料，則不應信從。

其二，劉坦《中國古代之星歲紀年》一九五七年出版後，傳聞日本新城新藏博士得知後，來函表示折服，並約其會面。〔一〇〕這很不屬實，實際日本史學家新城新藏早於一九三八年八月逝世。或許有其他日本學者來函，也未可知，只可惜劉坦所存信件已經散佚，此間無法查驗。

其三，傳聞一九五六年七月劉坦參加全國第一次自然科學史學術討論會，受到周恩來總理的接見。〔一一〕此事亦不屬實，《人民日報》、《光明日報》對此次大會均有集中報導〔一二〕，《科學通報》（一九五六年第八期）、《歷史研究》（一九五六年第八期）等期刊也發表了此次會議的綜述，皆無周恩來接見會議代表的消息。特别是科學院副院長竺可楨的日記中，記述了全國第一次自然科學史學術討論會的籌備、召開、會間與閉幕。已經出版的《竺可楨日記》以『求全』、『求真』爲準則，不做任何删改，而竺可楨對於國家各級領導人參與科學活動和關心科學事業，是一定會記入日記的，這樣的内容極多，巨細不遺。查《竺可楨日記》自一九五六年七月二日至十二日，均多次記述本次會議的準備和進行情況，對七月九日開幕與七月十二日閉幕記述尤其詳細，却未有周恩來到會的消息。〔一三〕這足以説明周總理接見會議代表的傳聞，並無根據。

其四，在關乎劉坦的事跡中，涉及郭沫若的傳言最爲具體，據説劉坦在《歷史研究》發論文、在科學出版社刊行《中國古代之星歲紀年》一書以及參加全國自然科學史學術會議，都是得自郭沫若的獎助和提攜。在全國第一次自然科學史討論會期間，郭沫若曾對劉坦説：『世界上研究星歲紀年的人屈指可數，祝你取得更大成績。』並希望劉坦留在北京搞研究，他婉言謝絕了。以上説法雖然迄今尚未查到直接的確證，但傳言所來有自，可以通過分析予以認定。理由有兩點：

（一）這個説法源于與劉坦密切接觸的人和劉坦的親人，劉坦逝世後幾年内在本鄉以及武清縣政府、文化和醫療界流傳，傳言者不同但描述一致。一九六〇至一九六一年間，筆者之叔叔乃武清楊村鎮醫院醫生，院長時美辰，即被派往王慶坨醫治劉坦病患的名醫。時醫生陪伴劉坦多日，醫療間二老談話投契，得知劉坦許多事跡。劉坦去世後，時醫生返回楊村鎮醫院，常將劉坦之奇人其事向同仁敘述，筆者當時就從叔叔那裏得聞此事，確有郭沫若對劉坦提攜、獎助以及挽留在北京任科學研究職務，一九六〇年不買特供食品，臨終仍在修訂文稿等事由、情節。

（二）《郭沫若全集》雖已編輯出版，但收載的多爲已經公開發表過的作品，其書信曾選擇性地另行出版極少部分，而未見有日記公佈。但《竺可楨日記》之中，則記述了劉坦的《論星歲紀年》（未刊稿）一文。一九五四年九月七日，竺可楨在日記上首先寫上『歲星紀年』，以表示重視。本日之日記，記述了閲讀劉坦之文而獲得的知識，排列了基本名稱和概念，還列出了浦江清的觀點，但立即就根據劉坦的説法否定了。次日即九月八日，繼續記述了閲讀劉坦之文的理解與感觸，文字較前爲多，仍列出浦江清觀點而否定之。那麽，竺可楨讀劉坦之文何以牽涉浦江清呢？浦江清是北京大學教授，在《歷史研究》一九五四年第一期發表《屈原生年月日的推算問題》，運用他對於古代星歲紀年的理解，反駁郭沫若以及古今許多學者的考訂，自行推算了屈原的生年月日。而劉坦撰《論星歲紀年》，是申明這種星歲紀年方法的真諦，順便指出浦江清方法和見解的完全錯誤。竺可楨是將兩篇文章對照閲讀的，顯然是傾向于支持劉坦。這件事不可能不引起郭沫若的關注，也許正是郭沫若指示將劉坦之文交給竺可楨評判，因爲一則此項辯論牽涉到自己而不好表態，二則竺可楨在天文學史上比郭沫若更加精通。劉文並未支持郭沫若的觀點，並且按照劉坦的論述，郭沫若《屈原研究》〔一四〕中的推算也是不成立的，但劉文既然完全否定了浦江清的立論根基，自然也就起到給郭沫若解圍的作用。因此，郭沫若必然會細讀劉坦之文，從而感受到其中的學術精深，不能不予以提攜，《論星歲紀年》和《中國古代之星歲紀年》得以接連在科學出版社出版，應是得到郭沫若的安排。〔一五〕在全國第一次自然科學史大會閉幕後的宴會上，郭沫若一定會主動與劉坦談話，勸他留在北京做研究工作，此乃順理成章，因爲當時急需發展自然科學史研究，科學院曾多處挖掘人才，準備一九五七年成立自然科學史研究室，會議的總結文件特別提出『要求科學院應把全國的科學史研究力量進一步組織起來』〔一六〕。當時，在李約瑟著述的刺激下，建立自然科學史研究學科，乃是中國科學院的急切任務，發現和組織專業人才則爲急中之急，連英國學者李約瑟的助手王鈴博士，都幾次被邀請回國工作。〔一七〕可惜劉坦過於淡泊，没有抓住這次有利於研究、有利於培養後繼人才的發展機遇。

二、劉坦的主要論著

劉坦終生獨立致力於研治史學，毫無旁騖，因此撰成之稿數量甚多，但多數未得刊行，更有不少手稿今已佚失。據劉坦《四十自紀》以及筆者對其著述的訪查，謹將迄今可知的劉坦著述茲分三個類别予以簡介，注明存佚，且擇要評析其成就，以備學界進一步查考與研討。

（一）『别録』及索引類自編工具書類

劉坦自一九三〇年撰寫十餘萬字的《周秦諸子傳略考》，體會出編輯『別録』這類工具性書籍以作治學門徑的方法。這種編輯工作一直延續下來。最早所作的是《左傳》、《戰國策》、《國語》、《史記》、《春秋》之『別録』，隨後擴展到《韓非子》、《淮南子》、《逸周書》、《楚辭》、《大戴禮》、《墨子》、《禮記》、《孟子》、《尚書》、《春秋穀梁傳》等，其中《史記別録》工程浩大，最後成稿達十二卷，另附各卷的未定稿以及續補、補遺等若干册，是劉坦學術歷程中的重要撰述。劉坦還特別注意到《漢書·古今人表》，爲了認知其中諸多歷史人物，遂編輯《前漢書古今人表檢字》並且附有《古今人表世譜》和若干考證及校勘條目。此書是分別按部首和筆畫，將《漢書·古今人表》列入的人物編成文字索引的工具書，這與『別録』之作異曲同工，《古今人表世譜》則是將那些人物按照血緣世系繪爲圖表，並加詳細解說，另有考證和校勘。這項工作，頗費一番參照其他史籍進行考校的功夫，其書已經近於專門著述了。雖然有些人物乃源自傳說或神話，未必真實存在，但此書稿仍然是讀通古籍並進行研討的得力工具。

以上所述，名目載於《四十自紀》一九五〇年之前，從一九五一年起其此類工具書的編輯，改爲只注明見於某書頁數的方式，有時摘略一些提示，而不再抄録原文，稱爲『纂目』、『史纂』或『引目』，乃純爲自己查閲之用，無撰述用意，也許是準備此後正式編輯『別録』的先期準備，其涉及古籍範圍廣博，如《荀子》、《孫子兵法》、《詩經》、《山海經》、《管子》、《漢書》、《後漢書》、《春秋公羊傳》、《春秋繁露》等自不待言，連《鬼谷子》、《尸子》、《關尹子》之類亦一覽全收，掌握史料欲竭澤而漁之心，由此可見一斑。傳統學術中，史學原與經學密切聯繫，劉坦一九五二年撰有《前漢書經學史料》、《後漢書經學史料》，將這兩部史籍中凡涉及經學内容者，按六經經傳、《論語》、《石經》、《爾雅》、《周禮》、圖讖等分類抄録，雖則用意同於『別録』，但專題明晰，部帙豐碩，已經近乎于兩漢經學史撰述。上述之書，多數尚藏于天津武清圖書館，少數佚失。同藏于武清圖書館的還有《左傳横紀》附《左傳別纂》、《戰國策横紀》，名目未見於截止於一九五四年的《四十自紀》，當爲一九五五年之後將多年前所撰《左傳別録》、《戰國策別録》修訂補充，而重新定名。總之，劉坦自編古籍工具書的工作，是其不斷更新和時時擴展的治學項目，顯現出在古代史料典籍中縱横貫穿、往復紬繹的不懈努力，無怪乎其論著基礎扎實、理據充沛，史料拈來，多遂心應手。

（二）專題考録類

劉坦在編輯『別録』之類的工具書時，會想到進一步整理、彙集與考校資料，從而形成專題纂輯和考録性的撰述，如《蒲滿互出輯例》、《史記世族譜》、《竹書紀年表》、《正史紀年表》、《文獻通考紀年表》等，在治學上屬於由資料向著述邁進一步。《蒲滿互出輯例》寫於一九四八年，已佚，似爲發現古籍中多有『蒲』字與『滿』字混淆的現象，因而彙集並且予以辨析。《竹書紀年表》、《正史紀年表》、《文獻通考紀年表》都已佚失，但顧名思義，皆爲據史籍而編撰的年表，均撰於一九五〇年，是劉坦注重歷史年代學的又一表徵。《史記世族譜》始撰於一九四七年，至一九四九年基本定稿，劉坦自言其内容曰：

> 中國古代世族，傳記間有異同。本編旨在紬繹《史記》有關世族之文，使成一家單紀世族之史料，俾供具體整理之檢討。全編十餘萬言，共分三卷，第一、二卷除將起自五帝之前迄至秦漢所有族屬蟬嫣綿衍，詳予捃摭，並各按其宗支，著爲譜表。第三卷纂輯與前兩卷復見間出及後人續補有關係屬之語，彙爲備考。編後更聯綴一切相關世譜，列成總表兩幅，以縱觀覽。〔一八〕

這段自述，已能够將《史記世族譜》的内容、學術價值和編纂功力顯現於中，可惜的是本書亦不知下落，深望學界共同搜尋。劉坦之上述撰述，均遭佚失，且皆在其逝世之後，此非僅僅一人學術生涯之慘痛，乃整個學界之遺憾。

（三）學術論文與著述

劉坦撰寫的學術論文和史學著述數量頗多，但得以公開發表和出版者數量較少，尤其值得注意是，劉坦已經刊發的論著，雖精湛卓犖却没有得到學術界的重視，甚至於該項專業範圍内的學者，也大多視而不見、聽而不聞，因而導致謬誤觀點流行的負面結果；一些很具學術價值的論著，現今仍存，但仍未得刊佈，這無疑是一種學術事業上的缺憾。

如前所述，劉坦早年撰寫十餘萬字的《周秦諸子傳略考》，因自己不大認可，是唯一其在世時就已佚失的著述。此後于一九三五年發表《孔誕考正》，爲第一篇刊行之文，大旨在於指出民國官方所定農曆八月廿七日爲孔子生日並不正確，應當定爲『國曆』（即今農曆）的十月二十一日。十年後，又曾撰寫《孔誕再考》、《孔誕再考補》（皆未刊，已佚），觀點未變。劉坦首次從學術研究上否定官方確立的孔子生日，開啓此項探討之先河，頗具學術眼光。開於孔子生年月日的問題，至今學術界尚未得出一致見解，這牽扯到春秋時期各諸侯國古曆法異同等複雜的問題，但對於劉坦之説，不能忽視和輕易否定。在考訂孔子生年月日的研討後，劉坦還撰有《老子道德經作于周國考》、《漢李廣利伐大宛之另一種觀察》、《太史公先黄老而後六經辨》、《〈讀書雜誌〉謂秦始都咸陽在孝公十二年考》、《漢高祖生年稽疑》等論文，未得刊行，今均佚失，不知下落。但一九五五年七月撰成的《論殷曆紀年》一文，則今存清稿，字跡工整、清晰，封面有『寄自天津西王慶坨建設街鹽店胡同』和簽名、蓋章。此稿未刊，已存留六十年，但依然具有應當發表供學界研習參酌的價值。最爲可惜的應是《三五通考》這一輪著的佚失，篇幅達六萬字左右，即可作爲專著出書，也可作爲連載的論文，其學術思想水平乃以個人獨立研討的方式達到時代潮流的前沿，我們後文還將評述。

劉坦《史記紀年考》一書的撰著，直接得益《史記別録》編輯，他自己認爲《史記紀年考》的撰成，「爲《史記別録》第一次在應用上試驗之成就，蓋當時對於須要解決之疑問，一以「別録」爲依據，盡可左右逢源也」[一九]。關於此書的出版，劉坦在《四十自紀》中自稱：「民國二十五年五月由上海商務印書館出版，初版值八一三事變，毀於炮火，翌年更由該館在長沙再版。」這裏的記憶有誤，查今存《史記紀年考》原書，版權頁清晰寫明「中華民國二十六年五月初版」，出版地也是上海河南路商務印書館，在日寇八一三進攻上海、轟炸商務印書館之前，此書已經印行，並未毀於戰火。該書爲石印本，即按照手稿字跡印刷，今劉坦原手稿殘件，仍存於北京國家圖書館善本部，封面豎排題簽爲「史記紀年考補正稿　劉坦　寄自天津西王慶坨鹽店胡同」，據説是原商務印書館人員在二十世紀五〇年代捐贈給北京圖書館。可見此書及原稿均十分幸運，在抗戰之際都被搶救留存。

《史記紀年考》的成功，使劉坦嘗到了不辭辛苦編輯「別録」之書的甜頭，充滿牛刀初試的自豪之情。《史記別録》等自編「別録」之書中的資料梳理與學術啓示，簡直取之不盡，劉坦又以六年左右時間撰寫《史記繫年考》一書，並且於一九四六年八月與上海商務印書館簽訂了出版合同，擬於翌年完稿刊行，但因大病一場，「頻年陷於半死狀態，稽延數年之久，始告成功」，出版界已然世異人非，遂使該書稿迄今仍未刊行。《史記繫年考》雖遠不及《史記紀年考》順利，但畢竟留存至今，雖非精心謄録的清稿，但字跡清晰，勾畫、修改之處較少，完全可以經整理後出版。

一九五四年劉坦撰成《論星歲紀年》與《〈呂覽〉「涒灘」與〈服賦〉「單閼」、〈淮南〉「丙子」之通考》兩篇論文，標誌著他的學術事業更上一層樓，二文皆爲星歲紀年研究的精品佳作。實際上，劉坦探索星歲紀年問題至遲從一九五〇年即已步入門庭，是年所撰《世經紀年考》，乃梳理和研究西漢劉歆《世經》的紀年方法，則必須探明自戰國時期到王莽改制間星歲紀年形式和方法的演變，才能透視劉歆紀年體系的真相。《世經紀年考》未單獨刊行，今也未見其稿本，但全部内容皆已融入一九五七年十二月出版的《中國古代之星歲紀年》一書，劉坦在本書《前識》中説：

> 一九五〇年坦爲研整古代紀年，草作『世經紀年考』，至一九五二年重作修訂（未刊）；一九五四年作『論星歲紀年』，一九五五年秋由中國科學院歷史研究編輯委員會作專刊出版；又在作『論星歲紀年』之後，繼作『吕覽涒灘與服賦單閼淮南丙子之通考』，一九五六年刊載於『歷史研究』第四期。是編之作，蓋糾合以上三稿併以一、二年來所集資料及修正意見以總成之者。疏舛譌誤，深知猶自難免，將來在獲得各方是正後，謹當更作校補。　劉坦　一九五六年七月二十七日。[二〇]

説明此書融彙以前論文、論著並且予以補充修訂，是劉坦研究古代星歲紀年的的總結性、集成性成果，學術價值更高於此前之作，概念、用語、引證、結論，更爲嚴謹準確，他個人的學術水平也由此達於巔峰。在《中國古代之星歲紀年》出版之後，劉坦的治學並未止步，除精心修訂其所撰成如《三五通考》等之外，又編著《星歲紀年之研究》，一九五八年四月完稿，十八萬字左右，内容專述中國星歲紀年方法真諦，用以辯駁日本學者新城新藏《東洋天文學史研究》一書。全書分爲九章，除首章《總序》與末章《總結》外，每章均條述中國曆法原理並且指出新城新藏的舛誤，認爲新城氏之書在星歲紀年問題上，『尤在其附會多於考證，想象浮於事實』。劉坦的這一著述，值得整理出版，以利於學術界繼續探討。

三、劉坦之歷史年代學的卓越成就

劉坦在歷史考據上孜孜以求，對大量史籍貫穿紬繹、精核細校的功力，不亞於乾嘉以來任何一位傳統的歷史考據學家，而其思想並不保守，見解能够獨立地達到學術前沿水準，這尤其表現在《三五通考》的撰寫和論斷。《三五通考》始撰於一九四八年，翌年基本成稿，劉坦自我評介說：

全編約六萬餘言。『三五』係指三皇五帝及三王五伯而言。内容在將被稱爲三皇之天皇、地皇、人皇、盤古、有巢、燧人、伏羲、祝融、女媧、神農、黄帝十一氏，被稱爲五帝之伏羲、神農、黄帝、帝鴻、少皞、顓頊、帝嚳、唐堯、虞舜九帝，及被稱爲三王之夏禹、商湯、周文王、武王四王，被稱爲五伯之昆吾、大彭、豕韋、齊桓、宋襄、晉文、秦穆、楚莊、吴闔閭、夫差、越句踐十一伯，做溯本窮源之考覈，以是正兩千年史籍中習稱之譌誤。〔二一〕

這裏指出在古籍中有十一位神人被列入『三皇』，有九位被列入『五帝』，所謂三王、五伯亦如此類，可見其十分混亂。那麼爲什麼一定要以『三』和『五』的數字表述呢？這就是極其值得探討的問題。此文已佚，因而難以猜測劉坦如何議論，但上述引文中『以是正兩千年史籍中習稱之譌誤』，足可知其具備不盲目信古的思想傾向。在顧頡剛等古史辨派對這類問題早就做出系統論辯的情況下，不能説劉坦的考論具備多大的思想價值，但他獨立性的研討，必有新的特色，倘若該文存留，定有助於評析劉坦個人獨自治史，而頗具前沿性學術思想的心路歷程。清人崔述撰《考信録》，也是獨自治學得出的結論，他與當時的考據大家錢大昕等幾乎毫無聯繫，這説明孤獨治學而没有派系的糾纏和牽掣，儘管信息可能閉塞，但只要懷抱求真、務實的準則，決不阿世媚時，也完全能够産生很先進的獨得之見。

劉坦治學的主要學術成就，是在於對中國古代歷史年代學的研究。歷史年代學本身就是複雜、精微和技術性很强的學問，更需要掌握一些相當艱澀的專業知識，能够在這門學科取得豐碩成果，極爲困難。劉坦的相關著述，讀懂已屬不易，倘若細緻清理，更極費功力，這裏僅扼要做些總結，希望可以起到拋磚之效。

第一，縝密考校，縱横貫穿，業績雄冠一世。這主要體現于《史記紀年考》、《史記繫年考》兩書，是研究《史記》紀年問題最爲透徹的著述。《史記紀年考》主旨在於考訂《史記》一書本紀、世家以及年表中，對於各個朝代和諸侯國世系、紀年記載的自相矛盾，從中梳理參差出入的原因而予以調整，並且爲之列出新的紀年表。這項工作需要把散見於《史記》各處的相關紀年資料彙集考校，如理亂絲，煩難程度，可想而知。這裏且舉出簡單和人們較熟悉的事例以見一斑：

（《史記》）《十二諸侯年表》，載共和元年，爲晉靖侯十八年。而《晉世家》載：『靖侯十七年，周厲王迷惑暴虐，國人作亂，厲王出奔于彘，大臣行政，故曰共和。十八年，靖侯卒，子釐侯司徒立。』是《世家》謂共和元年，在靖侯十七年，而靖侯之卒，在共和二年。按《晉世家》載：『釐侯十四年，周宣王初立。』《年表》周宣王元年，亦在晉釐侯十四年。假使共和元年，爲靖侯十七年，而靖侯卒，在共和二年，則周宣王初立，應在釐侯十三年，而不得載云十四年。因周曆年，自共和三年，至宣王元年，凡十三年也。故《世家》紀靖侯十七年，爲共和元年，實未足信。復據《齊太公世家》載：『武公九年，周厲王出奔居彘。十年，王室亂，大臣行政，號曰共和。』是共和元年，實在厲王奔彘之翌年……[二二]

這是把《史記》中圍繞共和元年與晉紀年關係的資料，全部調動運用，決不局限一國一地或一種年表上的記載，考訂翔實，結論準確。通曉歷史考據者盡可以做出一項或幾項這類考訂，但若將《史記》所有各國君主的紀年統統考核訂正，迄今只劉坦一人做出了這種嘗試。

《史記繫年考》的工作更加煩難，因爲《史記紀年考》只在於考訂各朝各國君主的紀年，而《史記繫年考》是要考訂《史記》中所有重要人物、事件的繫年，因此撰寫過程多歷年所，甚至中間大病一場，迄今書稿未得刊行。劉坦自言其書旨意曰：

> 全書四卷，約二十萬言。内容在將司馬遷《史記》中本紀、表、書、世家、列傳所有關於史事之繫年，悉依歷史系統及範圍，作有具體計畫之考訂……總計《史記》本身繫年之紛歧，經茲整理，大抵盡已獲得通解，而靡有孑遺……並足資年代學者之參考。〔二三〕

這部著述在研究《史記》之年代記載上的功力和收穫，與上一書結合起來，是學界迄今獨一無二的成果。年代考訂涉及之廣、梳理之細密，堪可稱最，業績雄冠一世。需要說明的是：劉坦這兩種著述，僅僅是考訂《史記》的紀年，而不是考證中國古代真實的紀年。但上古歷史紀年的研究與《史記》内紀年問題的研究，關係密切，後者是前者不能逾越的工作範圍，不對《史記》紀年進行梳理，考察上古歷史紀年就會舉步維艱。從這個意義上看，劉坦的工作實爲中國上古年代學的探討奠定了一方柱石，不應漠視。

第二，獨家挺進，絕學特立，破解千古迷茫。這主要體現于劉坦在星歲紀年方面的研究，特別是《中國古代之星歲紀年》一書的精到論述。筆者初步閱讀此書，體會到作者不僅系統清理了中國古代星歲紀年發展演變，指出其文化實質和歷史影響，而且做出許多具體的論斷，解析、考釋、裁定了自古及今大量的譌誤和混亂，至少取得以下重要的突破性成果，可以將千古迷茫一舉廓清。

（一）依據可靠史料指明西漢時《淮南子·天文訓》、《史記·天官書》等，乃采用了戰國時期石氏星法，而戰國後期甘氏星法上保存于唐代《開元占經》的引録中，而石氏、甘氏二人的星法大體相同。劉坦疏解了石氏、甘氏的星歲紀年交在率及應用問題。所論明白、確切，無半點遊移、模糊，這一點超越了前此學人。

（二）揭示了西漢末王莽時期劉歆製作《三統曆》與《世經》的紀年體系，指出其全部改變石氏十二星次名稱，並且僞造多項春秋時的歲星紀事，羼入《左傳》、《國語》，導致了典籍面目的大混亂。〔二四〕劉坦將《世經》的歷史紀年全部列出年表，顯示了劉歆之所以在《左傳》、《國語》造假，乃爲了給自己的大歷史體系埋伏證據。對於劉歆的天文曆法學，劉坦肯定其發現了歲星超辰，是一個成績，但『羼亂載籍，迷誤古今，致後人對於所謂星歲紀年者，於其體系與規律，均幾于茫然莫解』〔二五〕，作用和影響極其惡劣。破解劉歆的行爲，乃是清理中國古代星歲紀年法的一大關節，劉坦抓住這一關鍵，在研究中用力最多，成就也特別卓犖。

（三）對古籍中出現的所有關涉星歲紀年的記述，都做詳明的考釋和辨析，糾正歷來學者解說的舛誤。

（四）考辨了清代考據家錢大昕在星歲紀年問題上的根本性謬誤，另一清代學者孫星衍雖與錢大昕見解不同，反復辯論，但也是錯誤多而所得少，『率皆偏執一見，互啓争端』〔二六〕。

（五）指出現代著名天文學家朱文鑫《天文考古録》在星歲紀年問題上的錯誤，除交在率等技術上的失誤之外，特別批評了朱文鑫依據劉歆僞造的『武王伐殷，歲在鶉火』推算年代，嚴肅地指出：

考劉歆《世經》紀年，武王伐紂（公元前一一二二年）星在鶉火（午）歲在辛未。朱氏所述武王伐紂之星在、歲在，應即元本《世經》……總結朱氏論述，所以造成紕繆之原因，固然在其將春秋至漢初之年限縮短，有以致之，另外，尤在其未能理解《左傳》中之星次，元出劉歆僞託。〔二七〕

在劉坦的研討、評論中，認爲自從劉歆惑亂星歲紀年之後，歷代學者没有人弄清這一歷史問題的真實情況。因此《中國古代之星歲紀年》的成就是空前的，是獨家絶學。那麽在劉坦之後呢？劉坦没有學術上的夥伴，没有學生，也没有人按照他的正確思路繼續研究，至今爲止，劉坦之書還是世界上關於星歲紀年的唯一的專著。今人論著偶爾也會談到星歲紀年問題，但大多重複劉坦已經批評過的錯誤。因此，關注中國學術史、史學史者，真會有酸風射眸的感覺了。

第三，知音雖少，碩果有存，足資後世研習。劉坦的學術頗少知音，這有其身爲鄉下貧民而又不願攀龍附鳳的原因，更因其探索的學問艱難、深邃，不易被一般學人理解。《史記紀年考》等書撰著形式上是大篇幅的表格，專業學者也難以立刻窺見其學術亮點。歷史年代學其實是多年以來國内史學界的熱點，但多數學者關注的是某些具體事件、具體人物的年代考訂，如屈原生年問題、孔子生日問題、西周克商之年，等等。劉坦雖也關注具體歷史人物、事件的繫年，但如若證據缺乏則決不强行解決，而主要致力於考察紀年方法、體系和綜合性、整體性的問題。例如他針對浦江清考論屈原生年的文章，指出其對星歲紀年方法的理解錯誤，闡明準確的知識體系，但並不考訂屈原的生年；針對唐蘭、陳夢家利用『殷曆』推論西周克商之年，劉坦撰寫《論殷曆紀年》一文，指出所謂『殷曆』産生很晚，又在漢代被更改失去原貌，不能作爲依據，但並不考論西周克商應當在於何年。其實，這種治學是在基礎理論、基礎知識體系上正本清源，極其可貴。那些不具解決條件的具體問題，不應强行論斷，尤其是連基本知識體系尚未理清的情況下，就率爾操觚，定會造成謬誤。遺憾的是，國内學術界風氣多是急於直奔具體問題，遂使劉坦這樣的學者處於邊緣，不接受其有益的忠告，遂致使意見紛紜、謬誤百出，争論不可歇止。

但劉坦畢竟還是得到相當的肯定和提攜，又有精品著述留存下來。如《星歲紀年之研究》書稿藏于圖書館，無人知曉是辯駁新城新藏的論著，經筆者翻閱，始知其珍貴。將來出版，會與已經刊行的著作一起，供後來學者研習，必然大有功於學術發展。

至於劉坦這樣深邃的歷史年代學著述，常人難於讀懂，其意義何在？答曰：首先，一個民族或國家，需要有人站在現代的水準上研討傳統學術，不能以狹隘的實用主義看待學術文化問題。其次，劉坦的學術成果對現實的學術建設有著重大意義，但可惜没有被充分注意和汲取。《史記紀年考》幾處强調周厲王奔彘的次年才是共和元年，《中國古代之星歲紀年》考訂《左傳》、《國語》内歲星紀事皆爲劉歆僞託羼入，還特别地就此批評了朱文鑫的錯誤，然而，夏商周斷代工程依然重複劉坦批評過的做法。如果説採用『武王伐殷，歲在鶉火』的僞史料推算西周克商的年月，還算是走投無路的選擇，那麽硬定周厲王奔彘與共和元年爲同一年又有何必要？劉坦《史記紀年考》是早就出版的著述，如前所述，其中不僅揭示若把共和元年與厲王奔彘定爲同年，會使許多紀年自相矛盾，而且指出《史記·齊太公世家》有明確記載：『（齊）武公九年，周厲王出奔，居彘，十年，王室亂，大臣行政，號曰「共和」。』〔二八〕那種將周厲王奔彘與共和元年定爲同一年的做法，究竟有什麽可靠根據？假使學術界早就注重劉坦的成就，是不是可以避免很多諸如此類失誤呢？

喬治忠

二〇一六年九月

注釋

〔一〕周德麟、趙啓斌：《民國雨花石收藏的巨擘王猩酋及其〈雨花石子記〉》，《收藏家》二〇〇六年第十一期。

〔二〕劉坦：《四十自紀》，手書稿本，今藏天津市武清圖書館。

〔三〕劉坦：《四十自紀》，手書稿本，今藏天津市武清圖書館。

〔四〕《史記》之《南越列傳》記述範圍包含今廣東、廣西及越南部分地區，《西南夷列傳》含有今雲南、貴州延伸到身毒的内容，身毒，即今印度。

〔五〕中國科學院檔案館藏：《中國科學院第二十三—四十六次院務常務會議記録》，一九五四—二—七號案卷。

〔六〕此件檔案爲二〇〇四年重新整理立卷，相關公文文獻佚失嚴重。

〔七〕根據檔案所載本次會議的總結報告，參加會議者有一百二十人，可能包括一些行政人員，不在學術代表名單之内。

〔八〕中國科學院檔案館藏：《全國第一次自然科學史會議檔案》，一九五六—二—〇一號案卷。

〔九〕新編《武清縣誌·人物》，天津社會科學出版社一九九一年版，第七九二頁。

〔一〇〕新編《武清縣誌·人物》，第七九二頁。

〔一一〕新編《武清縣誌·人物》，第七九二頁。

〔一二〕《人民日報》一九五六年七月十五日，《光明日報》一九五六年七月十日、十四日。

〔一三〕《竺可楨日記》第十四卷第二册，上海科技出版社二〇〇八年版，第三六八—三七〇頁。

〔一四〕郭沫若：《屈原研究》，群益出版社一九四六年版。

〔一五〕科學出版社由科學院主辦，規格甚高，二十世紀五十年代至今，一般學人很難在此處出版著述，連陳垣《通鑑胡注表微》在此出版社的再版，也是經過郭沫若的推動。

〔一六〕中國科學院檔案館藏：《全國第一次自然科學史會議檔案》，一九五六—二—〇一號案卷。

〔一七〕參見郭金海：《李約瑟〈中國科學技術史〉與中國自然科學史研究室的成立》，《自然科學史研究》二〇〇七年第三期。

〔一八〕劉坦：《四十自紀》，手書稿本，今藏天津市武清圖書館。

〔一九〕劉坦：《四十自紀》，手書稿本，今藏天津市武清圖書館。

〔二〇〕劉坦：《中國古代之星歲紀年》卷首，科學出版社一九五七年版。

〔二一〕劉坦：《四十自紀》，手書稿本，今藏天津市武清圖書館。

〔二二〕劉坦：《史記紀年考》卷二《晉紀年考》，商務印書館一九三七年版，第二八—二九頁。

〔二三〕劉坦：《四十自紀》，手書稿本，今藏天津市武清圖書館。

〔二四〕石氏即石申，甘氏即甘德，爲戰國中後期天文星象學家。二人所撰著述書名，古文獻記載不一，一般混通言之曰『甘、石《星經》』。

〔二五〕劉坦：《中國古代之星歲紀年》，第二三三頁。

〔二六〕劉坦：《中國古代之星歲紀年》，第二三四頁。

〔二七〕劉坦：《中國古代之星歲紀年》，第二三二頁。

〔二八〕《史記》卷三二《齊太公世家》，中華書局一九六三年版，第一四八二頁。

目録

敘

史記紀年之疏略抵牾，歷代學者已多所述。然欲求具體結論，則尚未能有得。蓋其所述，恒為本紀年表之互異，或世家本紀之相違。至於本紀年表之所以互異，世家本紀之所以相違，以及本紀年表之孰是，世家本紀之孰非，則皆惆然株守，不能自釋。雖疑以傳疑，為史家定律。然事之無可考者，不能為渾沌鑿竅，而以疑傳之，是也。若其疑之確然有據，昭然可稽者，而亦以疑傳之，不知其疑之傳，將伊於胡底。其解決之者，行將為誰，而後人善述先人之業者，更何謂也？今考史記紀年，雖多疏略抵牾，然要其本末，則常遺之於前，終得之於後，又或失之於後，而可證之於前。即間有一二，未能遽定，然總其大略，都無爽失。於是並譜本紀年表世家之紀年，作為綜合年表，以見其參差。作為周、秦、魯、齊、晉、楚、宋、衛、陳、蔡、曹、鄭、燕、杞、吳、韓、趙、魏、漢等紀年考，以糾其錯誤。復為考定年表，以明其實是。又史記紀年，年表起自周召共和。本紀世家，亦相髣髴。蓋以周室所藏史記，滅於秦火，共和以前，無從譜錄。而百家之書，難於徵信，故並不取。然唐、虞、夏、商，訖周共和以前之紀年，於本紀世家中，一鱗一羽，間或隱約可明。既志在通考史記紀年，因並採摭其文，略加申述，以備遺闕，而作為唐虞夏商及周共和以前紀年考，以冠諸考之前。綜其所紀，雖與經傳間有不同，然史記自是一家之言。本編所考，既以史記為範圍，故殊不欲將楚人之子，引而置之莊嶽之間也。

民國二十五年十一月十日完稿計作始於十月上旬通凡未滿四十日　劉坦自識

凡例

一　本考為史記紀年考，而非古代紀年考。故於史記以外之紀年，無論是非片語隻辭，並無所取，以完一家之言。

二　按史記十二諸侯年表，冠有甲子紀年，其餘皆無明文。今凡年歷可考者，溯至周厲王、魯考公，降及六國、秦、漢，悉依十二諸侯年表為之推定。

三　本考於考秦本紀時，則以秦本紀紀年為主。考晉世家時，則以晉世家紀年為主。考陳世家時，則以陳世家紀年為主。然至其駁秦本紀也，亦必仍以秦本紀紀年為據。駁晉世家也，亦必仍以晉世家紀年為據。駁陳世家也，亦必仍以陳世家紀年為據。其他諸考，一秉是律。故本考結論，雖多取年表，而捨本紀世家，然皆以本紀世家顯有缺陷可攻，預先殊無成見也。

四　本考於列國歷年總數，概依其每世君王享國之年遞加表明。似較繁費，而實不然。如始皇本紀載：『秦襄公至二世，六百一十歲。』張守節正義云：『秦本紀自襄公至二世，五百七十六年矣。年表自襄公至二世，五百六十一年。三說並不同，未知孰是。』今按始皇本紀載，自襄公至二世，實凡五百七十二年。是原載六百一十歲，多衍三十八年。假使原載於此紀年統計，亦用遞加法，應不致有此誤。即有此誤，亦不致使後人無從捫得糾正之門。復按本考自襄公至二世，秦本紀為五百七十七年，年表為五百七十一年。而正義謂：『秦本紀自襄公至二世，五百七十六年。』較本考少一年。又云：『年表自襄公至二世，五百六十一年。』較本考少十年。假使正義於此兩紀年統計，亦用遞加法，應不致有此誤。即有此誤，亦不致令後人無從檢討其錯誤之所在也。

五 本考列國紀年考中，每稱周歷年，魯歷年，楚歷年者，乃綜其本紀年表世家之紀年，相同而無誤者也。以省别稱或並舉本紀年表世家之煩。

六 本考所述，純以紀年為範圍。他如關於名號世系之文，曾須别論。故於周紀年中，景王以下，不載悼王。魯紀年中，惠公以下，不載懷公。而晉年表之侯湣，晉世家作侯緡，蔡年表之侯盧，蔡世家作平侯等，一仍其舊。

七 本考表中之空格，皆填以○之符號。其作用或表示應去多衍之年，或表示應補闕遺之年，各視本文為定。

劉坦著

綜合年表

史記紀年，在一國中，恒多差異。如晉年表載侯湣元年為乙亥，而晉世家載侯緡元年，則應在戊寅。鄭年表載獻公元年為戊子，而鄭世家載獻公元年，則應在乙酉，是其例也。至於列國紀年之對照，益難相合。如魯世家載：『文公七年，楚懷王死于秦。』按楚懷王卒於秦，楚年表及世家並載在頃襄王三年。考楚頃襄王三年，當魯年表平公十九年，魯世家平公二十一年。魏世家載：『魏文侯元年，秦靈公之元年也。』然依始皇本紀，則魏文侯元年，與秦懷公四年同年，是其例也。復綜斯類，觸目皆是。苟不列表揭明，則推算紛煩，且易滋誤。於是並本紀年表世家所紀列國歷年，各依其文，綜為下表。復以史記十二諸侯年表紀列國年，胥斷始於共和元年。今本表於年表之列國紀年，雖亦依共和元年為準，但皆改從元年起。又於世家所紀列侯歷年，凡可譜錄者，並為逆溯推定，而叙其略例如下：

周

周本紀表，作始於厲王元年癸未。按周本紀載厲王三十七年之翌年，為共和元年。共和元年，十二諸侯年表載歲次庚申。茲據共和元年庚申上溯三十七年至癸未，故定為厲王元年。

十二諸侯年表，作始於共和元年庚申，今本考周年表仍之。

秦

秦本紀表，作始於秦侯元年甲辰。據秦本紀載襄公七年犬戎殺周幽王。更依秦本紀載莊公、秦仲、公伯、秦侯歷年逆溯推定。

始皇本紀表，作始於襄公元年甲子，與秦本紀及年表取齊。

十二諸侯年表，載共和元年庚申，為秦仲四年。今從元年紀，逆溯三年，故自秦仲元年丁巳作始。

魯

魯年表表，作始於真公元年丙午。據十二諸侯年表載共和元年庚申，為魯真公十五年。今從元年紀，逆溯十四年。

魯世家表，作始於考公元年甲申。據魯世家載共和元年庚申，為魯真公十四年。今從元年紀，更依魯世家載獻公、厲公、魏公、幽公、煬公、考公歷年推定。

齊

齊年表表，作始於武公元年辛亥。據十二諸侯年表載共和元年庚申，為齊武公十年。今從元年紀，逆溯九年。

齊世家表，作始於獻公元年壬寅。據齊世家載共和元年庚申，為齊武公十年。今從元年紀，更依齊世家載獻公歷年，逆溯推定。

齊田敬仲完世家表，作始於太公和元年乙未。據田敬仲完世家載：『齊康公十九年，田和立為齊侯，列於周室，紀元年。』按齊康公十九年，依本編年表表為乙未。依世家表為甲午，而乙未為齊康公之二十年。蓋因齊太公世家於昭公二十年，紀為十九年，致誤一年。今故於年表及齊太公世家所紀之康公十九年，依年表為紀。

晉

晉年表表，作始於靖侯元年癸卯。據十二諸侯年表載共和元年庚申，為晉靖侯十八年。今從元年紀，逆溯十七年。

晉世家表，作始於靖侯元年甲辰。據晉世家載：『靖侯十七年，周厲王出奔于彘。大臣行政，故曰共和。』逆溯推定。

晉世家曲沃系表，作始於曲沃桓叔元年丙申。據晉世家載：『昭侯元年，封文侯弟成師于曲沃。曲沃邑大於翼，翼，晉君都邑也。成師封曲沃，號為桓叔。』按本編晉昭侯元年，年表表為丙申，世家表為丁酉。因世家紀靖侯十七年為共和元年，年表紀靖侯十八年為共和元年故也。因世家有誤，今亦依年表為準。詳參下晉紀年考。

楚

楚年表表，作始於熊勇元年甲寅。據十二諸侯年表載共和元年庚申，為楚熊勇七年。今從元年紀，逆溯六年。

楚世家表，作始與楚年表表同。據楚世家載：『熊勇六年，而周人作亂，攻厲王，厲王出奔彘。』而共和元年，為厲王奔彘之翌年推定。復考楚世家載：『熊霜元年，周宣王初立。』於以上推，亦與年表相合。

宋

宋年表表，作始於釐公元年癸卯。據十二諸侯年表載共和元年庚申，為釐公十八年。今從元年紀，逆溯十七年。

宋世家表，作始與宋年表表同。據宋世家載：『釐公十七年，周厲王出奔彘。』而共和元年，為厲王奔彘之翌年推定。復考宋世家載：『惠公四年，周宣王即位。』於以上推，亦與年表相合。

衞

衞年表表作始於釐侯元年丁未。據十二諸侯年表載共和元年庚申，爲釐公十四年。今從元年紀，逆溯十三年。

衞世家表作始於頃侯元年乙未。據衞世家載：『釐侯二十八年，周宣王立。』更依頃侯歷年逆溯推定。按衞世家載：『釐侯十三年，周厲王出奔于彘，共和行政焉。』事在周宣王立之先，然以並厲王奔彘之年與共和元年爲一年，故不可據。

陳

陳年表表作始於幽公元年丁未。據十二諸侯年表載共和元年庚申，爲陳幽公十四年。今從元年紀，逆溯十三年。

陳世家表作始於幽公元年戊申。據陳世家載：『幽公十二年，周厲王奔于彘。』而共和元年，爲厲王奔彘之翌年。是陳世家謂共和元年庚申，在陳幽公十三年。於以逆推幽公元年，故爲戊申。

蔡

蔡年表表作始於武侯元年戊戌。據十二諸侯年表載共和元年庚申，爲蔡武侯之二十三年。今從元年紀，逆溯二十二年。

蔡世家表作始於夷侯元年甲子。據蔡世家載：『夷侯十一年，周宣王即位。』逆溯推定。

曹

曹年表表作始於夷伯元年丁酉。據十二諸侯年表載共和元年庚申，爲曹夷伯二十四年。今從元年紀，逆溯二十三年。

曹世家表，作始與年表表同。據曹世家載：『夷伯二十三年，周厲王奔于彘』，而共和元年，在厲王奔彘之翌年。是亦謂共和元年庚申，爲曹夷伯之二十四年也，與年表合。

鄭

鄭年表表，作始於桓公元年乙未。據十二諸侯年表載桓公元年，在周宣王二十二年也。

鄭世家表桓公元年，亦作始於乙未。據鄭世家載：『宣王立二十二年，桓公友初封于鄭』，而宣王二十二年，歲次乙未也。

燕

燕年表表，作始於惠侯元年丁酉。據十二諸侯年表載共和元年庚申，爲燕惠侯二十四年。今從元年紀，逆溯二十三年。

燕世家表，作始於釐侯元年乙亥。據燕世家載：『惠侯卒，子釐侯立。是歲，周宣王初即位』，則釐侯元年，應在周宣王二年。而周宣王二年，歲次乙亥也。

杞

杞紀年，年表不載，世家中亦無事可徵，今作始於武公元年乙巳。據杞世家載：『簡公春立。立一年，楚惠王之四十四年滅杞。』更依杞世家紀杞自簡公上至武公之歷年逆溯推定。

吳

吳年表表，作始於壽夢元年丙子，依十二諸侯年表原文。

吳世家表亦作始於壽夢元年丙子。據吳世家載壽夢二年，楚申公巫臣自晉使吳。考晉世家載景公十六年，巫臣請使吳。是晉景公十六年，與吳王壽夢二年同年。本是則壽夢元年，在晉景公十五年。而晉景公十五年，據年表載歲次丙子，故定丙子為壽夢元年。復考晉世家表景公十五年，歲次己卯。然是因歧誤所致，故不可據，詳見晉紀年考。

韓

韓年表表作始於武子元年丁巳，依六國表原文。

韓世家表亦作始於武子元年丁巳。據韓世家載：『景侯六年，與趙魏俱得列為諸侯。』考周本紀載命韓魏趙為諸侯，在威烈王二十三年。依年表歲次戊寅，是韓景侯六年，與周威烈王二十三年同年。以此上推，則韓武子元年，與威烈王二年同年。依年表，其年歲次丁巳，故定丁巳為武子元年。復考周本紀表威烈王二年，歲次庚戌。然亦因歧誤所致，不可為據，詳見周紀年考。

趙

趙年表表作始於簡子元年甲申。據六國表載周元王元年，為趙簡子四十二年，逆溯推定。

趙世家表作始於襄子元年甲申。據趙世家載：『晉出公十七年，簡子卒，太子毋卹代立，是為襄子。』則襄子元年，應在晉出公十八年。晉出公十八年，據年表歲次甲申，故定甲申為襄子元年。更按晉世家出公止十七年丙戌，無十八年，亦誤，詳晉紀年考。

魏

魏年表表作始於文侯元年丁巳，依六國表原文。

魏世家表，亦作始於文侯元年丁巳。據魏世家載：『魏文侯元年，秦靈公之元年也。』秦靈公元年，依秦本紀及年表，皆應為丁巳。更依始皇本紀，則靈公元年應為戊午。然亦有誤，實不可據，詳秦紀年考。

干支		甲申	乙酉	丙戌	丁亥	戊子	己丑
周	本紀、年表						
秦	本紀、始皇本紀、年表						
魯	年表、世家	考公元年	二	三	四	煬公元年	二
齊	年表、太公世家、田完世家						
晉	年表、世家、世家曲沃系						
楚	年表、世家						
宋	年表、世家						
衛	年表、世家						
陳	年表、世家						
蔡	年表、世家						
曹	年表、世家						
鄭	年表、世家						
燕	年表、世家						
杞	世家						
吳	年表、世家						
韓	年表、世家						
趙	年表、世家						
魏	年表、世家						

庚寅	辛卯	壬辰	癸巳	甲午	乙未	丙申	丁酉	戊戌
三	四	五	六	幽公元年	二	三	四	五

己亥	庚子	辛丑	壬寅	癸卯	甲辰	乙巳	丙午	丁未
六	七	八	九	十	十一	十二	十三	十四

戊申	己酉	庚戌	辛亥	壬子	癸丑	甲寅	乙卯	丙辰
魏公元年	二	三	四	五	六	七	八	九

丁巳	戊午	己未	庚申	辛酉	壬戌	癸亥	甲子	乙丑
十	十一	十二	十三	十四	十五	十六	十七	十八

丙寅	十九
丁卯	二十
戊辰	二十一
己巳	二十二
庚午	二十三
辛未	二十四
壬申	二十五
癸酉	二十六
甲戌	二十七

乙亥	丙子	丁丑	戊寅	己卯	庚辰	辛巳	壬午	癸未
二十八	二十九	三十	三十一	三十二	三十三	三十四	三十五	三十六

甲申	乙酉	丙戌	丁亥	戊子	己丑	庚寅	辛卯	壬辰
三十七	三十八	三十九	四十	四十一	四十二	四十三	四十四	四十五

癸巳	甲午	乙未	丙申	丁酉	戊戌	己亥	庚子	辛丑
四十六	四十七	四十八	四十九	五十	厲公元年	二	三	四

壬寅	癸卯	甲辰	乙巳	丙午	丁未	戊申	己酉	庚戌
五	六	七	八	九	十	十一	十二	十三

辛亥	十四
壬子	十五
癸丑	十六
甲寅	十七
乙卯	十八
丙辰	十九
丁巳	二十
戊午	二十一
己未	二十二

庚申	辛酉	壬戌	癸亥	甲子	乙丑	丙寅	丁卯	戊辰
二十三	二十四	二十五	二十六	二十七	二十八	二十九	三十	三十一

己巳	庚午	辛未	壬申	癸酉	甲戌	乙亥	丙子	丁丑
三十二	三十三	三十四	三十五	三十六	三十七	獻公元年	二	三

戊寅		四
己卯		五
庚辰		六
辛巳		七
壬午		八
癸未	厲王元年	九
甲申	二	十
乙酉	三	十一
丙戌	四	十二

丁亥	戊子	己丑	庚寅	辛卯	壬辰	癸巳	甲午	乙未
五	六	七	八	九	十	十一	十二	十三
十三	十四	十五	十六	十七	十八	十九	二十	二十一

項侯元年

丙申	丁酉	戊戌	己亥	庚子	辛丑	壬寅	癸卯	甲辰
十四	十五	十六	十七	十八	十九	二十	二十一	二十二
								秦侯元年
二十二	二十三	二十四	二十五	二十六	二十七	二十八	二十九	三十
						獻公元年	二	三
							靖侯元年	二
								靖侯元年
							釐公元年	二
							釐公元年	二
二	三	四	五	六	七	八	九	十
		武侯元年	二	三	四	五	六	七
	夷伯元年	二	三	四	五	六	七	八
	夷伯元年	二	三	四	五	六	七	八
	惠侯元年	二	三	四	五	六	七	八

乙巳	丙午	丁未	戊申	己酉	庚戌	辛亥	壬子	癸丑
二十三	二十四	二十五	二十六	二十七	二十八	二十九	三十	三十一
二	三	四	五	六	七	八	九	十
	眞公元年	二	三	四	五	六	七	八
三十一	三十二	眞公元年	二	三	四	五	六	七
						武公元年	二	三
四	五	六	七	八	九	武公元年	二	三
三	四	五	六	七	八	九	十	十一
二	三	四	五	六	七	八	九	十
三	四	五	六	七	八	九	十	十一
三	四	五	六	七	八	九	十	十一
		釐侯元年	二	三	四	五	六	七
十一	十二	釐侯元年	二	三	四	五	六	七
		幽公元年	二	三	四	五	六	七
			幽公元年	二	三	四	五	六
八	九	十	十一	十二	十三	十四	十五	十六
九	十	十一	十二	十三	十四	十五	十六	十七
九	十	十一	十二	十三	十四	十五	十六	十七
九	十	十一	十二	十三	十四	十五	十六	十七

甲寅	乙卯	丙辰	丁巳	戊午	己未	庚申	辛酉	壬戌
三十二	三十三	三十四	三十五	三十六	三十七	共和元年	二	三
						共和元年	二	三
公伯元年	二	三	秦仲元年	二	三	四	五	六
			秦仲元年	二	三	四	五	六
九	十	十一	十二	十三	十四	十五	十六	十七
八	九	十	十一	十二	十三	十四	十五	十六
四	五	六	七	八	九	十	十一	十二
四	五	六	七	八	九	十	十一	十二
十二	十三	十四	十五	十六	十七	十八	釐侯元年	二
十一	十二	十三	十四	十五	十六	十七	十八	釐侯元年
熊勇元年	二	三	四	五	六	七	八	九
熊勇元年	二	三	四	五	六	七	八	九
十二	十三	十四	十五	十六	十七	十八	十九	二十
十二	十三	十四	十五	十六	十七	十八	十九	二十
八	九	十	十一	十二	十三	十四	十五	十六
八	九	十	十一	十二	十三	十四	十五	十六
八	九	十	十一	十二	十三	十四	十五	十六
七	八	九	十	十一	十二	十三	十四	十五
十七	十八	十九	二十	二十一	二十二	二十三	二十四	二十五
十八	十九	二十	二十一	二十二	二十三	二十四	二十五	二十六
十八	十九	二十	二十一	二十二	二十三	二十四	二十五	二十六
十八	十九	二十	二十一	二十二	二十三	二十四	二十五	二十六

癸亥	甲子	乙丑	丙寅	丁卯	戊辰	己巳	庚午	辛未
四 四	五 五	六 六	七 七	八 八	九 九	十 十	十一 十一	十二 十二
七	八	九	十	十一	十二	十三	十四	十五
七	八	九	十	十一	十二	十三	十四	十五
十八 十七	十九 十八	二十 十九	二十一 二十	二十二 二十一	二十三 二十二	二十四 二十三	二十五 二十四	二十六 二十五
十三 十三	十四 十四	十五 十五	十六 十六	十七 十七	十八 十八	十九 十九	二十 二十	二十一 二十一
三 二	四 三	五 四	六 五	七 六	八 七	九 八	十 九	十一 十
十 十	熊嚴元年 熊嚴元年	二 二	三 三	四 四	五 五	六 六	七 七	八 八
二十一 二十一	二十二 二十二	二十三 二十三	二十四 二十四	二十五 二十五	二十六 二十六	二十七 二十七	二十八 二十八	惠公元年 惠公元年
十七 十七	十八 十八	十九 十九	二十 二十	二十一 二十一	二十二 二十二	二十三 二十三	二十四 二十四	二十五 二十五
十七 十六	十八 十七	十九 十八	二十 十九	二十一 二十	二十二 二十一	二十三 二十二	釐公元年 二十三	二 釐公元年
二十六	夷侯元年 夷侯元年	二 二	三 三	四 四	五 五	六 六	七 七	八 八
二十七 二十七	二十八 二十八	二十九 二十九	三十 三十	幽伯元年 幽伯元年	二 二	三 三	四 四	五 五
二十七	二十八	二十九	三十	三十一	三十二	三十三	三十四	三十五

壬申	癸酉	甲戌	乙亥	丙子	丁丑	戊寅	己卯	庚辰
十三	十四	宣王元年	二	三	四	五	六	七
十三	十四	宣王元年	二	三	四	五	六	七
十六	十七	十八	十九	二十	二十一	二十二	二十三	莊公元年
十六	十七	十八	十九	二十	二十一	二十二	二十三	莊公元年
二十七	二十八	二十九	三十	武公元年	二	三	四	五
二十六	二十七	二十八	二十九	三十	武公元年	二	三	四
二十二	二十三	二十四	二十五	二十六	厲公元年	二	三	四
二十二	二十三	二十四	二十五	二十六	厲公	(齊世家於厲公紀年不詳，今據考定		
十二	十三	十四	十五	十六	十七	十八	獻侯元年	二
十一	十二	十三	十四	十五	十六	十七	十八	獻侯元年
九	十	熊霜元年	二	三	四	五	六	熊徇元年
九	十	熊霜元年	二	三	四	五	六	熊徇元年
二	三	四	五	六	七	八	九	十
二	三	四	五	六	七	八	九	十
二十六	二十七	二十八	二十九	三十	三十一	三十二	三十三	三十四
二十六	二十七	二十八	二十九	三十	三十一	三十二	三十三	三十四
三	四	五	六	七	八	九	十	十一
二	三	四	五	六	七	八	九	十
九	十	十一	十二	十三	十四	十五	十六	十七
九	十	十一	十二	十三	十四	十五	十六	十七
六	七	八	九	戴伯元年	二	三	四	五
六	七	八	九	戴伯元年	二	三	四	五
三十六	三十七	三十八	釐侯元年	二	三	四	五	六
			釐侯元年	二	三	四	五	六

辛巳	壬午	癸未	甲申	乙酉	丙戌	丁亥	戊子	己丑
八 八	九 九	十 十	十一 十一	十二 十二	十三 十三	十四 十四	十五 十五	十六 十六
二 二	三 三	四 四	五 五	六 六	七 七	八 八	九 九	十 十
六 五	七 六	八 七	九 八	十 九	懿公元年 懿公元年	二 二	三 三	四 四
五 為作空格九。年)	六	七 ○	八 ○	九 ○	文公元年 文公元年	二 二	三 三	四 四
三 二	四 三	五 四	六 五	七 六	八 七	九 八	十 九	十一 十
二 二	三 三	四 四	五 五	六 六	七 七	八 八	九 九	十 十
十一 十一	十二 十二	十三 十三	十四 十四	十五 十五	十六 十六	十七 十七	十八 十八	十九 十九
三十五 三十五	三十六 三十六	三十七 三十七	三十八 三十八	三十九 三十九	四十 四十	四十一 四十一	四十二 四十二	武公元年 武公元年
十二 十一	十三 十二	十四 十三	十五 十四	十六 十五	十七 十六	十八 十七	十九 十八	二十 十九
十八 十八	十九 十九	二十 二十	二十一 二十一	二十二 二十二	二十三 二十三	二十四 二十四	二十五 二十五	二十六 二十六
六 六	七 七	八 八	九 九	十 十	十一 十一	十二 十二	十三 十三	十四 十四
七 七	八 八	九 九	十 十	十一 十一	十二 十二	十三 十三	十四 十四	十五 十五

庚寅	辛卯	壬辰	癸巳	甲午	乙未	丙申	丁酉	戊戌
十七	十八	十九	二十	二十一	二十二	二十三	二十四	二十五
十七	十八	十九	二十	二十一	二十二	二十三	二十四	二十五
十一	十二	十三	十四	十五	十六	十七	十八	十九
十一	十二	十三	十四	十五	十六	十七	十八	十九
五	六	七	八	九	孝公元年	二	三	四
五	六	七	八	九	伯御元年	二	三	四
五	六	七	八	九	十	十一	十二	成公元年
五	六	七	八	九	十	十一	十二	成公元年
穆侯元年	二	三	四	五	六	七	八	九
十一	穆侯元年	二	三	四	五	六	七	八
十一	十二	十三	十四	十五	十六	十七	十八	十九
十一	十二	十三	十四	十五	十六	十七	十八	十九
二十	二十一	二十二	二十三	二十四	二十五	二十六	二十七	二十八
二十	二十一	二十二	二十三	二十四	二十五	二十六	二十七	二十八
二	三	四	五	六	七	八	九	十
二	三	四	五	六	七	八	九	十
二十一	二十二	二十三	二十四	二十五	二十六	二十七	二十八	二十九
二十	二十一	二十二	二十三	二十四	二十五	二十六	二十七	二十八
二十七	二十八	釐侯元年	二	三	四	五	六	七
二十七	二十八	釐侯元年	二	三	四	五	六	七
十五	十六	十七	十八	十九	二十	二十一	二十二	二十三
十五	十六	十七	十八	十九	二十	二十一	二十二	二十三
					桓公元年	二	三	四
					桓公元年	二	三	四
十六	十七	十八	十九	二十	二十一	二十二	二十三	二十四
十六	十七	十八	十九	二十	二十一	二十二	二十三	二十四

己亥	庚子	辛丑	壬寅	癸卯	甲辰	乙巳	丙午	丁未
二十六	二十七	二十八	二十九	三十	三十一	三十二	三十三	三十四
二十六	二十七	二十八	二十九	三十	三十一	三十二	三十三	三十四
二十	二十一	二十二	二十三	二十四	二十五	二十六	二十七	二十八
二十	二十一	二十二	二十三	二十四	二十五	二十六	二十七	二十八
五	六	七	八	九	十	十一	十二	十三
五	六	七	八	九	十	十一	孝公元年	二
二	三	四	五	六	七	八	九	莊公元年
二	三	四	五	六	七	八	九	莊公元年
十	十一	十二	十三	十四	十五	十六	十七	十八
九	十	十一	十二	十三	十四	十五	十六	十七
二十	二十一	二十二	熊鄂元年	二	三	四	五	六
二十	二十一	二十二	熊咢元年	二	三	四	五	六
二十九	三十	三十一	戴公元年	二	三	四	五	六
二十九	三十	哀公元年	戴公元年	二	三	四	五	六
十一	十二	十三	十四	十五	十六	十七	十八	十九
十一	十二	十三	十四	十五	十六	十七	十八	十九
三十	三十一	三十二	三十三	三十四	三十五	三十六	武公元年	二
二十九	三十	三十一	三十二	三十三	三十四	三十五	三十六	武公元年
八	九	十	十一	十二	十三	十四	十五	十六
八	九	十	十一	十二	十三	十四	十五	十六
二十四	二十五	二十六	二十七	二十八	二十九	三十	惠伯元年	二
二十四	二十五	二十六	二十七	二十八	二十九	三十	惠伯元年	二
五	六	七	八	九	十	十一	十二	十三
五	六	七	八	九	十	十一	十二	十三
二十五	二十六	二十七	二十八	二十九	三十	三十一	三十二	三十三
二十五	二十六	二十七	二十八	二十九	三十	三十一	三十二	三十三

戊申	己酉	庚戌	辛亥	壬子	癸丑	甲寅	乙卯	丙辰
三十五	三十六	三十七	三十八	三十九	四十	四十一	四十二	四十三
三十五	三十六	三十七	三十八	三十九	四十	四十一	四十二	四十三
二十九	三十	三十一	三十二	三十三	三十四	三十五	三十六	三十七
二十九	三十	三十一	三十二	三十三	三十四	三十五	三十六	三十七
十四	十五	十六	十七	十八	十九	二十	二十一	二十二
三	四	五	六	七	八	九	十	十一
二	三	四	五	六	七	八	九	十
二	三	四	五	六	七	八	九	十
十九	二十	二十一	二十二	二十三	二十四	二十五	二十六	二十七
十八	十九	二十	二十一	二十二	二十三	二十四	二十五	二十六
七	八	九	若敖元年	二	三	四	五	六
七	八	九	若敖元年	二	三	四	五	六
七	八	九	十	十一	十二	十三	十四	十五
七	八	九	十	十一	十二	十三	十四	十五
二十	二十一	二十二	二十三	二十四	二十五	二十六	二十七	二十八
二十	二十一	二十二	二十三	二十四	二十五	二十六	二十七	二十八
三	四	五	六	七	八	九	十	十一
二	三	四	五	六	七	八	九	十
十七	十八	十九	二十	二十一	二十二	二十三	二十四	二十五
十七	十八	十九	二十	二十一	二十二	二十三	二十四	二十五
三	四	五	六	七	八	九	十	十一
三	四	五	六	七	八	九	十	十一
十四	十五	十六	十七	十八	十九	二十	二十一	二十二
十四	十五	十六	十七	十八	十九	二十	二十一	二十二
三十四	三十五	三十六	頃侯元年	二	三	四	五	六
三十四	三十五	三十六	頃侯元年	二	三	四	五	六

丁巳	戊午	己未	庚申	辛酉	壬戌	癸亥	甲子	乙丑
四十四	四十五	四十六	幽王元年	二	三	（周紀載幽王自三年以下紀		
四十四	四十五	四十六	幽王元年	二	三	四	五	六
三十八	三十九	四十	四十一	四十二	四十三	四十四	襄公元年	二
							襄公元年	二
三十八	三十九	四十	四十一	四十二	四十三	四十四	襄公元年	二
二十三	二十四	二十五	二十六	二十七	二十八	二十九	三十	三十一
十二	十三	十四	十五	十六	十七	十八	十九	二十
十一	十二	十三	十四	十五	十六	十七	十八	十九
十一	十二	十三	十四	十五	十六	十七	十八	十九
殤叔元年	二	三	四	文侯元年	二	三	四	五
二十七	殤叔元年	二	三	四	文侯元年	二	三	四
七	八	九	十	十一	十二	十三	十四	十五
七	八	九	十	十一	十二	十三	十四	十五
十六	十七	十八	十九	二十	二十一	二十二	二十三	二十四
十六	十七	十八	十九	二十	二十一	二十二	二十三	二十四
二十九	三十	三十一	三十二	三十三	三十四	三十五	三十六	三十七
二十九	三十	三十一	三十二	三十三	三十四	三十五	三十六	三十七
十二	十三	十四	十五	夷公元年	二	三	平公元年	二
十一	十二	十三	十四	十五	夷公元年	二	三	平公元年
二十六	二十七	二十八	二十九	三十	三十一	三十二	三十三	三十四
二十六	二十七	二十八	二十九	三十	三十一	三十二	三十三	三十四
十二	十三	十四	十五	十六	十七	十八	十九	二十
十二	十三	十四	十五	十六	十七	十八	十九	二十
二十三	二十四	二十五	二十六	二十七	二十八	二十九	三十	三十一
二十三	二十四	二十五	二十六	二十七	二十八	二十九	三十	三十一
七	八	九	十	十一	十二	十三	十四	十五
七	八	九	十	十一	十二	十三	十四	十五

戌甲	酉癸	申壬	未辛	午庚	巳己	辰戊	卯丁	寅丙
四	三	二	年元王平	○	(年。一十至空為表年依定，考據今明。不年			
四	三	二	年元王平	一十	十	九	八	七
一十	十	九	八	七	六	五	四	三
一十	十	九	八	七	六	五	四	三
一十	十	九	八	七	六	五	四	三
二	年元公惠	八十三	七十三	六十三	五十三	四十三	三十三	二十三
二	年元公惠	七十二	六十二	五十二	四十二	三十二	二十三	一十三
八十二	七十二	六十二	五十二	四十二	三十二	二十二	一十二	十二
八十二	七十二	六十二	五十二	四十二	三十二	二十二	一十二	十二
四十	三十	二十	一十	十	九	八	七	六
三十	二十	一十	十	九	八	七	六	五
四十二	三十二	二十二	一十二	十二	九十	八十	七十	六十
四十二	三十二	二十二	一十二	十二	九十	八十	七十	六十
三十三	二十三	一十三	十三	九十二	八十二	七十二	六十二	五十二
三十三	二十三	一十三	十三	九十二	八十二	七十二	六十二	五十二
六十四	五十四	四十四	三十四	二十四	一十四	十四	九十三	八十三
六十四	五十四	四十四	三十四	二十四	一十四	十四	九十三	八十三
一十	十	九	八	七	六	五	四	三
十	九	八	七	六	五	四	三	二
三十四	二十四	一十四	十四	九十三	八十三	七十三	六十三	五十三
三十四	二十四	一十四	十四	九十三	八十三	七十三	六十三	五十三
九十二	八十二	七十二	六十二	五十二	四十二	三十二	二十二	一十二
九十二	八十二	七十二	六十二	五十二	四十二	三十二	二十二	一十二
四	三	二	年元公武	六十三	五十三	四十三	三十三	二十三
四	三	二	年元公武	六十三	五十三	四十三	三十三	二十三
四十二	三十二	二十二	一十二	十二	九十	八十	七十	六十
四十二	三十二	二十二	一十二	十二	九十	八十	七十	六十

乙亥	丙子	丁丑	戊寅	己卯	庚辰	辛巳	壬午	癸未
五	六	七	八	九	十	十一	十二	十三
五	六	七	八	九	十	十一	十二	十三
十二	文公元年	二	三	四	五	六	七	八
十二	文公元年	二	三	四	五	六	七	八
十二	文公元年	二	三	四	五	六	七	八
三	四	五	六	七	八	九	十	十一
三	四	五	六	七	八	九	十	十一
二十九	三十	三十一	三十二	三十三	三十四	三十五	三十六	三十七
二十九	三十	三十一	三十二	三十三	三十四	三十五	三十六	三十七
十五	十六	十七	十八	十九	二十	二十一	二十二	二十三
十四	十五	十六	十七	十八	十九	二十	二十一	二十二
二十五	二十六	二十七	宵敖元年	二	三	四	五	六
二十五	二十六	二十七	宵敖元年	二	三	四	五	六
三十四	武公元年	二	三	四	五	六	七	八
三十四	武公元年	二	三	四	五	六	七	八
四十七	四十八	四十九	五十	五十一	五十二	五十三	五十四	五十五
四十七	四十八	四十九	五十	五十一	五十二	五十三	五十四	五十五
十二	十三	十四	十五	十六	十七	十八	十九	二十
十一	十二	十三	十四	十五	十六	十七	十八	十九
四十四	四十五	四十六	四十七	四十八	共侯元年	二	戴侯元年	二
四十四	四十五	四十六	四十七	四十八	共侯元年	二	戴侯元年	二
三十	三十一	三十二	三十三	三十四	三十五	三十六	穆公元年	二
三十	三十一	三十二	三十三	三十四	三十五	三十六	繆公元年	二
五	六	七	八	九	十	十一	十二	十三
五	六	七	八	九	十	十一	十二	十三
哀侯元年	二	鄭侯元年	二	三	四	五	六	七
哀侯元年	二	鄭侯元年	二	三	四	五	六	七

甲申	乙酉	丙戌	丁亥	戊子	己丑	庚寅	辛卯	壬辰
十四	十五	十六	十七	十八	十九	二十	二十一	二十二
十四	十五	十六	十七	十八	十九	二十	二十一	二十二
九	十	十一	十二	十三	十四	十五	十六	十七
九	十	十一	十二	十三	十四	十五	十六	十七
九	十	十一	十二	十三	十四	十五	十六	十七
十二	十三	十四	十五	十六	十七	十八	十九	二十
十二	十三	十四	十五	十六	十七	十八	十九	二十
三十八	三十九	四十	四十一	四十二	四十三	四十四	四十五	四十六
三十八	三十九	四十	四十一	四十二	四十三	四十四	四十五	四十六
二十四	二十五	二十六	二十七	二十八	二十九	三十	三十一	三十二
二十三	二十四	二十五	二十六	二十七	二十八	二十九	三十	三十一
蚡冒元年	二	三	四	五	六	七	八	九
蚡冒元年	二	三	四	五	六	七	八	九
九	十	十一	十二	十三	十四	十五	十六	十七
九	十	十一	十二	十三	十四	十五	十六	十七
莊公元年	二	三	四	五	六	七	八	九
莊公元年	二	三	四	五	六	七	八	九
二十一	二十二	二十三	文公元年	二	三	四	五	六
二十	二十一	二十二	二十三	文公元年	二	三	四	五
三	四	五	六	七	八	九	十	宣侯元年
三	四	五	六	七	八	九	十	宣侯元年
三	桓公元年	二	三	四	五	六	七	八
三	桓公元年	二	三	四	五	六	七	八
十四	十五	十六	十七	十八	十九	二十	二十一	二十二
十四	十五	十六	十七	十八	十九	二十	二十一	二十二
八	九	十	十一	十二	十三	十四	十五	十六
八	九	十	十一	十二	十三	十四	十五	十六

癸巳	甲午	乙未	丙申	丁酉	戊戌	己亥	庚子	辛丑
二十三	二十四	二十五	二十六	二十七	二十八	二十九	三十	三十一
二十三	二十四	二十五	二十六	二十七	二十八	二十九	三十	三十一
十八	十九	二十	二十一	二十二	二十三	二十四	二十五	二十六
十八	十九	二十	二十一	二十二	二十三	二十四	二十五	二十六
十八	十九	二十	二十一	二十二	二十三	二十四	二十五	二十六
二十一	二十二	二十三	二十四	二十五	二十六	二十七	二十八	二十九
二十一	二十二	二十三	二十四	二十五	二十六	二十七	二十八	二十九
四十七	四十八	四十九	五十	五十一	五十二	五十三	五十四	五十五
四十七	四十八	四十九	五十	五十一	五十二	五十三	五十四	五十五
三十三	三十四	三十五	昭侯元年	二	三	四	五	六
三十二	三十三	三十四	三十五	昭侯元年	二	三	四	五
			桓叔元年	二	三	四	五	六
十	十一	十二	十三	十四	十五	十六	十七	武王元年
十	十一	十二	十三	十四	十五	十六	十七	武王元年
十八	宣公元年	二	三	四	五	六	七	八
十八	宣公元年	二	三	四	五	六	七	八
十	十一	十二	十三	十四	十五	十六	十七	十八
十	十一	十二	十三	十四	十五	十六	十七	十八
七	八	九	十	桓公元年	二	三	四	五
六	七	八	九	十	桓公元年	二	三	四
二	三	四	五	六	七	八	九	十
二	三	四	五	六	七	八	九	十
九	十	十一	十二	十三	十四	十五	十六	十七
九	十	十一	十二	十三	十四	十五	十六	十七
二十三	二十四	二十五	二十六	二十七	莊公元年	二	三	四
二十三	二十四	二十五	二十六	二十七	莊公元年	二	三	四
十七	十八	十九	二十	二十一	二十二	二十三	二十四	二十五
十七	十八	十九	二十	二十一	二十二	二十三	二十四	二十五

壬寅	癸卯	甲辰	乙巳	丙午	丁未	戊申	己酉	庚戌
三十二	三十三	三十四	三十五	三十六	三十七	三十八	三十九	四十
三十二	三十三	三十四	三十五	三十六	三十七	三十八	三十九	四十
二十七	二十八	二十九	三十	三十一	三十二	三十三	三十四	三十五
二十七	二十八	二十九	三十	三十一	三十二	三十三	三十四	三十五
二十七	二十八	二十九	三十	三十一	三十二	三十三	三十四	三十五
三十	三十一	三十二	三十三	三十四	三十五	三十六	三十七	三十八
三十	三十一	三十二	三十三	三十四	三十五	三十六	三十七	三十八
五十六	五十七	五十八	五十九	六十	六十一	六十二	六十三	六十四
五十六	五十七	五十八	五十九	六十	六十一	六十二	六十三	六十四
孝侯元年	二	三	四	五	六	七	八	九
六	七	孝侯元年	二	三	四	五	六	七
七	八	九	十	十一	十二	十三	十四	十五
二	三	四	五	六	七	八	九	十
二	三	四	五	六	七	八	九	十
九	十	十一	十二	十三	十四	十五	十六	十七
九	十	十一	十二	十三	十四	十五	十六	十七
十九	二十	二十一	二十二	二十三	桓公元年	二	三	四
十九	二十	二十一	二十二	二十三	桓公元年	二	三	四
六	七	八	九	十	十一	十二	十三	十四
五	六	七	八	九	十	十一	十二	十三
十一	十二	十三	十四	十五	十六	十七	十八	十九
十一	十二	十三	十四	十五	十六	十七	十八	十九
十八	十九	二十	二十一	二十二	二十三	二十四	二十五	二十六
十八	十九	二十	二十一	二十二	二十三	二十四	二十五	二十六
五	六	七	八	九	十	十一	十二	十三
五	六	七	八	九	十	十一	十二	十三
二十六	二十七	二十八	二十九	三十	三十一	三十二	三十三	三十四
二十六	二十七	二十八	二十九	三十	三十一	三十二	三十三	三十四

辛亥	壬子	癸丑	甲寅	乙卯	丙辰	丁巳	戊午	己未
四十一	四十二	四十三	四十四	四十五	四十六	四十七	四十八	四十九
四十一	四十二	四十三	四十四	四十五	四十六	四十七	四十八	四十九
三十六	三十七	三十八	三十九	四十	四十一	四十二	四十三	四十四
三十六	三十七	三十八	三十九	四十	四十一	四十二	四十三	四十四
三十六	三十七	三十八	三十九	四十	四十一	四十二	四十三	四十四
三十九	四十	四十一	四十二	四十三	四十四	四十五	四十六	隱公元年
三十九	四十	四十一	四十二	四十三	四十四	四十五	四十六	隱公元年
釐公元年	二	三	四	五	六	七	八	九
釐公元年	二	三	四	五	六	七	八	九
十	十一	十二	十三	十四	十五	十六	鄂侯元年	二
八	九	十	十一	十二	十三	十四	十五	鄂侯元年
莊伯元年	二	三	四	五	六	七	八	九
十一	十二	十三	十四	十五	十六	十七	十八	十九
十一	十二	十三	十四	十五	十六	十七	十八	十九
十八	十九	穆公元年	二	三	四	五	六	七
十八	十九	穆公元年	二	三	四	五	六	七
五	六	七	八	九	十	十一	十二	十三
五	六	七	八	九	十	十一	十二	十三
十五	十六	十七	十八	十九	二十	二十一	二十二	二十三
十四	十五	十六	十七	十八	十九	二十	二十一	二十二
二十	二十一	二十二	二十三	二十四	二十五	二十六	二十七	二十八
二十	二十一	二十二	二十三	二十四	二十五	二十六	二十七	二十八
二十七	二十八	二十九	三十	三十一	三十二	三十三	三十四	三十五
二十七	二十八	二十九	三十	三十一	三十二	三十三	三十四	三十五
十四	十五	十六	十七	十八	十九	二十	二十一	二十二
十四	十五	十六	十七	十八	十九	二十	二十一	二十二
三十五	三十六	穆侯元年	二	三	四	五	六	七
三十五	三十六	繆侯元年	二	三	四	五	六	七

庚申	辛酉	壬戌	癸亥	甲子	乙丑	丙寅	丁卯	戊辰
五十	五十一	桓王元年	二	三	四	五	六	七
五十	五十一	桓王元年	二	三	四	五	六	七
四十五	四十六	四十七	四十八	四十九	五十	寧公元年	二	三
四十五	四十六	四十七	四十八	四十九	五十	憲公元年	二	三
四十五	四十六	四十七	四十八	四十九	五十	寧公元年	二	三
二	三	四	五	六	七	八	九	十
二	三	四	五	六	七	八	九	十
十	十一	十二	十三	十四	十五	十六	十七	十八
十	十一	十二	十三	十四	十五	十六	十七	十八
三	四	五	六	哀侯元年	二	三	四	五
二	三	四	五	六	哀侯元年	二	三	四
十	十一	十二	十三	十四	十五	武公元年	二	三
二十	二十一	二十二	二十三	二十四	二十五	二十六	二十七	二十八
二十	二十一	二十二	二十三	二十四	二十五	二十六	二十七	二十八
八	九	殤公元年	二	三	四	五	六	七
八	九	殤公元年	二	三	四	五	六	七
十四	十五	十六	宣公元年	二	三	四	五	六
十四	十五	十六	宣公元年	二	三	四	五	六
二十四	二十五	二十六	二十七	二十八	二十九	三十	三十一	三十二
二十三	二十四	二十五	二十六	二十七	二十八	二十九	三十	三十一
二十九	三十	三十一	三十二	三十三	三十四	三十五	桓侯元年	二
二十九	三十	三十一	三十二	三十三	三十四	三十五	桓侯元年	二
三十六	三十七	三十八	三十九	四十	四十一	四十二	四十三	四十四
三十六	三十七	三十八	三十九	四十	四十一	四十二	四十三	四十四
二十三	二十四	二十五	二十六	二十七	二十八	二十九	三十	三十一
二十三	二十四	二十五	二十六	二十七	二十八	二十九	三十	三十一
八	九	十	十一	十二	十三	十四	十五	十六
八	九	十	十一	十二	十三	十四	十五	十六

己巳	庚午	辛未	壬申	癸酉	甲戌	乙亥	丙子	丁丑
八	九	十	十一	十二	十三	十四	十五	十六
八	九	十	十一	十二	十三	十四	十五	十六
四	五	六	七	八	九	十	十一	十二
四	五	六	七	八	九	十	十一	十二
四	五	六	七	八	九	十	十一	十二
十一	桓公元年	二	三	四	五	六	七	八
十一	桓公元年	二	三	四	五	六	七	八
十九	二十	二十一	二十二	二十三	二十四	二十五	二十六	二十七
十九	二十	二十一	二十二	二十三	二十四	二十五	二十六	二十七
六	七	八	小子元年	二	三	侯湣元年	二	三
五	六	七	八	九	小子元年	二	三	四
四	五	六	七	八	九	十	十一	十二
二十九	三十	三十一	三十二	三十三	三十四	三十五	三十六	三十七
二十九	三十	三十一	三十二	三十三	三十四	三十五	三十六	三十七
八	九	宋公馮元年	二	三	四	五	六	七
八	九	十	莊公元年	二	三	四	五	六
七	八	九	十	十一	十二	十三	十四	十五
七	八	九	十	十一	十二	十三	十四	十五
三十三	三十四	三十五	三十六	三十七	三十八	厲公元年	二	三
三十二	三十三	三十四	三十五	三十六	三十七	三十八	厲公元年	二
三	四	五	六	七	八	九	十	十一
三	四	五	六	七	八	九	十	十一
四十五	四十六	四十七	四十八	四十九	五十	五十一	五十二	五十三
四十五	四十六	四十七	四十八	四十九	五十	五十一	五十二	五十三
三十二	三十三	三十四	三十五	三十六	三十七	三十八	三十九	四十
三十二	三十三	三十四	三十五	三十六	三十七	三十八	三十九	四十
十七	十八	宣侯元年	二	三	四	五	六	七
十七	十八	宣侯元年	二	三	四	五	六	七

戊寅	己卯	庚辰	辛巳	壬午	癸未	甲申	乙酉	丙戌
十七	十八	十九	二十	二十一	二十二	二十三	莊王元年	二
十七	十八	十九	二十	二十一	二十二	二十三	莊王元年	二
出子元年	二	三	四	五	六	武公元年	二	三
出子元年	二	三	四	五	六	武公元年	二	三
出公元年	二	三	四	五	六	武公元年	二	三
九	十	十一	十二	十三	十四	十五	十六	十七
九	十	十一	十二	十三	十四	十五	十六	十七
二十八	二十九	三十	三十一	三十二	三十三	襄公元年	二	三
二十八	二十九	三十	三十一	三十二	三十三	襄公元年	二	三
四	五	六	七	八	九	十	十一	十二
緡侯元年	二	三	四	五	六	七	八	九
十三	十	十五	十六	十七	十八	十九	二十	二十一
三十八	三十九	四十	四十一	四十二	四十三	四十四	四十五	四十六
三十八	三十九	四十	四十一	四十二	四十三	四十四	四十五	四十六
八	九	十	十一	十二	十三	十四	十五	十六
七	八	九	十	十一	十二	十三	十四	十五
十六	十七	十八	十九	惠公元年	二	三	黔牟元年	二
十六	十七	十八	十九	惠公元年	二	三	四	黔牟元年
四	五	六	七	莊公元年	二	三	四	五
三	四	五	六	七	莊公元年	二	三	四
十二	十三	十四	十五	十六	十七	十八	十九	二十
十二	十三	十四	十五	十六	十七	十八	十九	二十
五十四	五十五	莊公元年	二	三	四	五	六	七
五十四	五十五	莊公元年	二	三	四	五	六	七
四十一	四十二	四十三	厲公元年	二	三	四	昭公元年	二
四十一	四十二	四十三	厲公元年	二	三	四	昭公元年	二
八	九	十	十一	十二	十三	桓公元年	二	三
八	九	十	十一	十二	十三	桓侯元年	二	三

丁亥	戊子	己丑	庚寅	辛卯	壬辰	癸巳	甲午	乙未
三	四	五	六	七	八	九	十	十一
三	四	五	六	七	八	九	十	十一
四	五	六	七	八	九	十	十一	十二
四	五	六	七	八	九	十	十一	十二
四	五	六	七	八	九	十	十一	十二
十八	莊公元年	二	三	四	五	六	七	八
十八	莊公元年	二	三	四	五	六	七	八
四	五	六	七	八	九	十	十一	十二
四	五	六	七	八	九	十	十一	十二
十三	十四	十五	十六	十七	十八	十九	二十	二十一
十	十一	十二	十三	十四	十五	十六	十七	十八
二十二	二十三	二十四	二十五	二十六	二十七	二十八	二十九	三十
四十七	四十八	四十九	五十	五十一	文王元年	二	三	四
四十七	四十八	四十九	五十	五十一	文王元年	二	三	四
十七	十八	十九	湣公元年	二	三	四	五	六
十六	十七	十八	十九	湣公元年	二	三	四	五
三	四	五	六	七	八	九	十	惠公十四年
二	三	四	五	六	七	八	惠公十三年	十四
六	七	宣公元年	二	三	四	五	六	七
五	六	七	宣公元年	二	三	四	五	六
哀侯元年	二	三	四	五	六	七	八	九
哀侯元年	二	三	四	五	六	七	八	九
八	九	十	十一	十二	十三	十四	十五	十六
八	九	十	十一	十二	十三	十四	十五	十六
子亹元年	子嬰元年	二	三	四	五	六	七	八
子亹元年	子嬰元年	二	三	四	五	六	七	八
四	五	六	七	莊公元年	二	三	四	五
四	五	六	七	莊公元年	二	三	四	五

丙申	丁酉	戊戌	己亥	庚子	辛丑	壬寅	癸卯	甲辰
十二	十三	十四	十五	釐王元年	二	三	四	五
十二	十三	十四	十五	釐王元年	二	三	四	五
十三	十四	十五	十六	十七	十八	十九	二十	德公元年
十三	十四	十五	十六	十七	十八	十九	二十	德公元年
十三	十四	十五	十六	十七	十八	十九	二十	德公元年
九	十	十一	十二	十三	十四	十五	十六	十七
九	十	十一	十二	十三	十四	十五	十六	十七
桓公元年	二	三	四	五	六	七	八	九
桓公元年	二	三	四	五	六	七	八	九
二十二	二十三	二十四	二十五	二十六	二十七	二十八	曲沃武公二十八年	二十九
十九	二十	二十一	二十二	二十三	二十四	二十五	二十六	二十七
三十一	三十二	三十三	三十四	三十五	三十六	三十七	三十八	三十九
五	六	七	八	九	十	十一	十二	十三
五	六	七	八	九	十	十一	十二	十三
七	八	九	十	桓公元年	二	三	四	五
六	七	八	九	十	十一	桓公元年	二	三
十五	十六	十七	十八	十九	二十	二十一	二十二	二十三
十五	十六	十七	十八	十九	二十	二十一	二十二	二十三
八	九	十	十一	十二	十三	十四	十五	十六
七	八	九	十	十一	十二	十三	十四	十五
十	十一	十二	十三	十四	十五	十六	十七	十八
十	十一	十二	十三	十四	十五	十六	十七	十八
十七	十八	十九	二十	二十一	二十二	二十三	二十四	二十五
十七	十八	十九	二十	二十一	二十二	二十三	二十四	二十五
九	十	十一	十二	十三	十四	厲公後元年	二	三
九	十	十一	十二	十三	十四	厲公後元年	二	三
六	七	八	九	十	十一	十二	十三	十四
六	七	八	九	十	十一	十二	十三	十四

乙巳	丙午	丁未	戊申	己酉	庚戌	辛亥	壬子	癸丑
惠王元年	二	三	四	五	六	七	八	九
惠王元年	二	三	四	五	六	七	八	九
二	宣公元年	二	三	四	五	六	七	八
二	宣公元年	二	三	四	五	六	七	八
二	宣公元年	二	三	四	五	六	七	八
十八	十九	二十	二十一	二十二	二十三	二十四	二十五	二十六
十八	十九	二十	二十一	二十二	二十三	二十四	二十五	二十六
十	十一	十二	十三	十四	十五	十六	十七	十八
十	十一	十二	十三	十四	十五	十六	十七	十八
獻公元年	二	三	四	五	六	七	八	九
二十八								
獻公元年	二	三	四	五	六	七	八	九
堵敖元年	二	三	四	五	成王元年	二	三	四
杜敖元年	二	三	四	五	成王元年	二	三	四
六	七	八	九	十	十一	十二	十三	十四
四	五	六	七	八	九	十	十一	十二
二十四	二十五	二十六	二十七	二十八	二十九	三十	三十一	懿公元年
二十四	二十五	二十六	二十七	二十八	二十九	三十	三十一	懿公元年
十七	十八	十九	二十	二十一	二十二	二十三	二十四	二十五
十六	十七	十八	十九	二十	二十一	二十二	二十三	二十四
十九	二十	穆侯元年	二	三	四	五	六	七
十九	二十	繆侯元年	二	三	四	五	六	七
二十六	二十七	二十八	二十九	三十	三十一	釐公元年	二	三
二十六	二十七	二十八	二十九	三十	三十一	釐公元年	二	三
四	五	六	七	文公元年	二	三	四	五
四	五	六	七	文公元年	二	三	四	五
十五	十六	十七	十八	十九	二十	二十一	二十二	二十三
十五	十六	十七	十八	十九	二十	二十一	二十二	二十三
武公元年	二	三	四	五	六	七	八	九

甲寅	乙卯	丙辰	丁巳	戊午	己未	庚申	辛酉	壬戌
十	十一	十二	十三	十四	十五	十六	十七	十八
十	十一	十二	十三	十四	十五	十六	十七	十八
九	十	十一	十二	成公元年	二	三	四	繆公元年
九	十	十一	十二	成公元年	二	三	四	繆公元年
九	十	十一	十二	成公元年	二	三	四	穆公元年
二十七	二十八	二十九	三十	三十一	三十二	潛公元年	二	釐公元年
二十七	二十八	二十九	三十	三十一	三十二	潛公元年	二	釐公元年
十九	二十	二十一	二十二	二十三	二十四	二十五	二十六	二十七
十九	二十	二十一	二十二	二十三	二十四	二十五	二十六	二十七
十	十一	十二	十三	十四	十五	十六	十七	十八
十	十一	十二	十三	十四	十五	十六	十七	十八
五	六	七	八	九	十	十一	十二	十三
五	六	七	八	九	十	十一	十二	十三
十五	十六	十七	十八	十九	二十	二十一	二十二	二十三
十三	十四	十五	十六	十七	十八	十九	二十	二十一
二	三	四	五	六	七	八	戴公元年	文公元年
二	三	四	五	六	七	八	九	戴公元年
二十六	二十七	二十八	二十九	三十	三十一	三十二	三十三	三十四
二十五	二十六	二十七	二十八	二十九	三十	三十一	三十二	三十三
八	九	十	十一	十二	十三	十四	十五	十六
八	九	十	十一	十二	十三	十四	十五	十六
四	五	六	七	八	九	昭公元年	二	三
四	五	六	七	八	九	昭公元年	二	三
六	七	八	九	十	十一	十二	十三	十四
六	七	八	九	十	十一	十二	十三	十四
二十四	二十五	二十六	二十七	二十八	二十九	三十	三十一	三十二
二十四	二十五	二十六	二十七	二十八	二十九	三十	三十一	三十二
十	十一	十二	十三	十四	十五	十六	十七	十八

癸亥	甲子	乙丑	丙寅	丁卯	戊辰	己巳	庚午	辛未
十九	二十	二十一	二十二	二十三	二十四	二十五	襄王元年	二
十九	二十	二十一	二十二	二十三	二十四	二十五	襄王元年	二
二	三	四	五	六	七	八	九	十
二	三	四	五	六	七	八	九	十
二	三	四	五	六	七	八	九	十
二	三	四	五	六	七	八	九	十
二	三	四	五	六	七	八	九	十
二十八	二十九	三十	三十一	三十二	三十三	三十四	三十五	三十六
二十八	二十九	三十	三十一	三十二	三十三	三十四	三十五	三十六
十九	二十	二十一	二十二	二十三	二十四	二十五	二十六	惠公元年
十九	二十	二十一	二十二	二十三	二十四	二十五	二十六	惠公元年
十四	十五	十六	十七	十八	十九	二十	二十一	二十二
十四	十五	十六	十七	十八	十九	二十	二十一	二十二
二十四	二十五	二十六	二十七	二十八	二十九	三十	三十一	襄公元年
二十二	二十三	二十四	二十五	二十六	二十七	二十八	二十九	三十
二	三	四	五	六	七	八	九	十
文公元年	二	三	四	五	六	七	八	九
三十五	三十六	三十七	三十八	三十九	四十	四十一	四十二	四十三
三十四	三十五	三十六	三十七	三十八	三十九	四十	四十一	四十二
十七	十八	十九	二十	二十一	二十二	二十三	二十四	二十五
十七	十八	十九	二十	二十一	二十二	二十三	二十四	二十五
四	五	六	七	八	九	共公元年	二	三
四	五	六	七	八	九	共公元年	二	三
十五	十六	十七	十八	十九	二十	二十一	二十二	二十三
十五	十六	十七	十八	十九	二十	二十一	二十二	二十三
三十三	襄公元年	二	三	四	五	六	七	八
三十三	襄公元年	二	三	四	五	六	七	八
十九	二十	二十一	二十二	二十三	二十四	二十五	二十六	二十七

壬申	癸酉	甲戌	乙亥	丙子	丁丑	戊寅	己卯	庚辰
三	四	五	六	七	八	九	十	十一
三	四	五	六	七	八	九	十	十一
十一	十二	十三	十四	十五	十六	十七	十八	十九
十一	十二	十三	十四	十五	十六	十七	十八	十九
十一	十二	十三	十四	十五	十六	十七	十八	十九
十一	十二	十三	十四	十五	十六	十七	十八	十九
十一	十二	十三	十四	十五	十六	十七	十八	十九
三十七	三十八	三十九	四十	四十一	四十二	四十三	孝公元年	二
三十七	三十八	三十九	四十	四十一	四十二	四十三	孝公元年	二
二	三	四	五	六	七	八	九	十
二	三	四	五	六	七	八	九	十
二十三	二十四	二十五	二十六	二十七	二十八	二十九	三十	三十一
二十三	二十四	二十五	二十六	二十七	二十八	二十九	三十	三十一
二	三	四	五	六	七	八	九	十
三十一	襄公元年	二	三	四	五	六	七	八
十一	十二	十三	十四	十五	十六	十七	十八	十九
十	十一	十二	十三	十四	十五	十六	十七	十八
四十四	四十五	穆公元年	二	三	四	五	六	七
四十三	四十四	四十五	穆公元年	二	三	四	五	六
二十六	二十七	二十八	二十九	莊公元年	二	三	四	五
二十六	二十七	二十八	二十九	莊侯元年	二	三	四	五
四	五	六	七	八	九	十	十一	十二
四	五	六	七	八	九	十	十一	十二
二十四	二十五	二十六	二十七	二十八	二十九	三十	三十一	三十二
二十四	二十五	二十六	二十七	二十八	二十九	三十	三十一	三十二
九	十	十一	十二	十三	十四	十五	十六	十七
九	十	十一	十二	十三	十四	十五	十六	十七
二十八	二十九	三十	三十一	三十二	三十三	三十四	三十五	三十六

辛巳	壬午	癸未	甲申	乙酉	丙戌	丁亥	戊子	己丑
十二 十二	十三 十三	十四 十四	十五 十五	十六 十六	十七 十七	十八 十八	十九 十九	二十 二十
二十 二十 二十	二十一 二十一 二十一	二十二 二十二 二十二	二十三 二十三 二十三	二十四 二十四 二十四	二十五 二十五 二十五	二十六 二十六 二十六	二十七 二十七 二十七	二十八 二十八 二十八
二十 二十	二十一 二十一	二十二 二十二	二十三 二十三	二十四 二十四	二十五 二十五	二十六 二十六	二十七 二十七	二十八 二十八
三 三	四 四	五 五	六 六	七 七	八 八	九 九	十 十	昭公元年 昭公元年
十一 十一	十二 十二	十三 十三	十四 十四	文公元年 文公元年	二 二	三 三	四 四	五 五
三十二 三十二	三十三 三十三	三十四 三十四	三十五 三十五	三十六 三十六	三十七 三十七	三十八 三十八	三十九 三十九	四十 四十
十一 九	十二 十	十三 十一	十四 十二	成公元年 十三	二 十四	三 成公元年	四 二	五 三
二十 十九	二十一 二十	二十二 二十一	二十三 二十二	二十四 二十三	二十五 二十四	成公元年 二十五	二 成公元年	三 二
八 七	九 八	十 九	十一 十	十二 十一	十三 十二	十四 十三	十五 十四	十六 十五
六 六	七 七	八 八	九 九	十 十	十一 十一	十二 十二	十三 十三	十四 十四
十三 十三	十四 十四	十五 十五	十六 十六	十七 十七	十八 十八	十九 十九	二十 二十	二十一 二十一
三十三 三十三	三十四 三十四	三十五 三十五	三十六 三十六	三十七 三十七	三十八 三十八	三十九 三十九	四十 四十	四十一 四十一
十八 十八	十九 十九	二十 二十	二十一 二十一	二十二 二十二	二十三 二十三	二十四 二十四	二十五 二十五	二十六 二十六
三十七	三十八	三十九	四十	四十一	四十二	四十三	四十四	四十五

庚寅	辛卯	壬辰	癸巳	甲午	乙未	丙申	丁酉	戊戌
二十一	二十二	二十三	二十四	二十五	二十六	二十七	二十八	二十九
二十一	二十二	二十三	二十四	二十五	二十六	二十七	二十八	二十九
二十九	三十	三十一	三十二	三十三	三十四	三十五	三十六	三十七
二十九	三十	三十一	三十二	三十三	三十四	三十五	三十六	三十七
二十九	三十	三十一	三十二	三十三	三十四	三十五	三十六	三十七
二十九	三十	三十一	三十二	三十三	文公元年	二	三	四
二十九	三十	三十一	三十二	三十三	文公元年	二	三	四
二	三	四	五	六	七	八	九	十
二	三	四	五	六	七	八	九	十
六	七	八	九	襄公元年	二	三	四	五
六	七	八	九	襄公元年	二	三	四	五
四十一	四十二	四十三	四十四	四十五	四十六	穆王元年	二	三
四十一	四十二	四十三	四十四	四十五	四十六	穆王元年	二	三
六	七	八	九	十	十一	十二	十三	十四
四	五	六	七	八	九	十	十一	十二
四	五	六	七	八	九	十	十一	十二
三	四	五	六	七	八	九	十	十一
共公元年	二	三	四	五	六	七	八	九
十六	共公元年	二	三	四	五	六	七	八
十五	十六	十七	十八	十九	二十	二十一	二十二	二十三
十五	十六	十七	十八	十九	二十	二十一	二十二	二十三
二十二	二十三	二十四	二十五	二十六	二十七	二十八	二十九	三十
二十二	二十三	二十四	二十五	二十六	二十七	二十八	二十九	三十
四十二	四十三	四十四	四十五	穆公元年	二	三	四	五
四十二	四十三	四十四	四十五	繆公元年	二	三	四	五
二十七	二十八	二十九	三十	三十一	三十二	三十三	三十四	三十五
二十七	二十八	二十九	三十	三十一	三十二	三十三	三十四	三十五
四十六	四十七	靖公元年	二	三	四	五	六	七

己亥	庚子	辛丑	壬寅	癸卯	甲辰	乙巳	丙午	丁未
三十	三十一	三十二	頃王元年	二	三	四	五	六
三十	三十一	三十二	三十三	頃王元年	二	三	四	五
三十八	三十九	康公元年	二	三	四	五	六	七
三十八	三十九	康公元年	二	三	四	五	六	七
三十八	三十九	康公元年	二	三	四	五	六	七
五	六	七	八	九	十	十一	十二	十三
五	六	七	八	九	十	十一	十二	十三
十一	十二	十三	十四	十五	十六	十七	十八	十九
十一	十二	十三	十四	十五	十六	十七	十八	十九
六	七	靈公元年	二	三	四	五	六	七
六	七	靈公元年	二	三	四	五	六	七
四	五	六	七	八	九	十	十一	十二
四	五	六	七	八	九	十	十一	十二
十五	十六	十七	昭公元年	二	三	四	五	六
十三	十四	十五	十六	十七	昭公元年	二	三	四
十三	十四	十五	十六	十七	十八	十九	二十	二十一
十二	十三	十四	十五	十六	十七	十八	十九	二十
十	十一	十二	十三	十四	十五	十六	十七	十八
九	十	十一	十二	十三	十四	十五	十六	十七
二十四	二十五	二十六	二十七	二十八	二十九	三十	三十一	三十二
二十四	二十五	二十六	二十七	二十八	二十九	三十	三十一	三十二
三十一	三十二	三十三	三十四	三十五	文公元年	二	三	四
三十一	三十二	三十三	三十四	三十五	文公元年	二	三	四
六	七	八	九	十	十一	十二	十三	十四
六	七	八	九	十	十一	十二	十三	十四
三十六	三十七	三十八	三十九	四十	桓公元年	二	三	四
三十六	三十七	三十八	三十九	四十	桓公元年	二	三	四
八	九	十	十一	十二	十三	十四	十五	十六

戊申	己酉	庚戌	辛亥	壬子	癸丑	甲寅	乙卯	丙辰
匡王元年	二	三	四	五	六	定王元年	二	三
六	匡王元年	二	三	四	五	六	定王元年	二
八	九	十	十一	十二	共公元年	二	三	四
八	九	十	十一	十二	共公元年	二	三	四
八	九	十	十一	十二	共公元年	二	三	四
十四	十五	十六	十七	十八	宣公元年	二	三	四
十四	十五	十六	十七	十八	宣公元年	二	三	四
二十	懿公元年	二	三	四	惠公元年	二	三	四
懿公元年	二	三	四	惠公元年	二	三	四	五
八	九	十	十一	十二	十三	十四	成公元年	二
八	九	十	十一	十二	十三	十四	成公元年	二
莊王元年	二	三	四	五	六	七	八	九
莊王元年	二	三	四	五	六	七	八	九
七	八	九	文公元年	二	三	四	五	六
五	六	七	八	九	文公元年	二	三	四
二十二	二十三	二十四	二十五	二十六	二十七	二十八	二十九	三十
二十一	二十二	二十三	二十四	二十五	二十六	二十七	二十八	二十九
靈公元年	二	三	四	五	六	七	八	九
十八	靈公元年	二	三	四	五	六	七	八
三十三	三十四	文公元年	二	三	四	五	六	七
三十三	三十四	文侯元年	二	三	四	五	六	七
五	六	七	八	九	十	十一	十二	十三
五	六	七	八	九	十	十一	十二	十三
十五	十六	十七	十八	十九	二十	二十一	二十二	靈公元年
十五	十六	十七	十八	十九	二十	二十一	二十二	靈公元年
五	六	七	八	九	十	十一	十二	十三
五	六	七	八	九	十	十一	十二	十三
十七	十八	十九	二十	二十一	二十二	二十三	共公元年	二

丁巳	戊午	己未	庚申	辛酉	壬戌	癸亥	甲子	乙丑
四	五	六	七	八	九	十	十一	十二
三	四	五	六	七	八	九	十	十一
五	桓公元年	二	三	四	五	六	七	八
五	桓公元年	二	三	四	五	六	七	八
五	桓公元年	二	三	四	五	六	七	八
五	六	七	八	九	十	十一	十二	十三
五	六	七	八	九	十	十一	十二	十三
五	六	七	八	九	十	頃公元年	二	三
六	七	八	九	十	頃公元年	二	三	四
三	四	五	六	七	景公元年	二	三	四
三	四	五	六	七	景公元年	二	三	四
十	十一	十二	十三	十四	十五	十六	十七	十八
十	十一	十二	十三	十四	十五	十六	十七	十八
七	八	九	十	十一	十二	十三	十四	十五
五	六	七	八	九	十	十一	十二	十三
三十一	三十二	三十三	三十四	三十五	穆公元年	二	三	四
三十	三十一	三十二	三十三	三十四	三十五	穆公元年	二	三
十	十一	十二	十三	十四	十五	成公元年	二	三
九	十	十一	十二	十三	十四	十五	成公元年	二
八	九	十	十一	十二	十三	十四	十五	十六
八	九	十	十一	十二	十三	十四	十五	十六
十四	十五	十六	十七	十八	十九	二十	二十一	二十二
十四	十五	十六	十七	十八	十九	二十	二十一	二十二
襄公元年	二	三	四	五	六	七	八	九
襄公元年	二	三	四	五	六	七	八	九
十四	十五	十六	宣公元年	二	三	四	五	六
十四	十五	十六	宣公元年	二	三	四	五	六
三	四	五	六	七	八	德公元年	二	三

丙寅	丁卯	戊辰	己巳	庚午	辛未	壬申	癸酉	甲戌
十三	十四	十五	十六	十七	十八	十九	二十	二十一
十二	十三	十四	十五	十六	十七	十八	十九	二十
九	十	十一	十二	十三	十四	十五	十六	十七
九	十	十一	十二	十三	十四	十五	十六	十七
九	十	十一	十二	十三	十四	十五	十六	十七
十四	十五	十六	十七	十八	成公元年	二	三	四
十四	十五	十六	十七	十八	成公元年	二	三	四
四	五	六	七	八	九	十	十一	十二
五	六	七	八	九	十	十一	十二	十三
五	六	七	八	九	十	十一	十二	十三
五	六	七	八	九	十	十一	十二	十三
十九	二十	二十一	二十二	二十三	共王元年	二	三	四
十九	二十	二十一	二十二	二十三	共王元年	二	三	四
十六	十七	十八	十九	二十	二十一	二十二	共公元年	二
十四	十五	十六	十七	十八	十九	二十	二十一	二十二
五	六	七	八	九	十	十一	定公元年	二
四	五	六	七	八	九	十	十一	定公元年
四	五	六	七	八	九	十	十一	十二
三	四	五	六	七	八	九	十	十一
十七	十八	十九	二十	景公元年	二	三	四	五
十七	十八	十九	二十	景侯元年	二	三	四	五
二十三	宣公元年	二	三	四	五	六	七	八
二十三	宣公元年	二	三	四	五	六	七	八
十	十一	十二	十三	十四	十五	十六	十七	十八
十	十一	十二	十三	十四	十五	十六	十七	十八
七	八	九	十	十一	十二	十三	十四	十五
七	八	九	十	十一	十二	十三	十四	十五
四	五	六	七	八	九	十	十一	十二

乙亥	丙子	丁丑	戊寅	己卯	庚辰	辛巳	壬午	癸未
簡王元年	二	三	四	五	六	七	八	九
二十一	簡王元年	二	三	四	五	六	七	八
十八	十九	二十	二十一	二十二	二十三	二十四	二十五	二十六
十八	十九	二十	二十一	二十二	二十三	二十四	二十五	二十六
十八	十九	二十	二十一	二十二	二十三	二十四	二十五	二十六
五	六	七	八	九	十	十一	十二	十三
五	六	七	八	九	十	十一	十二	十三
十三	十四	十五	十六	十七	靈公元年	二	三	四
十四	十五	十六	十七	靈公元年	二	三	四	五
十四	十五	十六	十七	十八	十九	厲公元年	二	三
十四	十五	十六	十七	十八	十九	厲公元年	二	三
五	六	七	八	九	十	十一	十二	十三
五	六	七	八	九	十	十一	十二	十三
三	四	五	六	七	八	九	十	十一
共公元年	二	三	四	五	六	七	八	九
三	四	五	六	七	八	九	十	十一
二	三	四	五	六	七	八	九	十
十三	十四	十五	十六	十七	十八	十九	二十	二十一
十二	十三	十四	十五	十六	十七	十八	十九	二十
六	七	八	九	十	十一	十二	十三	十四
六	七	八	九	十	十一	十二	十三	十四
九	十	十一	十二	十三	十四	十五	十六	十七
九	十	十一	十二	十三	十四	十五	十六	十七
悼公元年	二	成公元年	二	三	四	五	六	七
悼公元年	二	成公元年	二	三	四	五	六	七
昭公元年	二	三	四	五	六	七	八	九
昭公元年	二	三	四	五	六	七	八	九
十三	十四	十五	十六	十七	十八	桓公元年	二	三
	壽夢元年	二	三	四	五	六	七	八
	壽夢元年	二	三	四	五	六	七	八

甲申	乙酉	丙戌	丁亥	戊子	己丑	庚寅	辛卯	壬辰
十	十一	十二	十三	十四	靈王元年	二	三	四
九	十	十一	十二	十三	十四	靈王元年	二	三
二十七	景公元年	二	三	四	五	六	七	八
二十七	景公元年	二	三	四	五	六	七	八
二十七	景公元年	二	三	四	五	六	七	八
十四	十五	十六	十七	十八	襄公元年	二	三	四
十四	十五	十六	十七	十八	襄公元年	二	三	四
五	六	七	八	九	十	十一	十二	十三
六	七	八	九	十	十一	十二	十三	十四
四	五	六	七	八	悼公元年	二	三	四
四	五	六	七	八	悼公元年	二	三	四
十四	十五	十六	十七	十八	十九	二十	二十一	二十二
十四	十五	十六	十七	十八	十九	二十	二十一	二十二
十二	十三	平公元年	二	三	四	五	六	七
十	十一	十二	十三	平公元年	二	三	四	五
十二	獻公元年	二	三	四	五	六	七	八
十一	十二	獻公元年	二	三	四	五	六	七
二十二	二十三	二十四	二十五	二十六	二十七	二十八	二十九	三十
二十一	二十二	二十三	二十四	二十五	二十六	二十七	二十八	二十九
十五	十六	十七	十八	十九	二十	二十一	二十二	二十三
十五	十六	十七	十八	十九	二十	二十一	二十二	二十三
成公元年	二	三	四	五	六	七	八	九
成公元年	二	三	四	五	六	七	八	九
八	九	十	十一	十二	十三	十四	釐公元年	二
八	九	十	十一	十二	十三	十四	釐公元年	二
十	十一	十二	十三	武公元年	二	三	四	五
十	十一	十二	十三	武公元年	二	三	四	五
四	五	六	七	八	九	十	十一	十二
九	十	十一	十二	十三	十四	十五	十六	十七
九	十	十一	十二	十三	十四	十五	十六	十七

癸巳	甲午	乙未	丙申	丁酉	戊戌	己亥	庚子	辛丑
五	六	七	八	九	十	十一	十二	十三
四	五	六	七	八	九	十	十一	十二
九	十	十一	十二	十三	十四	十五	十六	十七
九	十	十一	十二	十三	十四	十五	十六	十七
九	十	十一	十二	十三	十四	十五	十六	十七
五	六	七	八	九	十	十一	十二	十三
五	六	七	八	九	十	十一	十二	十三
十四	十五	十六	十七	十八	十九	二十	二十一	二十二
十五	十六	十七	十八	十九	二十	二十一	二十二	二十三
五	六	七	八	九	十	十一	十二	十三
五	六	七	八	九	十	十一	十二	十三
二十三	二十四	二十五	二十六	二十七	二十八	二十九	三十	三十一
二十三	二十四	二十五	二十六	二十七	二十八	二十九	三十	三十一
八	九	十	十一	十二	十三	十四	十五	十六
六	七	八	九	十	十一	十二	十三	十四
九	十	十一	十二	十三	十四	十五	十六	十七
八	九	十	十一	十二	十三	十四	十五	十六
哀公元年	二	三	四	五	六	七	八	九
三十	哀公元年	二	三	四	五	六	七	八
二十四	二十五	二十六	二十七	二十八	二十九	三十	三十一	三十二
二十四	二十五	二十六	二十七	二十八	二十九	靈侯元年	二	三
十	十一	十二	十三	十四	十五	十六	十七	十八
十	十一	十二	十三	十四	十五	十六	十七	十八
三	四	五	簡公元年	二	三	四	五	六
三	四	五	簡公元年	二	三	四	五	六
六	七	八	九	十	十一	十二	十三	十四
六	七	八	九	十	十一	十二	十三	十四
十三	十四	十五	十六	十七	孝公元年	二	三	四
十八	十九	二十	二十一	二十二	二十三	二十四	二十五	諸樊元年
十八	十九	二十	二十一	二十二	二十三	二十四	二十五	諸樊元年

壬寅	癸卯	甲辰	乙巳	丙午	丁未	戊申	己酉	庚戌
十四	十五	十六	十七	十八	十九	二十	二十一	二十二
十三	十四	十五	十六	十七	十八	十九	二十	二十一
十八	十九	二十	二十一	二十二	二十三	二十四	二十五	二十六
十八	十九	二十	二十一	二十二	二十三	二十四	二十五	二十六
十八	十九	二十	二十一	二十二	二十三	二十四	二十五	二十六
十四	十五	十六	十七	十八	十九	二十	二十一	二十二
十四	十五	十六	十七	十八	十九	二十	二十一	二十二
二十三	二十四	二十五	二十六	二十七	二十八	莊公元年	二	三
二十四	二十五	二十六	二十七	二十八	莊公元年	二	三	四
十四	十五	平公元年	二	三	四	五	六	七
十四	十五	平公元年	二	三	四	五	六	七
康王元年	二	三	四	五	六	七	八	九
康王元年	二	三	四	五	六	七	八	九
十七	十八	十九	二十	二十一	二十二	二十三	二十四	二十五
十五	十六	十七	十八	十九	二十	二十一	二十二	二十三
十八	殤公元年	二	三	四	五	六	七	八
十七	十八	殤公元年	二	三	四	五	六	七
十	十一	十二	十三	十四	十五	十六	十七	十八
九	十	十一	十二	十三	十四	十五	十六	十七
三十三	三十四	三十五	三十六	三十七	三十八	三十九	四十	四十一
四	五	六	七	八	九	十	十一	十二
十九	二十	二十一	二十二	二十三	武公元年	二	三	四
十九	二十	二十一	二十二	二十三	武公元年	二	三	四
七	八	九	十	十一	十二	十三	十四	十五
七	八	九	十	十一	十二	十三	十四	十五
十五	十六	十七	十八	十九	文公元年	二	三	四
十五	十六	十七	十八	十九	文公元年	二	三	四
五	六	七	八	九	十	十一	十二	十三
二	三	四	五	六	七	八	九	十
二	三	四	五	六	七	八	九	十

辛亥	壬子	癸丑	甲寅	乙卯	丙辰	丁巳	戊午	己未
二十三	二十四	二十五	二十六	二十七	景王元年	二	三	四
二十二	二十三	二十四	二十五	二十六	二十七	景王元年	二	三
二十七	二十八	二十九	三十	三十一	三十二	三十三	三十四	三十五
二十七	二十八	二十九	三十	三十一	三十二	三十三	三十四	三十五
二十七	二十八	二十九	三十	三十一	三十二	三十三	三十四	三十五
二十三	二十四	二十五	二十六	二十七	二十八	二十九	三十	三十一
二十三	二十四	二十五	二十六	二十七	二十八	二十九	三十	三十一
四	五	六	景公元年	二	三	四	五	六
五	六	景公元年	二	三	四	五	六	七
八	九	十	十一	十二	十三	十四	十五	十六
八	九	十	十一	十二	十三	十四	十五	十六
十	十一	十二	十三	十四	十五	郟敖元年	二	三
十	十一	十二	十三	十四	十五	郟敖元年	二	三
二十六	二十七	二十八	二十九	三十	三十一	三十二	三十三	三十四
二十四	二十五	二十六	二十七	二十八	二十九	三十	三十一	三十二
九	十	十一	十二	獻公後元年	二	三	襄公元年	二
八	九	十	十一	十二	獻公後元年	二	三	襄公元年
十九	二十	二十一	二十二	二十三	二十四	二十五	二十六	二十七
十八	十九	二十	二十一	二十二	二十三	二十四	二十五	二十六
四十二	四十三	四十四	四十五	四十六	四十七	四十八	四十九	靈侯元年
平侯元年	二	三	四	五	六	七	八	九
五	六	七	八	九	十	十一	十二	十三
五	六	七	八	九	十	十一	十二	十三
十六	十七	十八	十九	二十	二十一	二十二	二十三	二十四
十六	十七	十八	十九	二十	二十一	二十二	二十三	二十四
五	六	懿公元年	二	三	四	惠公元年	二	三
五	六	懿公元年	二	三	四	惠公元年	二	三
十四	十五	十六	十七	文公元年	二	三	四	五
十一	十二	十三	餘祭元年	二	三	四	五	六
十一	十二	十三	餘祭元年	二	三	四	五	六

	庚申	辛酉	壬戌	癸亥	甲子	乙丑	丙寅	丁卯	戊辰
	五	六	七	八	九	十	十一	十二	十三
	四	五	六	七	八	九	十	十一	十二
	三十六	三十七	三十八	三十九	四十	哀公元年	二	三	四
	三十六	三十七	三十八	三十九	四十	畢公元年	二	三	四
	三十六	三十七	三十八	三十九	四十	哀公元年	二	三	四
	昭公元年	二	三	四	五	六	七	八	九
	昭公元年	二	三	四	五	六	七	八	九
	七	八	九	十	十一	十二	十三	十四	十五
	八	九	十	十一	十二	十三	十四	十五	十六
	十七	十八	十九	二十	二十一	二十二	二十三	二十四	二十五
	十七	十八	十九	二十	二十一	二十二	二十三	二十四	二十五
	四	靈王元年	二	三	四	五	六	七	八
	四	靈王元年	二	三	四	五	六	七	八
	三十五	三十六	三十七	三十八	三十九	四十	四十一	四十二	四十三
	三十三	三十四	三十五	三十六	三十七	三十八	三十九	四十	四十一
	三	四	五	六	七	八	九	靈公元年	二
	二	三	四	五	六	七	八	九	靈公元年
	二十八	二十九	三十	三十一	三十二	三十三	三十四	三十五	惠公元年
	二十七	二十八	二十九	三十	三十一	三十二	三十三	三十四	惠公元年
	二	三	四	五	六	七	八	九	十
	悼侯元年	二	三	昭侯元年	二	三	四	五	六
	十四	十五	十六	十七	十八	十九	二十	二十一	二十二
	十四	十五	十六	十七	十八	十九	二十	二十一	二十二
	二十五	二十六	二十七	二十八	二十九	三十	三十一	三十二	三十三
	二十五	二十六	二十七	二十八	二十九	三十	三十一	三十二	三十三
	四	五	六	七	八	九	悼公元年	二	三
	四	五	六	七	八	九	悼公元年	二	三
	六	七	八	九	十	十一	十二	十三	十四
	七	八	九	十	十一	十二	十三	十四	十五
	七	八	九	十	十一	十二	十三	十四	十五

己巳	庚午	辛未	壬申	癸酉	甲戌	乙亥	丙子	丁丑
十四	十五	十六	十七	十八	十九	二十	敬王元年	二
十三	十四	十五	十六	十七	十八	十九	二十	二十一
五	六	七	八	九	十	十一	十二	十三
五	六	七	八	九	十	十一	十二	十三
五	六	七	八	九	十	十一	十二	十三
十	十一	十二	十三	十四	十五	十六	十七	十八
十	十一	十二	十三	十四	十五	十六	十七	十八
十六	十七	十八	十九	二十	二十一	二十二	二十三	二十四
十七	十八	十九	二十	二十一	二十二	二十三	二十四	二十五
二十六	昭公元年	二	三	四	五	六	頃公元年	二
二十六	昭公元年	二	三	四	五	六	頃公元年	二
九	十	十一	十二	平王元年	二	三	四	五
九	十	十一	十二	平王元年	二	三	四	五
四十四	元公元年	二	三	四	五	六	七	八
四十二	四十三	四十四	元公元年	二	三	四	五	六
三	四	五	六	七	八	九	十	十一
二	三	四	五	六	七	八	九	十
二	三	四	五	六	七	八	九	十
二	三	四	五	六	七	八	九	十
十一	十二	盧侯元年	二	三	四	五	六	七
七	八	九	十	十一	十二	十三	十四	十五
二十三	二十四	二十五	二十六	二十七	平公元年	二	三	四
二十三	二十四	二十五	二十六	二十七	平公元年	二	三	四
三十四	三十五	三十六	定公元年	二	三	四	五	六
三十四	三十五	三十六	定公元年	二	三	四	五	六
四	五	六	七	共公元年	二	三	四	五
四	五	六	七	共公元年	二	三	四	五
平公元年	二	三	四	五	六	七	八	九
十六	十七	餘昧元年	二	三	四	吳僚元年	二	三
十六	十七	餘昧元年	二	三	四	王僚元年	二	三

	戊寅	己卯	庚辰	辛巳	壬午	癸未	甲申	乙酉	丙戌
	三	四	五	六	七	八	九	十	十一
	二十二	二十三	二十四	二十五	敬王元年	二	三	四	五
	十四	十五	十六	十七	十八	十九	二十	二十一	二十二
	十四	十五	十六	十七	十八	十九	二十	二十一	二十二
	十四	十五	十六	十七	十八	十九	二十	二十一	二十二
	十九	二十	二十一	二十二	二十三	二十四	二十五	二十六	二十七
	十九	二十	二十一	二十二	二十三	二十四	二十五	二十六	二十七
	二十五	二十六	二十七	二十八	二十九	三十	三十一	三十二	三十三
	二十六	二十七	二十八	二十九	三十	三十一	三十二	三十三	三十四
	三	四	五	六	七	八	九	十	十一
	三	四	五	六	七	八	九	十	十一
	六	七	八	九	十	十一	十二	十三	昭王元年
	六	七	八	九	十	十一	十二	十三	昭王元年
	九	十	十一	十二	十三	十四	十五	景公元年	二
	七	八	九	十	十一	十二	十三	十四	十五
	十二	十三	十四	十五	十六	十七	十八	十九	二十
	十一	十二	十三	十四	十五	十六	十七	十八	十九
	十一	十二	十三	十四	十五	十六	十七	十八	十九
	十一	十二	十三	十四	十五	十六	十七	十八	十九
	八	九	悼侯元年	二	三	昭侯元年	二	三	四
	十六	十七	十八	十九	二十	二十一	二十二	二十三	二十四
	悼公元年	二	三	四	五	六	七	八	九
	悼公元年	二	三	四	五	六	七	八	九
	七	八	九	十	十一	十二	十三	十四	十五
	七	八	九	十	十一	十二	十三	獻公元年	二
	平公元年	二	三	四	五	六	七	八	九
	平公元年	二	三	四	五	六	七	八	九
	十	十一	十二	十三	十四	十五	十六	十七	十八
	四	五	六	七	八	九	十	十一	十二
	四	五	六	七	八	九	十	十一	十二
							簡子元年	二	三

丁亥	戊子	己丑	庚寅	辛卯	壬辰	癸巳	甲午	乙未
十二 六	十三 七	十四 八	十五 九	十六 十	十七 十一	十八 十二	十九 十三	二十 十四
二十三 二十三 二十三	二十四 二十四 二十四	二十五 二十五 二十五	二十六 二十六 二十六	二十七 二十七 二十七	二十八 二十八 二十八	二十九 二十九 二十九	三十 三十 三十	三十一 三十一 三十一
二十八 二十八	二十九 二十九	三十 三十	三十一 三十一	三十二 三十二	定公元年 定公元年	二 二	三 三	四 四
三十四 三十五	三十五 三十六	三十六 三十七	三十七 三十八	三十八 三十九	三十九 四十	四十 四十一	四十一 四十二	四十二 四十三
十二	十三	十四	定公元年	二	三	四	五	六
十二	十三	十四	定公元年	二	三	四	五	六
二 二	三 三	四 四	五 五	六 六	七 七	八 八	九 九	十 十
三 景公元年	四 二	五 三	六 四	七 五	八 六	九 七	十 八	十一 九
二十一 二十	二十二 二十一	二十三 二十二	二十四 二十三	二十五 二十四	二十六 二十五	二十七 二十六	二十八 二十七	二十九 二十八
二十 二十	二十一 二十一	二十二 二十二	二十三 二十三	二十四 二十四	二十五 二十五	二十六 二十六	二十七 二十七	二十八 二十八
五 二十五	六 二十六	七 二十七	八 二十八	九 成侯元年	十 二	十一 三	十二 四	十三 五
襄公元年 聲公元年	二 二	三 三	四 四	五 五	隱公元年 隱公元年	二 二	三 三	四 四
十六 三	獻公元年 四	二 五	三 六	四 七	五 八	六 九	七 十	八 十一
十 十	十一 十一	十二 十二	十三 十三	十四 十四	十五 十五	十六 十六	十七 十七	十八 十八
悼公元年	二	三	四	五	六	七	八	九
闔閭元年 十三	二 闔廬元年	三 二	四 三	五 四	六 五	七 六	八 七	九 八
四	五	六	七	八	九	十	十一	十二

丙申	丁酉	戊戌	己亥	庚子	辛丑	壬寅	癸卯	甲辰
二十一	二十二	二十三	二十四	二十五	二十六	二十七	二十八	二十九
十五	十六	十七	十八	十九	二十	二十一	二十二	二十三
三十二	三十三	三十四	三十五	三十六	惠公元年	二	三	四
三十二	三十三	三十四	三十五	三十六	惠公元年	二	三	四
三十二	三十三	三十四	三十五	三十六	惠公元年	二	三	四
五	六	七	八	九	十	十一	十二	十三
五	六	七	八	九	十	十一	十二	十三
四十三	四十四	四十五	四十六	四十七	四十八	四十九	五十	五十一
四十四	四十五	四十六	四十七	四十八	四十九	五十	五十一	五十二
七	八	九	十	十一	十二	十三	十四	十五
七	八	九	十	十一	十二	十三	十四	十五
十一	十二	十三	十四	十五	十六	十七	十八	十九
十一	十二	十三	十四	十五	十六	十七	十八	十九
十二	十三	十四	十五	十六	十七	十八	十九	二十
十	十一	十二	十三	十四	十五	十六	十七	十八
三十	三十一	三十二	三十三	三十四	三十五	三十六	三十七	三十八
二十九	三十	三十一	三十二	三十三	三十四	三十五	三十六	三十七
懷公元年	二	三	四	滑公元年	二	三	四	五
懷公元年	二	三	四	滑公元年	二	三	四	五
十四	十五	十六	十七	十八	十九	二十	二十一	二十二
六	七	八	九	十	十一	十二	十三	十四
靖公元年	二	三	四	伯陽元年	二	三	四	五
靖公元年	二	三	四	伯陽元年	二	三	四	五
九	十	十一	十二	十三	聲公元年	二	三	四
十二	十三	聲公元年	二	三	四	五	六	七
十九	簡公元年	二	三	四	五	六	七	八
十九	簡公元年	二	三	四	五	六	七	八
十	十一	十二	鼇公元年	二	三	四	五	六
十	十一	十二	十三	十四	十五	十六	十七	十八
九	十	十一	十二	十三	十四	十五	十六	十七
十三	十四	十五	十六	十七	十八	十九	二十	二十一

乙巳	丙午	丁未	戊申	己酉	庚戌	辛亥	壬子	癸丑
三十	三十一	三十二	三十三	三十四	三十五	三十六	三十七	三十八
二十四	二十五	二十六	二十七	二十八	二十九	三十	三十一	三十二
五	六	七	八	九	十	悼公元年	二	三
五	六	七	八	九	十	悼公元年	二	三
五	六	七	八	九	十	悼公元年	二	三
十四	十五	哀公元年	二	三	四	五	六	七
十四	十五	哀公元年	二	三	四	五	六	七
五十二	五十三	五十四	五十五	五十六	五十七	五十八	晏孺子元年	悼公元年
五十三	五十四	五十五	五十六	五十七	五十八	晏孺子元年	悼公元年	二
十六	十七	十八	十九	二十	二十一	二十二	二十三	二十四
十六	十七	十八	十九	二十	二十一	二十二	二十三	二十四
二十	二十一	二十二	二十三	二十四	二十五	二十六	二十七	惠王元年
二十	二十一	二十二	二十三	二十四	二十五	二十六	二十七	惠王元年
二十一	二十二	二十三	二十四	二十五	二十六	二十七	二十八	二十九
十九	二十	二十一	二十二	二十三	二十四	二十五	二十六	二十七
三十九	四十	四十一	四十二	出公元年	二	三	四	五
三十八	三十九	四十	四十一	四十二	出公元年	二	三	四
六	七	八	九	十	十一	十二	十三	十四
六	七	八	九	十	十一	十二	十三	十四
二十三	二十四	二十五	二十六	二十七	二十八	成公元年	二	三
十五	十六	十七	十八	十九	聲侯元年	二	三	四
六	七	八	九	十	十一	十二	十三	十四
六	七	八	九	十	十一	十二	十三	十四
五	六	七	八	九	十	十一	十二	十三
八	九	十	十一	十二	十三	十四	十五	十六
九	十	十一	十二	獻公元年	二	三	四	五
九	十	十一	十二	獻公元年	二	三	四	五
七	八	九	十	十一	十二	十三	十四	十五
十九	夫差元年	二	三	四	五	六	七	八
十八	十九	王夫差元年	二	三	四	五	六	七
二十二	二十三	二十四	二十五	二十六	二十七	二十八	二十九	三十

	甲寅	乙卯	丙辰	丁巳	戊午	己未	庚申	辛酉	壬戌
	三十九	四十	四十一	四十二	元王元年	二	三	四	五
	三十三	三十四	三十五	三十六	三十七	三十八	三十九	四十	四十一
	四	五	六	七	八	九	十	十一	十二
	四	五	六	七	八	九	十	十一	十二
	四	五	六	七	八	九	十	十一	十二
	八	九	十	十一	十二	十三	十四	十五	十六
	八	九	十	十一	十二	十三	十四	十五	十六
	二	三	四	簡公元年	二	三	四	平公元年	二
	三	四	簡公元年	二	三	四	平公元年	二	三
	二十五	二十六	二十七	二十八	二十九	三十	三十一	三十二	三十三
	二十五	二十六	二十七	二十八	二十九	三十	三十一	三十二	三十三
	二	三	四	五	六	七	八	九	十
	二	三	四	五	六	七	八	九	十
	三十	三十一	三十二	三十三	三十四	三十五	三十六	三十七	三十八
	二十八	二十九	三十	三十一	三十二	三十三	三十四	三十五	三十六
	六	七	八	九	十	十一	十二	莊公元年	二
	五	六	七	八	九	十	十一	十二	莊公元年
	十五	十六	十七	十八	十九	二十	二十一	二十二	二十三
	十五	十六	十七	十八	十九	二十	二十一	二十二	二十三
	四	五	六	七	八	九	十	十一	十二
	五	六	七	八	九	十	十一	十二	十三
	十五								
	十五								
	十四	十五	十六	十七	十八	十九	二十	二十一	二十二
	十七	十八	十九	二十	二十一	二十二	二十三	二十四	二十五
	六	七	八	九	十	十一	十二	十三	十四
	六	七	八	九	十	十一	十二	十三	十四
	十六	十七	十八	十九	湣公元年	二	三	四	五
	九	十	十一	十二	十三	十四	十五	十六	十七
	八	九	十	十一	十二	十三	十四	十五	十六
	三十一	三十二	三十三	三十四	三十五	三十六	三十七	三十八	三十九

	癸亥	甲子	乙丑	丙寅	丁卯	戊辰	己巳	庚午	辛未
	六	七	八	定王元年	二	三	四	五	六
	四十二	四十三	元王元年	二	三	四	五	六	七
	十三	十四	厲共公元年	二	三	四	五	六	七
	十三	十四	十五	剌龔公元年	二	三	四	五	六
	十三	十四	厲共公元年	二	三	四	五	六	七
	十七	十八	十九	二十	二十一	二十二	二十三	二十四	二十五
	十七	十八	十九	二十	二十一	二十二	二十三	二十四	二十五
	三	四	五	六	七	八	九	十	十一
	四	五	六	七	八	九	十	十一	十二
	三十四	三十五	三十六	三十七	出公元年	二	三	四	五
	三十四	三十五	三十六	三十七	出公元年	二	三	四	五
	十一	十二	十三	十四	十五	十六	十七	十八	十九
	十一	十二	十三	十四	十五	十六	十七	十八	十九
	三十九	四十	四十一	四十二	四十三	四十四	四十五	四十六	四十七
	三十七	三十八	三十九	四十	四十一	四十二	四十三	四十四	四十五
	三	君起元年	出公後元年	二	三	四	五	六	七
	二	三	君起元年	出公後元年	二	三	四	五	六
	二十四								
	十三	十四	十五	十六	十七	十八	十九	辟侯元年	二
	十四	十五	元侯元年	二	三	四	五	六	侯齊元年
	二十三	二十四	二十五	二十六	二十七	二十八	二十九	三十	三十一
	二十六	二十七	二十八	二十九	三十	三十一	三十二	三十三	三十四
	十五	十六	十七	十八	十九	二十	二十一	二十二	二十三
	十五	十六	十七	十八	十九	二十	二十一	二十二	二十三
	六	七	八	九	十	十一	十二	十三	十四
	十八	十九	二十	二十一	二十二	二十三			
	十七	十八	十九	二十	二十一	二十二	二十三		
	四十	四十一	四十二	四十三	四十四	四十五	四十六	四十七	四十八

壬申	癸酉	甲戌	乙亥	丙子	丁丑	戊寅	己卯	庚辰
七	八	九	十	十一	十二	十三	十四	十五
八	定王元年	二	三	四	五	六	七	八
八	九	十	十一	十二	十三	十四	十五	十六
七	八	九	十	十一	十二	十三	十四	十五
八	九	十	十一	十二	十三	十四	十五	十六
二十六	二十七	二十八	悼公元年	二	三	四	五	六
二十六	二十七	悼公元年	二	三	四	五	六	七
十二	十三	十四	十五	十六	十七	十八	十九	二十
十三	十四	十五	十六	十七	十八	十九	二十	二十一
六	七	八	九	十	十一	十二	十三	十四
六	七	八	九	十	十一	十二	十三	十四
二十	二十一	二十二	二十三	二十四	二十五	二十六	二十七	二十八
二十	二十一	二十二	二十三	二十四	二十五	二十六	二十七	二十八
四十八	四十九	五十	五十一	五十二	五十三	五十四	五十五	五十六
四十六	四十七	四十八	四十九	五十	五十一	五十二	五十三	五十四
八	九	十	十一	十二	十三	十四	十五	十六
七	八	九	十	十一	十二	十三	十四	十五
三	四	五	六	七	八	九	十	十一
二	三	四						
三十二	三十三	三十四	三十五	三十六	三十七	三十八	哀公元年	二
三十五	三十六	三十七	哀公元年	二	三	四	五	六
二十四	二十五	二十六	二十七	二十八	孝公元年	二	三	四
二十四	二十五	二十六	二十七	二十八	孝公元年	二	三	四
十五	十六	哀公元年	二	三	四	五	六	七
四十九	五十	五十一	五十二	五十三	五十四	五十五	五十六	五十七

辛巳	壬午	癸未	甲申	乙酉	丙戌	丁亥	戊子	己丑
十六	十七	十八	十九	二十	二十一	二十二	二十三	二十四
九	十	十一	十二	十三	十四	十五	十六	十七
十七	十八	十九	二十	二十一	二十二	二十三	二十四	二十五
十六	十七	十八	十九	二十	二十一	二十二	二十三	二十四
十七	十八	十九	二十	二十一	二十二	二十三	二十四	二十五
七	八	九	十	十一	十二	十三	十四	十五
八	九	十	十一	十二	十三	十四	十五	十六
二十一	二十二	二十三	二十四	二十五	宣公元年	二	三	四
二十二	二十三	二十四	二十五	宣公元年	二	三	四	五
十五	十六	十七	十八	哀公元年	二	三	四	五
十五	十六	十七	哀公元年	二	三	四	五	六
二十九	三十	三十一	三十二	三十三	三十四	三十五	三十六	三十七
二十九	三十	三十一	三十二	三十三	三十四	三十五	三十六	三十七
五十七	五十八	五十九	六十	六十一	六十二	六十三	六十四	六十五
五十五	五十六	五十七	五十八	五十九	六十	六十一	六十二	六十三
十七	十八	十九	二十	二十一	悼公元年	二	三	四
十六	十七	十八	十九	二十	二十一	悼公元年	二	三
十二	十三	十四	十五	元侯元年	二	三	四	五
三	四	五	六	七	八	九	十	十一
七	八	共公元年	二	三	四	五	六	七
五	六	七	八	九	十	十一	十二	十三
五	六	七	八	九	十	十一	十二	十三
八	九	十	出公元年	二	三	四	五	六
五十八	五十九	六十	襄子元年	二	三	四	五	六
			襄子元年	二	三	四	五	六

庚寅	辛卯	壬辰	癸巳	甲午	乙未	丙申	丁酉	戊戌
二十五	二十六	二十七	二十八	考王元年	二	三	四	五
十八	十九	二十	二十一	二十二	二十三	二十四	二十五	二十六
二十六	二十七	二十八	二十九	三十	三十一	三十二	三十三	三十四
二十五	二十六	二十七	二十八	二十九	三十	三十一	三十二	三十三
二十六	二十七	二十八	二十九	三十	三十一	三十二	三十三	三十四
十六	十七	十八	十九	二十	二十一	二十二	二十三	二十四
十七	十八	十九	二十	二十一	二十二	二十三	二十四	二十五
五	六	七	八	九	十	十一	十二	十三
六	七	八	九	十	十一	十二	十三	十四
六	七	八	九	十	十一	十二	十三	十四
七	八	九	十	十一	十二	十三	十四	十五
三十八	三十九	四十	四十一	四十二	四十三	四十四	四十五	四十六
三十八	三十九	四十	四十一	四十二	四十三	四十四	四十五	四十六
六十六	昭公元年	二	三	四	五	六	七	八
六十四	昭公元年	二	三	四	五	六	七	八
五	敬公元年	二	三	四	五	六	七	八
四	五	敬公元年	二	三	四	五	六	七
六	侯齊元年	二	三	四				
十二	十三	十四	十五	十六	十七	十八	十九	二十
八	九	十	十一	十二	十三	十四	十五	十六
十四	十五	成公元年	二	三	四	五	六	七
十四	十五	成公元年	二	三	四	五	六	七
七	八	九	十	十一	十二	簡公元年		
七	八	九	十	十一	十二	十三	十四	十五
七	八	九	十	十一	十二	十三	十四	十五

己亥	庚子	辛丑	壬寅	癸卯	甲辰	乙巳	丙午	丁未
六	七	八	九	十	十一	十二	十三	十四
二十七	二十八	考王元年	二	三	四	五	六	七
躁公元年	二	三	四	五	六	七	八	九
三十四	躁公元年	二	三	四	五	六	七	八
躁公元年	二	三	四	五	六	七	八	九
二十五	二十六	二十七	二十八	二十九	三十	三十一	三十二	三十三
二十六	二十七	二十八	二十九	三十	三十一	三十二	三十三	三十四
十四	十五	十六	十七	十八	十九	二十	二十一	二十二
十五	十六	十七	十八	十九	二十	二十一	二十二	二十三
十五	十六	十七	十八	十九	幽公元年	二	三	四
十六	十七	十八	幽公元年	二	三	四	五	六
四十七	四十八	四十九	五十	五十一	五十二	五十三	五十四	五十五
四十七	四十八	四十九	五十	五十一	五十二	五十三	五十四	五十五
九	十	十一	十二	十三	十四	十五	十六	十七
九	十	十一	十二	十三	十四	十五	十六	十七
九	十	十一	十二	十三	十四	十五	十六	十七
八	九	十	十一	十二	十三	十四	十五	十六
二十一	二十二	二十三	二十四	二十五	二十六	二十七	二十八	二十九
十七	十八	十九	二十	二十一	二十二	二十三	二十四	二十五
八	九	十	十一	十二	十三	十四	十五	十六
八	九	十	十一	十二	十三	十四	十五	十六
十六	十七	十八	十九	二十	二十一	二十二	二十三	二十四
十六	十七	十八	十九	二十	二十一	二十二	二十三	二十四

戊申	己酉	庚戌	辛亥	壬子	癸丑	甲寅	乙卯	丙辰
十五	威烈王元年	二	三	四	五	六	七	八
八	九	十	十一	十二	十三	十四	十五	威烈王元年
十	十一	十二	十三	十四	懷公元年	二	三	四
九	十	十一	十二	十三	十四	懷公元年	二	三
十	十一	十二	十三	十四	懷公元年	二	三	四
三十四	三十五	三十六	三十七	三十八	元公元年	二	三	四
三十五	三十六	三十七	元公元年	二	三	四	五	六
二十三	二十四	二十五	二十六	二十七	二十八	二十九	三十	三十一
二十四	二十五	二十六	二十七	二十八	二十九	三十	三十一	三十二
五	六	七	八	九	十	十一	十二	十三
七	八	九	十	十一	十二	十三	十四	十五
五十六	五十七	簡王元年	二	三	四	五	六	七
五十六	五十七	簡王元年	二	三	四	五	六	七
十八	十九	二十	二十一	二十二	二十三	二十四	二十五	二十六
十八	十九	二十	二十一	二十二	二十三	二十四	二十五	二十六
十八	十九	昭公元年	二	三	四	五	六	悼公元年
十七	十八	十九	昭公元年	二	三	四	五	六
三十一	三十一	三十二	三十三	三十四	三十五	三十六	三十七	三十八
二十六	二十七	二十八	二十九	三十	幽公元年	繻公元年	二	三
湣公元年	二	三	四	五	六	七	八	九
湣公元年	二	三	四	五	六	七	八	九
二十五	二十六	二十七	二十八	二十九	三十	三十一	三十二	三十三
二十五	二十六	二十七	二十八	二十九	三十	三十一	三十二	三十三

丁巳	戊午	己未	庚申	辛酉	壬戌	癸亥	甲子	乙丑
九	十	十一	十二	十三	十四	十五	十六	十七
二	三	四	五	六	七	八	九	十
靈公元年	二	三	四	五	六	七	八	九
四	靈公元年	二	三	四	五	六	七	八
靈公元年	二	三	四	五	六	七	八	九
五	六	七	八	九	十	十一	十二	十三
七	八	九	十	十一	十二	十三	十四	十五
三十二	三十三	三十四	三十五	三十六	三十七	三十八	三十九	四十
三十三	三十四	三十五	三十六	三十七	三十八	三十九	四十	四十一
十四	十五	十六	十七	十八	烈公元年	二	三	四
十六	十七	十八	烈公元年	二	三	四	五	六
八	九	十	十一	十二	十三	十四	十五	十六
八	九	十	十一	十二	十三	十四	十五	十六
二十七	二十八	二十九	三十	三十一	三十二	三十三	三十四	三十五
二十七	二十八	二十九	三十	三十一	三十二	三十三	三十四	三十五
二	三	四	五	六	七	八	九	十
懷公元年	二	三	四	五	六	七	八	九
三十九	幽公元年	繻公元年	二	三	四	五	六	七
四	五	六	七	八	九	十	十一	十二
十	十一	十二	十三	十四	十五	十六	十七	十八
十	十一	十二	十三	十四	十五	十六	十七	十八
武子元年	二	三	四	五	六	七	八	九
武子元年	二	三	四	五	六	七	八	九
桓子元年	獻侯元年	二	三	四	五	六	七	八
桓子元年	獻侯元年	二	三	四	五	六	七	八
文侯元年	二	三	四	五	六	七	八	九
文侯元年	二	三	四	五	六	七	八	九

丙寅	丁卯	戊辰	己巳	庚午	辛未	壬申	癸酉	甲戌
十八	十九	二十	二十一	二十二	二十三	二十四	安王元年	二
十一	十二	十三	十四	十五	十六	十七	十八	十九
十	十一	十二	十三	簡公元年	二	三	四	五
九	十	簡公元年	二	三	四	五	六	七
十	簡公元年	二	三	四	五	六	七	八
十四	十五	十六	十七	十八	十九	二十	二十一	穆公元年
十六	十七	十八	十九	二十	二十一	穆公元年	二	三
四十一	四十二	四十三	四十四	四十五	四十六	四十七	四十八	四十九
四十二	四十三	四十四	四十五	四十六	四十七	四十八	四十九	五十
五	六	七	八	九	十	十一	十二	十三
七	八	九	十	十一	十二	十三	十四	十五
十七	十八	十九	二十	二十一	二十二	二十三	二十四	聲王元年
十七	十八	十九	二十	二十一	二十二	二十三	二十四	聲王元年
三十六	三十七	三十八	三十九	四十	四十一	四十二	四十三	四十四
三十六	三十七	三十八	三十九	四十	四十一	四十二	四十三	四十四
十一	慎公元年	二	三	四	五	六	七	八
十	十一	慎公元年	二	三	四	五	六	七
八	九	十	十一	十二	十三	十四	十五	十六
十三	十四	十五	十六	十七	十八	十九	二十	二十一
十九	二十	二十一	二十二	二十三	二十四	二十五	二十六	二十七
十九	二十	二十一	二十二	二十三	二十四	二十五	二十六	二十七
十	十一	十二	十三	十四	十五	十六	景侯元年	二
十	十一	十二	十三	十四	十五	十六	景侯元年	二
九	十	十一	十二	十三	十四	十五	烈侯元年	二
九	十	十一	十二	十三	十四	十五	烈侯元年	二
十	十一	十二	十三	十四	十五	十六	十七	十八
十	十一	十二	十三	十四	十五	十六	十七	十八

未癸	午壬	巳辛	辰庚	卯己	寅戊	丑丁	子丙	亥乙
一十	十	九	八	七	六	五	四	三
四	三	二	年元王安	四十二	三十二	二十二	一十二	十二
四十	三十	二十	一十	十	九	八	七	六
年元公惠	五十	四十	三十	二十	一十	十	九	八
二	年元公惠	五十	四十	三十	二十	一十	十	九
十	九	八	七	六	五	四	三	二
二十	一十	十	九	八	七	六	五	四
七	六	五	四	三	二	年元公康	一十五	十五
八	七	六	五	四	三	二	年元公康	一十五
二十二	一十二	十二	九十	八十	七十	六十	五十	四十
四十二	三十二	二十二	一十二	十二	九十	八十	七十	六十
四	三	二	年元王悼	六	五	四	三	二
四	三	二	年元王悼	六	五	四	三	二
六	五	四	三	二	年元公悼	七十四	六十四	五十四
六	五	四	三	二	年元公悼	七十四	六十四	五十四
七十	六十	五十	四十	三十	二十	一十	十	九
六十	五十	四十	三十	二十	一十	十	九	八
五十二	四十二	三十二	二十二	一十二	十二	九十	八十	七十
三	二	年元乙君	七十二	六十二	五十二	四十二	三十二	二十二
五	四	三	二	年元公釐	一十三	十三	九十二	八十二
五	四	三	二	年元公釐	一十三	十三	九十二	八十二
二	年元侯列	九	八	七	六	五	四	三
二	年元侯列	九	八	七	六	五	四	三
二	年元公武	九	八	七	六	五	四	三
二	年元公武	九	八	七	六	五	四	三
七十二	六十二	五十二	四十二	三十二	二十二	一十二	十二	九十
七十二	六十二	五十二	四十二	三十二	二十二	一十二	十二	九十

甲申	乙酉	丙戌	丁亥	戊子	己丑	庚寅	辛卯	壬辰
十二 五	十三 六	十四 七	十五 八	十六 九	十七 十	十八 十一	十九 十二	二十 十三
十五 二 三	十六 三 四	惠公元年 四 五	二 五 六	三 六 七	四 七 八	五 八 九	六 九 十	七 十 十一
十一 十三	十二 十四	十三 十五	十四 十六	十五 十七	十六 十八	十七 十九	十八 二十	十九 二十一
八 九	九 十	十 十一	十一 十二	十二 十三	十三 十四	十四 十五	十五 十六	十六 十七
二十三	二十四	二十五	二十六	二十七	孝公元年	二	三	四
二十五	二十六	二十七	孝公元年	二	三	四	五	六
五 五	六 六	七 七	八 八	九 九	十 十	十一 十一	十二 十二	十三 十三
七 七	八 八	休公元年 休公元年	二 二	三 三	四 四	五 五	六 六	七 七
十八 十七	十九 十八	二十 十九	二十一 二十	二十二 二十一	二十三 二十二	二十四 二十三	二十五 二十四	二十六 二十五
二十六 四	二十七 五	康公元年 六	二 七	三 八	四 九	五 十	六 十一	七 十二
六 六	七 七	八 八	九 九	十 十	十一 十一	十二 十二	十三 十三	十四 十四
三 三	四 四	五 五	六 六	七 七	八 八	九 九	十 十	十一 十一
三 三	四 四	五 五	六 六	七 七	八 八	九 九	十 十	十一 十一
二十八 二十八	二十九 二十九	三十 三十	三十一 三十一	三十二 三十二	三十三 三十三	三十四 三十四	三十五 三十五	三十六 三十六

癸巳	甲午	乙未	丙申	丁酉	戊戌	己亥	庚子	辛丑
二十一	二十二	二十三	二十四	二十五	二十六	烈王元年	二	三
十四	十五	十六	十七	十八	十九	二十	二十一	二十二
八	九	十	十一	十二	十三	出子元年	二	獻公元年
十一	十二	十三	出公元年	二	獻公元年	二	三	四
十二	十三	出子元年	二	獻公元年	二	三	四	五
二十	二十一	二十二	二十三	二十四	二十五	二十六	二十七	二十八
二十二	二十三	二十四	二十五	二十六	二十七	二十八	二十九	三十
十七	十八	十九	二十	二十一	二十二	二十三	二十四	二十五
十八	十九	二十	二十一	二十二	二十三	二十四	二十五	二十六
		太公和元年	二	桓公元年	二	三	四	五
五	六	七	八	九	十	十一	十二	十三
七	八	九	十	十一	十二	十三	十四	十五
十四	十五	十六	十七	十八	十九	二十	二十一	肅王元年
十四	十五	十六	十七	十八	十九	二十	二十一	肅王元年
八	九	十	十一	十二	十三	十四	十五	十六
八	九	十	十一	十二	十三	十四	十五	十六
二十七	二十八	二十九	三十	三十一	三十二	三十三	三十四	三十五
二十六	二十七	二十八	二十九	三十	三十一	三十二	三十三	三十四
八	九	十	十一	十二	十三	十四	十五	十六
十三	十四	十五	十六	十七	十八	十九	二十	二十一
十五	十六	十七	十八	十九	二十	二十一	二十二	二十三
十五	十六	十七	十八	十九	二十	二十一	二十二	二十三
十二	十三	文侯元年	二	三	四	五	六	七
十二	十三	文侯元年	二	三	四	五	六	七
十二	十三	敬侯元年	二	三	四	五	六	七
十二	十三	敬侯元年	二	三	四	五	六	七
三十七	三十八	武侯元年	二	三	四	五	六	七
三十七	三十八	武侯元年	二	三	四	五	六	七

壬寅	癸卯	甲辰	乙巳	丙午	丁未	戊申	己酉	庚戌
四	五	六	七	八	九	十	顯王元年	二
二十三	二十四	二十五	二十六	烈王元年	二	三	四	五
二	三	四	五	六	七	八	九	十
五	六	七	八	九	十	十一	十二	十三
六	七	八	九	十	十一	十二	十三	十四
二十九	三十	三十一	共公元年	二	三	四	五	六
三十一	三十二	三十三	共公元年	二	三	四	五	六
二十六	威王元年	二	三	四	五	六	七	八
六	威王元年	二	三	四	五	六	七	八
十四	十五	靜公元年	二					
十六	十七	靜公元年	二					
二	三	四	五	六	七	八	九	十
二	三	四	五	六	七	八	九	十
十七	十八	十九	二十	二十一	二十二	二十三	辟公元年	二
十七	十八	十九	二十	二十一	二十二	二十三	辟公元年	二
三十六	三十七	三十八	三十九	四十	四十一	四十二	聲公元年	二
三十五	三十六	三十七	三十八	三十九	四十	四十一	四十二	聲公元年
十七	十八	十九	二十	二十一				
二十四	二十五	二十六	二十七	二十八	二十九	三十	桓公元年	二
二十四	二十五	二十六	二十七	二十八	二十九	三十	桓公元年	二
八	九	十	十一哀侯元年	二	三	四	五	六
八	九	十	哀侯元年	二	三	四	五	六
八	九	十	十一	十二	成侯元年	二	三	四
八	九	十	十一	十二	成侯元年	二	三	四
八	九	十	十一	十二	十三	十四	十五	十六
八	九	十	十一	十二	十三	十四	十五	十六

辛亥	壬子	癸丑	甲寅	乙卯	丙辰	丁巳	戊午	己未
三	四	五	六	七	八	九	十	十一
六	七	顯王元年	二	三	四	五	六	七
十一	十二	十三	十四	十五	十六	十七	十八	十九
十四	十五	十六	十七	十八	十九	二十	二十一	二十二
十五	十六	十七	十八	十九	二十	二十一	二十二	二十三
七	八	九	十	十一	十二	十三	十四	十五
七	八	九	十	十一	十二	十三	十四	十五
九	十	十一	十二	十三	十四	十五	十六	十七
九	十	十一	十二	十三	十四	十五	十六	十七
十一	宣王元年	二	三	四	五	六	七	八
十一	宣王元年	二	三	四	五	六	七	八
三	剔成元年	二	三	四	五	六	七	八
三	剔成元年	二	三	四	五	六	七	八
三	四	五	六	七	八	九	十	十一
二	三	四	五	六	七	八	九	十
三	四	五	六	七	八	九	十	十一
三	四	五	六	七	八	九	十	十一
莊侯元年	二	三	四	五	六	七	八	九
懿侯元年	二	三	四	五	六	七	八	九
五	六	七	八	九	十	十一	十二	十三
五	六	七	八	九	十	十一	十二	十三
惠王元年	二	三	四	五	六	七	八	九
惠王元年	二	三	四	五	六	七	八	九

庚申	辛酉	壬戌	癸亥	甲子	乙丑	丙寅	丁卯	戊辰
十二	十三	十四	十五	十六	十七	十八	十九	二十
八	九	十	十一	十二	十三	十四	十五	十六
二十	二十一	二十二	二十三	二十四	孝公元年	二	三	四
二十三	孝公元年	二	三	四	五	六	七	八
孝公元年	二	三	四	五	六	七	八	九
十六	十七	十八	十九	二十	二十一	二十二	二十三	二十四
十六	十七	十八	十九	二十	二十一	二十二	康公元年	二
十八	十九	二十	二十一	二十二	二十三	二十四	二十五	二十六
十八	十九	二十	二十一	二十二	二十三	二十四	二十五	二十六
九	十	十一	十二	十三	十四	十五	十六	十七
九	十	十一	十二	十三	十四	十五	十六	十七
九	十	十一	十二	十三	十四	十五	十六	十七
九	十	十一	十二	十三	十四	十五	十六	十七
成侯元年	二	三	四	五	六	七	八	九
十一	成侯元年	二	三	四	五	六	七	八
文公元年	二	三	四	五	六	七	八	九
文公元年	二	三	四	五	六	七	八	九
十	十一	十二	昭侯元年	二	三	四	五	六
十	十一	十二	昭侯元年	二	三	四	五	六
十四	十五	十六	十七	十八	十九	二十	二十一	二十二
十四	十五	十六	十七	十八	十九	二十	二十一	二十二
十	十一	十二	十三	十四	十五	十六	十七	十八
十	十一	十二	十三	十四	十五	十六	十七	十八

己巳	庚午	辛未	壬申	癸酉	甲戌	乙亥	丙子	丁丑
二十一 十七	二十二 十八	二十三 十九	二十四 二十	二十五 二十一	二十六 二十二	二十七 二十三	二十八 二十四	二十九 二十五
五 九 十	六 十 十一	七 十一 十二	八 十二 十三	九 十三 十四	十 十四 十五	十一 十五 十六	十二 十六 十七	十三 十七 十八
康公元年 三	二 四	三 五	四 六	五 七	六 八	七 九	八 景公元年	九 二
二十七	二十八	二十九	三十	三十一	三十二	三十三	三十四	三十五
二十七	二十八	二十九	三十	三十一	三十二	三十三	三十四	三十五
十八 十八	十九 十九	二十 二十	二十一 二十一	二十二 二十二	二十三 二十三	二十四 二十四	二十五 二十五	二十六 二十六
十八 十八	十九 十九	二十 二十	二十一 二十一	二十二 二十二	二十三 二十三	二十四 二十四	二十五 二十五	二十六 二十六
十 九	十一 十	十二 十一	十三 十二	十四 十三	十五 十四	十六 十五	十七 十六	十八 十七
十 十	十一 十一	十二 十二	十三 十三	十四 十四	十五 十五	十六 十六	十七 十七	十八 十八
七 七	八 八	九 九	十 十	十一 十一	十二 十二	十三 十三	十四 十四	十五 十五
二十三 二十三	二十四 二十四	二十五 二十五	肅侯元年 肅侯元年	二 二	三 三	四 四	五 五	六 六
十九 十九	二十 二十	二十一 二十一	二十二 二十二	二十三 二十三	二十四 二十四	二十五 二十五	二十六 二十六	二十七 二十七

戊寅	己卯	庚辰	辛巳	壬午	癸未	甲申	乙酉	丙戌
三十	三十一	三十二	三十三	三十四	三十五	三十六	三十七	三十八
二十六	二十七	二十八	二十九	三十	三十一	三十二	三十三	三十四
十四	十五	十六	十七	十八	十九	二十	二十一	二十二
十八	十九	二十	二十一	二十二	二十三	二十四	惠文王元年	二
十九	二十	二十一	二十二	二十三	二十四	惠文王元年	二	三
景公元年	二	三	四	五	六	七	八	九
三	四	五	六	七	八	九	十	十一
三十六	宣王元年	二	三	四	五	六	七	八
三十六	宣王元年	二	三	四	五	六	七	八
二十七	二十八	二十九	三十	威王元年	二	三	四	五
二十七	二十八	二十九	三十	威王元年	二	三	四	五
二十七	二十八	二十九	三十	三十一	三十二	三十三	三十四	三十五
二十七	二十八	二十九	三十	三十一	三十二	三十三	三十四	三十五
十九	二十	二十一	二十二	二十三	二十四	二十五	二十六	二十七
十八	十九	二十	二十一	二十二	二十三	二十四	二十五	二十六
十九	二十	二十一	二十二	二十三	二十四	二十五	二十六	二十七
十九	二十	二十一	二十二	二十三	二十四	二十五	二十六	二十七
十六	十七	十八	十九	二十	二十一	二十二	二十三	二十四
十六	十七	十八	十九	二十	二十一	二十二	二十三	二十四
七	八	九	十	十一	十二	十三	十四	十五
七	八	九	十	十一	十二	十三	十四	十五
二十八	二十九	三十	三十一	三十二	三十三	三十四	三十五	三十六
二十八	二十九	三十	三十一	三十二	三十三	三十四	三十五	三十六

丁亥	戊子	己丑	庚寅	辛卯	壬辰	癸巳	甲午	乙未
三十九 三十五	四十 三十六	四十一 三十七	四十二 三十八	四十三 三十九	四十四 四十	四十五 四十一	四十六 四十二	四十七 四十三
二十三 三 四	二十四 四 五	惠文王元年 五 六	二 六 七	三 七 八	四 八 九	五 九 十	六 十 十一	七 十一 十二
十 十二	十一 十三	十二 十四	十三 十五	十四 十六	十五 十七	十六 十八	十七 十九	十八 二十
九	十	十一	十二	十三	十四	十五	十六	十七
九	十	十一	十二	十三	十四	十五	十六	十七
六 六	七 七	八 八	九 九	十 十	十一 十一	懷王元年 懷王元年	二 二	三 三
三十六 三十六	三十七 三十七	三十八 三十八	三十九 三十九	四十 四十	四十一 四十一	君噲元年 君噲元年	二 二	三 三
二十八 二十七	二十九 二十八	平侯元年 二十九	二 平侯元年	三 二	四 三	五 四	六 五	七 六
二十八 二十八	二十九 二十九	易王元年 易王元年	二 二	三 三	四 四	五 五	六 六	七 七
二十五 二十五	二十六 二十六	宣惠王元年 宣惠王元年	二 二	三 三	四 四	五 五	六 六	七 七
十六 十六	十七 十七	十八 十八	十九 十九	二十 二十	二十一 二十一	二十二 二十二	二十三 二十三	二十四 二十四
襄王元年 襄王元年	二 二	三 三	四 四	五 五	六 六	七 七	八 八	九 九

丙申	丁酉	戊戌	己亥	庚子	辛丑	壬寅	癸卯	甲辰
四十八	慎靚王元年	二	三	四	五	六	赧王元年	二
四十四	四十五	四十六	四十七	四十八	慎靚王元年	二	三	四
八	九	十	十一	十二	十三	初更元年	二	三
十二	十三	十四	十五	十六	十七	十八	十九	二十
十三	初更元年	二	三	四	五	六	七	八
十九	二十	二十一	二十二	二十三	二十四	二十五	二十六	二十七
二十一	二十二	二十三	二十四	二十五	二十六	二十七	二十八	二十九
十八	十九	湣王元年	二	三	四	五	六	七
十八	十九	湣王元年	二	三	四	五	六	七
四	五	六	七	八	九	十	十一	十二
四	五	六	七	八	九	十	十一	十二
四	五	六	七	八	九	十	十一	十二
四	五	六	七	八	九	十	十一	十二
八	嗣君元年	二	三	四	五	六	七	八
七	八	嗣君元年	二	三	四	五	六	七
八	九	十	十一	十二	王噲元年	二	三	四
八	九	十	十一	十二	燕噲元年	二	三	四
八	九	十	十一	十二	十三	十四	十五	十六
八	九	十	十一	十二	十三	十四	十五	十六
武靈王元年	二	三	四	五	六	七	八	九
武靈王元年	二	三	四	五	六	七	八	九
十	十一	十二	十三	十四	十五	十六	哀王元年	二
十	十一	十二	十三	十四	十五	十六	哀王元年	二

乙巳	三 五	四 二十一 九	二十八 平公元年	八	八	十三 十三	十三 十三	九 八	五 五	十七 十七	十 十	三 三
丙午	四 六	五 二十二 十	二十九 二	九	九	十四 十四	十四 十四	十 九	六 六	十八 十八	十一 十一	四 四
丁未	五 赧王元年	六 二十三 十一	平公元年 三	十	十	十五 十五	十五 十五	十一 十	七 七	十九 十九	十二 十二	五 五
戊申	六 二	七 二十四 十二	二 四	十一	十一	十六 十六	十六 十六	十二 十一	八 八	二十 二十	十三 十三	六 六
己酉	七 三	八 二十五 十三	三 五	十二	十二	十七 十七	十七 十七	十三 十二	九 (九年未明)	二十一 二十一	十四 十四	七 七
庚戌	八 四	九 二十六 十四	四 六	十三	十三	十八 十八	十八 十八	十四 十三	昭王元年 昭王元年	襄王元年 襄王元年	十五 十五	八 八
辛亥	九 五	十 二十七 武王元年	五 七	十四	十四	十九 十九	十九 十九	十五 十四	二 二	二 二	十六 十六	九 九
壬子	十 六	十一 武王元年 二	六 八	十五	十五	二十 二十	二十 二十	十六 十五	三 三	三 三	十七 十七	十 十
癸丑	十一 七	十二 二 三	七 九	十六	十六	二十一 二十一	二十一 二十一	十七 十六	四 四	四 四	十八 十八	十一 十一

甲寅	乙卯	丙辰	丁巳	戊午	己未	庚申	辛酉	壬戌
十二	十三	十四	十五	十六	十七	十八	十九	二十
八	九	十	十一	十二	十三	十四	十五	十六
十三	十四	武王元年	二	三	四	昭王元年	二	三
三	四	昭王元年	二	三	四	五	六	七
四	昭王元年	二	三	四	五	六	七	八
八	九	十	十一	十二	十三	十四	十五	十六
十	十一	十二	十三	十四	十五	十六	十七	十八
十七	十八	十九	二十	二十一	二十二	二十三	二十四	二十五
十七	十八	十九	二十	二十一	二十二	二十三	二十四	二十五
二十二	二十三	二十四	二十五	二十六	二十七	二十八	二十九	三十
二十二	二十三	二十四	二十五	二十六	二十七	二十八	二十九	三十
二十二	二十三	二十四	二十五	二十六	二十七	二十八	二十九	三十
二十二	二十三	二十四	二十五	二十六	二十七	二十八	二十九	三十
十八	十九	二十	二十一	二十二	二十三	二十四	二十五	二十六
十七	十八	十九	二十	二十一	二十二	二十三	二十四	二十五
五	六	七	八	九	十	十一	十二	十三
五	六	七	八	九	十	十一	十二	十三
五	六	七	八	九	十	十一	十二	十三
五	六	七	八	九	十	十一	十二	十三
十九	二十	二十一	二十二	二十三	二十四	二十五	二十六	二十七
十九	二十	二十一	二十二	二十三	二十四	二十五	二十六	二十七
十二	十三	十四	十五	十六	十七	十八	十九	二十
十二	十三	十四	十五	十六	十七	十八	十九	二十

癸亥	甲子	乙丑	丙寅	丁卯	戊辰	己巳	庚午	辛未
二十一	二十二	二十三	二十四	二十五	二十六	二十七	二十八	二十九
十七	十八	十九	二十	二十一	二十二	二十三	二十四	二十五
四	五	六	七	八	九	十	十一	十二
八	九	十	十一	十二	十三	十四	十五	十六
九	十	十一	十二	十三	十四	十五	十六	十七
十七	十八	十九	文侯元年	二	三	四	五	六
十九	二十	二十一	二十二	二十三	二十四	二十五	二十六	二十七
二十六	二十七	二十八	二十九	三十	三十一	三十二	三十三	三十四
二十六	二十七	二十八	二十九	三十	三十一	三十二	三十三	三十四
頃襄王元年	二	三	四	五	六	七	八	九
頃襄王元年	二	三	四	五	六	七	八	九
三十一	三十二	三十三	三十四	三十五	三十六	三十七	三十八	三十九
三十一	三十二	三十三	三十四	三十五	三十六	三十七	三十八	三十九
二十七	二十八	二十九	三十	三十一	三十二	三十三	三十四	三十五
二十六	二十七	二十八	二十九	三十	三十一	三十二	三十三	三十四
十四	十五	十六	十七	十八	十九	二十	二十一	二十二
十四	十五	十六	十七	十八	十九	二十	二十一	二十二
十四	十五	十六	赧王元年	二	三	四	五	六
十四	十五	十六	赧王元年	二	三	四	五	六
惠文王元年	二	三	四	五	六	七	八	九
惠文王元年	二	三	四	五	六	七	八	九
二十一	二十二	二十三	昭王元年	二	三	四	五	六
二十一	二十二	二十三	昭王元年	二	三	四	五	六

壬申	三十	二十六	十三	十七	十八	七	二十八	三十五	三十五	十	十	四十	四十	三十六	三十五	二十三	二十三	七	七	十	十	七	七
癸酉	三十一	二十七	十四	十八	十九	八	二十九	三十六	三十六	十一	十一	四十一	四十一	三十七	三十六	二十四	二十四	八	八	十一	十一	八	八
甲戌	三十二	二十八	十五	十九	二十	九	三十	三十七	三十七	十二	十二	四十二	四十二	三十八	三十七	二十五	二十五	九	九	十二	十二	九	九
乙亥	三十三	二十九	十六	二十	二十一	十	三十一	三十八	三十八	十三	十三	四十三	四十三	三十九	三十八	二十六	二十六	十	十	十三	十三	十	十
丙子	三十四	三十	十七	二十一	二十二	十一	三十二	三十九	三十九	十四	十四		四十四	四十	三十九	二十七	二十七	十一	十一	十四	十四	十一	十一
丁丑	三十五	三十一	十八	二十二	二十三	十二	文公元年	四十	四十	十五	十五		四十五	四十一	四十	二十八	二十八	十二	十二	十五	十五	十二	十二
戊寅	三十六	三十二	十九	二十三	二十四	十三	二	襄王元年	襄王元年	十六	十六		四十六	四十二	四十一	二十九	二十九	十三	十三	十六	十六	十三	十三
己卯	三十七	三十三	二十	二十四	二十五	十四	三	二	二	十七	十七		四十七	懷君元年	四十二	三十	三十	十四	十四	十七	十七	十四	十四
庚辰	三十八	三十四	二十一	二十五	二十六	十五	四	三	三	十八	十八			二	懷君元年	三十一	三十一	十五	十五	十八	十八	十五	十五

辛巳	壬午	癸未	甲申	乙酉	丙戌	丁亥	戊子	己丑
三十九	四十	四十一	四十二	四十三	四十四	四十五	四十六	四十七
三十五	三十六	三十七	三十八	三十九	四十	四十一	四十二	四十三
二十二	二十三	二十四	二十五	二十六	二十七	二十八	二十九	三十
二十六	二十七	二十八	二十九	三十	三十一	三十二	三十三	三十四
二十七	二十八	二十九	三十	三十一	三十二	三十三	三十四	三十五
十六	十七	十八	十九	二十	二十一	二十二	二十三	頃公元年
五	六	七	八	九	十	十一	十二	十三
四	五	六	七	八	九	十	十一	十二
四	五	六	七	八	九	十	十一	十二
十九	二十	二十一	二十二	二十三	二十四	二十五	二十六	二十七
十九	二十	二十一	二十二	二十三	二十四	二十五	二十六	二十七
三	四	五	六	七	八	九	十	十一
二	三	四	五	六	七	八	九	十
三十二	三十三	惠王元年	二	三	四	五	六	七
三十二	三十三	惠王元年	二	三	四	五	六	七
十六	十七	十八	十九	二十	二十一	二十二	二十三	桓惠王元年
十六	十七	十八	十九	二十	二十一	二十二	二十三	桓惠王元年
十九	二十	二十一	二十二	二十三	二十四	二十五	二十六	二十七
十九	二十	二十一	二十二	二十三	二十四	二十五	二十六	二十七
十六	十七	十八	十九	安釐王元年	二	三	四	五
十六	十七	十八	十九	安釐王元年	二	三	四	五

庚寅	辛卯	壬辰	癸巳	甲午	乙未	丙申	丁酉	戊戌
四十八	四十九	五十	五十一	五十二	五十三	五十四	五十五	五十六
四十四	四十五	四十六	四十七	四十八	四十九	五十	五十一	五十二
三十一	三十二	三十三	三十四	三十五	三十六	三十七	三十八	三十九
三十五	三十六	三十七	三十八	三十九	四十	四十一	四十二	四十三
三十六	三十七	三十八	三十九	四十	四十一	四十二	四十三	四十四
二	三	四	五	六	七	八	九	十
十四	十五	十六	十七	十八	十九	二十	二十一	二十二
十三	十四	十五	十六	十七	十八	十九	王建元年	二
十三	十四	十五	十六	十七	十八	十九	王建元年	二
二十八	二十九	三十	三十一	三十二	三十三	三十四	三十五	三十六
二十八	二十九	三十	三十一	三十二	三十三	三十四	三十五	三十六
十二	十三	十四	十五	十六	十七	十八	十九	二十
十一	十二	十三	十四	十五	十六	十七	十八	十九
武成王元年	二	三	四	五	六	七	八	九
武成王元年	二	三	四	五	六	七	八	九
二	三	四	五	六	七	八	九	十
二	三	四	五	六	七	八	九	十
二十八	二十九	三十	三十一	三十二	三十三	孝成王元年	二	三
二十八	二十九	三十	三十一	三十二	三十三	孝成王元年	二	三
六	七	八	九	十	十一	十二	十三	十四
六	七	八	九	十	十一	十二	十三	十四

己亥	庚子	辛丑	壬寅	癸卯	甲辰	乙巳	丙午	丁未
五十七	五十八	五十九						
五十三	五十四	五十五	五十六	五十七	五十八	五十九		
四十	四十一	四十二	四十三	四十四	四十五	四十六	四十七	四十八
四十四	四十五	四十六	四十七	四十八	四十九	五十	五十一	五十二
四十五	四十六	四十七	四十八	四十九	五十	五十一	五十二	五十三
十一	十二	十三	十四	十五	十六	十七	十八	十九
二十三	頃公元年	二	三	四	五	六	七	八
三	四	五	六	七	八	九	十	十一
三	四	五	六	七	八	九	十	十一
考烈王元年	二	三	四	五	六	七	八	九
考烈王元年	二	三	四	五	六	七	八	九
二十一	二十二	二十三	二十四	二十五	二十六	二十七	二十八	二十九
二十	二十一	二十二	二十三	二十四	二十五	二十六	二十七	二十八
十	十一	十二	十三	十四	孝王元年	二	三	王喜元年
十	十一	十二	十三	十四	孝王元年	二	三	王喜元年
十一	十二	十三	十四	十五	十六	十七	十八	十九
十一	十二	十三	十四	十五	十六	十七	十八	十九
四	五	六	七	八	九	十	十一	十二
四	五	六	七	八	九	十	十一	十二
十五	十六	十七	十八	十九	二十	二十一	二十二	二十三
十五	十六	十七	十八	十九	二十	二十一	二十二	二十三

戊申	己酉	庚戌	辛亥	壬子	癸丑	甲寅	乙卯	丙辰
四十九	五十	五十一	五十二	五十三	五十四	五十五	五十六	孝文王元年
五十三	五十四	五十五	五十六	孝文王元年	莊襄王元年	二	三	始皇元年
五十四	五十五	五十六	孝文王元年	莊襄王元年	二	三	始皇帝元年	二
二十	二十一	二十二	二十三	二十四				
九	十	十一	十二	十三	十四	十五	十六	十七
十二	十三	十四	十五	十六	十七	十八	十九	二十
十二	十三	十四	十五	十六	十七	十八	十九	二十
十	十一	十二	十三	十四	十五	十六	十七	十八
十	十一	十二	十三	十四	十五	十六	十七	十八
三十	元君元年	二	三	四	五	六	七	八
二十九	三十	三十一	元君元年	二	三	四	五	六
二	三	四	五	六	七	八	九	十
二	三	四	五	六	七	八	九	十
二十	二十一	二十二	二十三	二十四	二十五	二十六	二十七	二十八
二十	二十一	二十二	二十三	二十四	二十五	二十六	二十七	二十八
十三	十四	十五	十六	十七	十八	十九	二十	二十一
十三	十四	十五	十六	十七	十八	十九	二十	二十一
二十四	二十五	二十六	二十七	二十八	二十九	三十	三十一	三十二
二十四	二十五	二十六	二十七	二十八	二十九	三十	三十一	三十二

丁巳	戊午	己未	庚申	辛酉	壬戌	癸亥	甲子	乙丑
莊襄王元年	二	三	四	始皇元年	二	三	四	五
二	三	四	五	六	七	八	九	十
三	四	五	六	七	八	九	十	十一
十八	十九	二十	二十一	二十二	二十三	二十四		
二十一	二十二	二十三	二十四	二十五	二十六	二十七	二十八	二十九
二十一	二十二	二十三	二十四	二十五	二十六	二十七	二十八	二十九
十九	二十	二十一	二十二	二十三	二十四	二十五	幽王元年	二
十九	二十	二十一	二十二	二十三	二十四	二十五	幽王元年	二
九	十	十一	十二	十三	十四	十五	十六	十七
七	八	九	十	十一	十二	十三	十四	十五
十一	十二	十三	十四	十五	十六	十七	十八	十九
十一	十二	十三	十四	十五	十六	十七	十八	十九
二十九	三十	三十一	三十二	三十三	三十四	王安元年	二	三
二十九	三十	三十一	三十二	三十三	三十四	王安元年	二	三
悼襄王元年	二	三	四	五	六	七	八	九
悼襄王元年	二	三	四	五	六	七	八	九
三十三	三十四	景湣王元年	二	三	四	五	六	七
三十三	三十四	景湣王元年	二	三	四	五	六	七

丙寅	丁卯	戊辰	己巳	庚午	辛未	壬申	癸酉	甲戌
六	七	八	九	十	十一	十二	十三	十四
十一	十二	十三	十四	十五	十六	十七	十八	十九
十二	十三	十四	十五	十六	十七	十八	十九	二十
三十	三十一	三十二	三十三	三十四	三十五	三十六	三十七	三十八
三十	三十一	三十二	三十三	三十四	三十五	三十六	三十七	三十八
三	四	五	六	七	八	九	十	王負芻元年
三	四	五	六	七	八	九	十	王負芻元年
十八	十九	二十	二十一	二十二	二十三	君角元年	二	三
十六	十七	十八	十九	二十	二十一	二十二	二十三	二十四
二十	二十一	二十二	二十三	二十四	二十五	二十六	二十七	二十八
二十	二十一	二十二	二十三	二十四	二十五	二十六	二十七	二十八
四	五	六	七	八	九			
四	五	六	七	八	九			
王遷元年	二	三	四	五	六	七	八	代王嘉元年
王遷元年	二	三	四	五	六	七	八	代王嘉元年
八	九	十	十一	十二	十三	十四	十五	王假元年
八	九	十	十一	十二	十三	十四	十五	王假元年

乙亥	丙子	丁丑	戊寅	己卯	庚辰	辛巳	壬午	癸未
十五 二十 二十一	十六 二十一 二十二	十七 二十二 二十三	十八 二十三 二十四	十九 二十四 二十五	二十 二十五 二十六	二十一 二十六 二十七	二十二 二十七 二十八	二十三 二十八 二十九
三十九 三十九	四十 四十	四十一 四十一	四十二 四十二	四十三 四十三	四十四 四十四			
二 二	三 三	四 四	五 五					
四 二十五	五 君角元年	六 二	七 三	八 四	九 五	十 六	十一 七	十二 八
二十九 二十九	三十 三十	三十一 三十一	三十二 三十二	三十三 三十三				
二 二 二 二	三 三 三 三	四 四	五 五	六 六				

甲申	乙酉	丙戌	丁亥	戊子	己丑	庚寅	辛卯	壬辰
二十四	二十五	二十六	(秦本紀載始皇自二十六年以下，無復紀年，但云五十一年崩。按秦紀紀年亦合					
二十九	三十	三十一	三十二	三十三	三十四	三十五	三十六	三十七
三十	三十一	三十二	三十三	三十四	三十五	三十六	三十七	二世元年
十三	十四	十五	十六	十七	十八	十九	二十	二十一
九	十	十一	十二	十三	十四	十五	十六	十七

癸巳	甲午	乙未	丙申	丁酉	戊戌	己亥	庚子
在位三十七年，詳見秦紀年考，今故為作空格至三十七年。)					二世元年	二	三
二世元年	二	三					
二	三						
十八	十九	二十	二十				

劉坦著

唐虞夏商紀年考

唐堯

唐堯紀年，據五帝本紀堯紀載：『堯立七十年得舜，二十年而老，令舜攝行天子之政，薦之於天。堯辟位凡二十八年而崩。』按舜紀謂堯辟位凡八年而崩。此云二十八年，蓋通得舜之年而言。又載：『堯崩，三年之喪畢，舜讓辟丹朱於南河之南。諸侯朝覲者不之丹朱而之舜，獄訟者不之丹朱而之舜，謳歌者不謳歌丹朱而謳歌舜。舜曰：「天也」。夫而後之中國，踐天子位焉，是為帝舜。』復據舜紀載：『舜得舉用事二十年，而堯使攝政，攝政八年而堯崩，三年喪畢，讓丹朱，天下歸舜。』又載：『舜年二十以孝聞，年三十堯舉之，年五十攝行天子事，年五十八堯崩，年六十一代堯踐帝位。』按舜年五十八堯崩，至六十一始踐帝位者，以堯喪三年中，舜仍攝丹朱行天子事也。綜上所述，則堯即位七十年得舜，得舜二十年使攝政，舜攝堯政八年而堯崩，更攝丹朱政三年而踐帝位，是堯在位凡九十年。通舜攝及喪期，凡一百有一年。今列其表如下：

唐堯元年	四	七	十	十三	十六	十九	二十二	二十五	二十八	三十一
二	五	八	十一	十四	十七	二十	二十三	二十六	二十九	三十二

虞舜

三	三十四	三十五	三十六	三十七	三十八	三十九	四十
六	四十一	四十二	四十三	四十四	四十五	四十六	四十七
九	四十八	四十九	五十	五十一	五十二	五十三	五十四
十二	五十五	五十六	五十七	五十八	五十九	六十	六十一
十五	六十二	六十三	六十四	六十五	六十六	六十七	六十八
十八	六十九	七十 得舜	七十一	七十二	七十三	七十四	七十五
二十一	七十六	七十七	七十八	七十九	八十	八十一	八十二
二十四	八十三	八十四	八十五	八十六	八十七	八十八	八十九
二十七	九十	九十一 使舜攝政	九十二	九十三	九十四	九十五	九十六
三十	九十七	九十八 堯崩	九十九 舜攝丹朱政	一百	一百有一	按自堯七十年得舜，至九十年使舜攝政，凡二十一年。今紀云二十一年，蓋不數七十年也。	
三十三							

虞舜紀年，據五帝本紀堯紀載：『堯立七十年得舜，二十年而老，令舜攝行天子之政，薦之於天，堯辟位凡二十八年而崩。』又載：『堯崩，三年之喪畢，舜讓辟丹朱於南河之南。諸侯朝覲者，不之丹朱而之舜，獄訟者，不之丹朱而之舜，謳歌者，不謳歌丹朱而謳歌舜。舜曰：「天也。」夫而後之中國踐天子位焉，是為帝舜。』復據五帝本紀舜紀載：『舜得舉用事二十年，而堯使攝政，攝政八年而堯崩，三年喪畢，讓丹朱，天下歸舜。』又載：『舜年二十以孝聞，年三十堯舉之，年五十攝行天子事，年五十八堯崩，年六十一，代堯踐帝位，踐帝位三十九年，南巡狩，崩於蒼梧之野，葬於江南九疑，是為零陵。』又載：『舜子商均亦不肖，舜乃豫薦禹於天，十七年而崩，三年喪畢，禹亦乃讓舜子，如舜讓堯子，諸侯歸之，然後禹踐天子位。』復據夏本紀載：『帝舜薦禹於天為嗣，十七年而帝舜崩，三年喪畢，禹辭辟舜之子商均於陽城，天下諸侯，皆去商均而朝禹，禹於是遂即天子位，南面朝天下，國號曰夏后，姓姒氏。』綜合上述，堯立七十年得舜，二十年而老，令舜攝行天子之政，舜攝政八年而堯崩，更攝丹朱政三年，然後踐帝位，踐帝位三十九年而崩，益丧中禹攝商均政三年，通凡七十三年，今列其表如下，而附以舜之年歲焉。至下表凡為七十四年，今云七十三年者，以舜得舉用事之二十年中，不數堯七十年得舜之年，而自七十一年起。否則堯之得舜，應在七十一年，而與堯紀相抵捂矣。

一十七	年十七堯唐 舜得
十三	歲九十二年舜
六十七	五十七
五十三	四十三
一十八	十八
十四	九十三
六十八	五十八
五十四	四十四
一十九 政堯攝舜	十九
十五	九十四
六十九	五十九
五十五	四十五
一有百一	百一
十六	九十五

七十二	七十三	七十四	四	五	六	七	八	九
三十一	三十二	三十三	六十四	六十五	六十六	六十七	六十八	六十九
七十七	七十八	七十九	十	十一	十二	十三	十四	十五
三十六	三十七	三十八	七十	七十一	七十二	七十三	七十四	七十五
八十二	八十三	八十四	十六	十七	十八	十九	二十	二十一
四十一	四十二	四十三	七十六	七十七	七十八	七十九	八十	八十一
八十七	八十八	八十九	二十二	二十三	二十四	二十五	二十六	二十七
四十六	四十七	四十八	八十二	八十三	八十四	八十五	八十六	八十七
九十二	九十三	九十四	二十八	二十九	三十	三十一	三十二	三十三
五十一	五十二	五十三	八十八	八十九	九十	九十一	九十二	九十三
九十七	九十八 堯崩	九十九 舜攝丹朱政	三十四	三十五	三十六	三十七	三十八	三十九 舜崩
五十六	五十七	五十八	九十四	九十五	九十六	九十七	九十八	九十九
舜踐帝位元年	二	三	四十 禹攝商均政	四十一	四十二			
六十一	六十二	六十三						

夏禹

夏禹紀年，據五帝本紀舜紀載：『舜子商均亦不肖，舜乃豫薦禹於天，十七年而崩，三年喪畢，禹亦乃讓舜子，如舜讓堯子，諸侯歸之，然後禹踐天子位。』復據夏本紀載：『帝舜薦禹於天為嗣，十七年而帝舜崩，三年喪畢，禹辭辟舜之子商均於陽城，天下諸侯皆去商均而朝禹，禹於是遂即天子位，南面而朝天下，國號曰夏后，姓姒氏。』又載：『十年，帝禹東巡狩，至於會稽而崩，以天下授益，三年之喪畢，益讓帝禹之子啟，而辟居箕山之陽，禹子啟賢，天下屬意焉。』按舜紀及夏本紀，言舜薦禹於天十七年而崩。以舜年推之，合在舜之二十三年薦禹於天。並舜喪攝商均政三年，即位十年，與喪中益攝啟政三年，通凡三十三年。今列其表如下：

帝舜二十三年 薦禹于天	二十四	二十五
二十六	二十七	二十八
二十九	三十	三十一
三十二	三十三	三十四
三十五	三十六	三十七
三十八	三十九 舜崩	四十 禹攝商均政
四十一	四十二	禹即帝位元年
二	三	四
五	六	七
八	九	十 禹崩
十一 益攝啟政	十二	十三

殷帝外丙

殷代紀年，於史記中，直接間接，約略可見者，僅外丙、中壬、中宗、高宗、祖甲五帝，又無事可繫，故但臚舉其文如下，而不復為列表焉。

殷本紀：

『帝外丙即位二年崩。』

殷帝中壬

殷本紀：

『帝中壬即位四年崩。』

殷中宗　高宗　祖甲

魯周公世家：

『周公歸，恐成王壯，治有所淫佚，乃作多士，作毋逸。毋逸稱：「為人父母，為業至長久，子孫驕奢忘之，以亡其家，為人子可不慎乎。故昔在殷王中宗，嚴恭敬畏天命，自度治民，震懼不敢荒寧，故中宗饗國七十五年。其在高宗，久勞于外，為與小人，作其即位，乃有亮闇，三年不言，言乃讙，不敢荒寧，密靖殷國，至于小大無怨，故高宗饗國五十五年。其在祖甲，不義惟王，久為小人于外，知小人之依，能保施小民，不侮鰥寡，故祖甲饗國三十三年。」』

殷帝紀年既多不詳，故殷歷年總數亦無可考。但據楚世家莊王八年，載王孫滿謂殷載祀六百，其文云：『昔虞夏之盛，遠方皆至，貢金九牧，鑄鼎象物，百物而為之備，使民知神姦。桀有亂德，鼎遷於殷，載祀六百。殷紂暴虐，鼎遷於周。』

周共和以前紀年考

周代紀年，在共和以前可考者，於史記中唯文、武、穆、厲四王，今列叙如下。

文王

文王紀年，據周本紀載：『西伯陰行善，諸侯皆來決平。於是虞芮之人有獄不能決，乃如周，入界，耕者皆讓畔，民俗皆讓長。虞芮之人未見西伯，皆慚相謂曰：「吾所爭，周人所恥，何往為，祇取辱耳。」遂還，俱讓而去。諸侯聞之曰：「西伯蓋受命之君。」明年伐犬戎，明年伐密須，明年敗耆國。殷之祖伊聞之懼，以告帝紂。紂曰：「不有天命乎？是何能為。」明年伐邘，明年伐崇侯虎，而作豐，自岐下而徙都豐。明年西伯崩，太子發立，是為武王。西伯蓋即位五十年。其囚羑里，蓋益易之八卦為六十四卦。詩人道西伯，蓋受命之年稱王，而斷虞芮之訟。後七年而崩，謚為文王，改法度，制正朔矣。』按是所述，則文王為西伯四十三年，至四十四年，斷虞芮之訟，始受命。四十五年伐犬戎，四十六年伐密須，四十七年敗耆國，四十八年伐邘，四十九年伐崇侯虎，自岐下徙都豐，五十年崩。

今列其表如下：

西伯元年	二
六	七
十一	十二
十六	十七
二十一	二十二
二十六	二十七
三十一	三十二
三十六	三十七
四十一	四十二
四十六 伐密須	四十七 敗耆國

三	四	五
八	九	十
十三	十四	十五
十八	十九	二十
二十三	二十四	二十五
二十八	二十九	三十
三十三	三十四	三十五
三十八	三十九	四十
四十三	四十四 斷訟受命	四十五 伐犬戎
四十八 伐邘	四十九 伐崇侯虎	五十 崩

武王

武王紀年，據周本紀載：『武王即位，太公望為師，周公旦為輔，召公畢公之徒左右王師，修文王緒業。九年，武王上祭于畢，東觀兵至于盟津，為文王木主，載以車，中軍。武王自稱太子發，言奉文王以伐，不敢自專。』又載：『居二年，聞紂昏亂暴虐滋甚，殺王子比干，囚箕子。太師疵、少師彊，抱其樂器而犇周。於是武王徧告諸侯曰：「殷有重罪，不可以不畢伐。」乃遵文王，遂率戎車三百乘，虎賁三千人，甲士四萬五千人，以東伐紂。十一年十二月戊午，師畢渡盟津，諸侯咸會曰：「孳孳無怠。」』按上云：『九年，武王上祭于畢，東觀兵至于盟津』，又云：『居二年，聞紂昏亂暴虐滋甚，以東伐紂』，是伐紂之時已明為十一年事。後復云：『十一年十二月戊午』，蓋重正其時日也。復據周本紀載：『二月甲子昧爽，武王朝至于商郊牧野，乃誓。』按上既云：『十一年十二月』，則此二月甲子，乃十二年二月甲子也。復據齊太公世家載：『文王崩，武王即位。九年，欲修文王業，東伐以觀諸侯集否。』又載：『居二年，紂殺王子比干，囚箕子。武王將伐紂，卜龜兆不吉，風雨暴至，羣公盡懼，唯太公彊之勸武王，武王於是遂行。十一年正月甲子，誓於牧野，伐商紂』。按此云武王即位九年，東伐以觀諸侯，居二年遂行伐紂，與周本紀合。至謂『十一年正月甲子，誓於牧野，伐商紂』，則與周紀十二年『二月甲子昧爽，武王朝至于商郊牧野乃誓』之說相繆。又魯周公世家亦謂：『武王九年，東伐至盟津，周公輔行。十一年伐紂至牧野，周公佐武王，作牧誓』。說與齊太公世家合。然以事無足徵，殊難決定孰是。武王之崩，據封禪書載：『武王克殷二年，天下未寧而崩』。又魯周公世家亦載：『武王克殷二年，天下未集，武王有疾，不豫，羣臣懼，太公召公乃繆卜，明日，武王有瘳。其後武王既崩，成王少，在強葆之中，周公恐天下聞武王崩而畔，周公乃踐阼，代成王攝行政當國』。是紀武王亦終於克殷後二年。而綜上所述，則武王即位九年，東觀兵盟津，十二年克殷，（按齊魯世家，武王克殷在十一年，茲姑依周紀文。）克殷後二年而崩，通凡十四年。今列其表如下：

武王元年	三	五	七	九觀兵盟津	十一	十三
二	四	六	八	十	十二克殷	十四崩

穆王

周本紀：

『穆王立，五十五年崩，子共王繄扈立』。（因無事可繫，故不列表。）

厲王

按史記十二諸侯年表，起自周召共和，無厲王年數。即周本紀，於厲王在位年數，亦無明文。然據周本紀載：『厲王即位三十年，好利，近榮夷公。』又載：『三十四年，王益嚴，國人莫敢言，道路以目。』又載：『國莫敢出言，三年，乃相與畔，襲厲王，厲王出奔於彘。』又載：『召公、周公二相行政，號曰共和。共和十四年，厲王死于彘。』按厲王三十年，近榮夷公，三十四年，國人莫敢言，後三年奔彘，是厲王在位三十七年。並卒於共和十四年，通凡五十一年。今列其表如下：

厲王元年	二	三	四	五
六	七	八	九	十
十一	十二	十三	十四	十五
十六	十七	十八	十九	二十
二十一	二十二	二十三	二十四	二十五
二十六	二十七	二十八	二十九	三十 近榮夷公
三十一	三十二	三十三	三十四 國人莫敢言	三十五
三十六	三十七 奔彘	共和元年	二	三
四	五	六	七	八
九	十	十一	十二	十三
十四 厲王死于彘				

周共和以後紀年考

周紀年自共和以後，據周本紀，為共和行政十四年，宣王四十六年，幽王十一年，平王五十一年，桓王二十三年，莊王十五年，釐王五年，惠王二十五年，襄王三十二年，頃王六年，匡王六年，定王二十一年，簡王十四年，靈王二十七年，景王二十年，敬王四十二年，元王八年，定王二十八年，考王十五年，威烈王二十四年，安王二十六年，烈王十年，顯王四十八年，慎靚王六年，赧王五十九年，通凡五百八十二年。其統計如下：

王號	在位年數	歷年遞加數
共和	十四	十四
宣王	四十六	六十
幽王	十一	七十一
平王	五十一	一百二十二
桓王	二十三	一百四十五
莊王	十五	一百六十
釐王	五	一百六十五
惠王	二十五	一百九十
襄王	三十二	二百二十二
頃王	六	二百二十八
匡王	六	二百三十四
定王	二十一	二百五十五
簡王	十四	二百六十九
靈王	二十七	二百九十六
景王	二十	三百一十六
敬王	四十二	三百五十八
元王	八	三百六十六
定王	二十八	三百九十四
考王	十五	四百有九
威烈王	二十四	四百三十三
安王	二十六	四百五十九
烈王	十	四百六十九
顯王	四十八	五百一十七
慎靚王	六	五百二十三
赧王	五十九	五百八十二

復考十二諸侯及六國周表紀周年，自共和以後，為共和十四年，宣王四十六年，幽王十一年，平王五十一年，桓王二十三年，莊王十五年，釐王五年，惠王二十五年，襄王三十三年，頃王六年，匡王六年，定王二十一年，簡王十四年，靈王二十七年，景王二十五年，敬王四十三年，元王八年，定王二十八年，考王十五年，威烈王二十四年，安王二十六年，烈王七年，顯王四十八年，慎靚王六年，赧王五十九年，通凡五百八十六年。其統計如下：

王號	在位年數	歷年遞加數
共和	十四	十四
宣王	四十六	六十
幽王	十一	七十一
平王	五十一	一百二十二
桓王	二十三	一百四十五
莊王	十五	一百六十
釐王	五	一百六十五
惠王	二十五	一百九十
襄王	三十三	二百二十三
頃王	六	二百二十九
匡王	六	二百三十五
定王	二十一	二百五十六
簡王	十四	二百七十
靈王	二十七	二百九十七
景王	二十五	三百二十二
敬王	四十三	三百六十五
元王	八	三百七十三
定王	二十八	四百一
考王	十五	四百一十六
威烈王	二十四	四百四十
安王	二十六	四百六十六
烈王	七	四百七十三
顯王	四十八	五百二十一
慎靚王	六	五百二十七
赧王	五十九	五百八十六

考上周紀紀年為五百八十二年。而周表紀年為五百八十六年，是表較紀多出四年。考表所以較紀多出四年之由，則以周紀襄王作三十二年，表作三十三年，於是表較紀多出一年。又周紀景王作二十年，表作二十五年，於是表又較紀多出五年，並上多襄王一年，通凡多出六年。又周紀敬王作四十二年，表作四十三年，於是表又較紀多出一年，並上所多六年，通凡多出七年。至周紀烈王作十年，而表作七年，是表又較紀少出三年。而以表在襄景敬所多出之七年，減去在烈王所少三年，結果表遂較紀多出四年。茲緣以上疑難，作為下列襄王、景王、敬王、烈王四考。又幽王十一年，周紀僅具三年，因亦並考於後。

幽王

幽王紀年，周本紀僅具三年，年表為十一年。考周本紀載云：「褒人有罪，請入童妾所棄女子者于王，以贖罪。棄女子出于褒，是為褒姒。當幽王三年，王之後宮見而愛之，生子伯服，竟廢申后及太子，以褒姒為后，伯服為太子。太史伯陽曰：「禍成矣，無可奈何。褒姒不好笑，幽王欲其笑萬方，故不笑。幽王為烽燧大鼓，有寇至則舉烽火，諸侯悉至，至而無寇，褒姒乃大笑。幽王說之，為數舉烽火。其後不信，諸侯益亦不至。幽王以虢石父為卿，用事，國人皆怨。石父為人佞巧善諛好利，王用之。又廢申后，去太子也。申侯怒，與繒、西夷犬戎攻幽王。幽王舉烽火徵兵，兵莫至。遂殺幽王驪山下，虜褒姒，盡取周賂而去。』按是謂幽王三年，見褒姒而愛之，生子伯服，則伯服之生，應已在幽王三年以後。而幽王之殺，並不在三年可見。更參列國紀年，以周自宣王即位，至幽王見殺數之，則幽王實應為十一年。故幽王紀年，應以年表為是，本紀實未具也。

襄王

襄王紀年，周紀為三十二年，年表為三十三年。今以晉歷年證之，實以年表三十三年為是，而本紀三十二年，蓋未可憑。苟非太史公於是有誤，則必後人傳寫轉刻之訛也。考周襄王狩于河陽，本紀、年表並載在襄王二十年。而晉年表、世家並載在文公五年。是則周襄王之二十年，與晉文公五年同年。復據晉世家靈公八年云：『周頃王崩，公卿爭權，故不赴。晉使趙盾以車八百乘平周亂，而立匡王。』年表載頃王六年，『頃王崩，公卿爭政，故不赴。』亦與晉靈公八年，『趙盾以車八百乘，納捷菑，平王室。』相當。而頃王在位，本紀亦載六年。是則周頃王之六年，與晉靈公八年同年。按晉年表及世家，自文公五年，迄靈公八年，同為二十年。則周自襄王二十年，至頃王六年，亦應為二十年。然參以本紀襄王在位三十二年，及年表襄王在位三十三年，則年表適為二十年，與晉歷年合。而本紀則為十九年，明闕一年，故本紀非也。今列周本紀及年表，自襄王二十年，至頃王六年，與晉歷年自文公五年，至靈公八年，相參之表於下：

周本紀	二十四	二十五	二十六	二十七	襄王二十年	二十八	二十九	三十	三十一	二十一	三十二	頃王元年	二	三	二十二	四	五	六	○	二十三
周年表	二十四	二十五	二十六	二十七	襄王二十年	二十八	二十九	三十	三十一	二十一	三十二	三十三	頃王元年	二	二十二	三	四	五	六	二十三
晉曆年	九	襄公元年	二	三	文公五年	四	五	六	七	六	靈公元年	二	三	四	七	五	六	七	八	八

景王

景王紀年，周本紀載二十年，年表載二十五年。據周本紀載：『靈王二十四年，齊崔杼弒其君莊公。』十二諸侯年表載：『崔杼以莊公通其妻，殺之，立其弟為景公。』亦在周靈王二十四年。考齊年表及世家，崔杼弒莊公，在莊公六年。是則周靈王之二十四年，與齊莊公六年同年。復據周本紀載敬王：『三十九年，齊田常殺其君簡公。』十二諸侯年表載：『田常殺簡公，立其弟為平公，常相之專國權。』亦在周敬王之三十九年。考齊年表及世家，田常弒簡公，皆在簡公四年。是則周敬王之三十九年，與齊簡公四年同年。按齊年表及世家，自莊公六年，至簡公四年，同為六十八年。則周自靈王二十四年，至敬王三十九年，亦應為六十八年。

然依周紀景王二十年數之，僅六十三年。更依周表景王二十五年數之，則其年適為六十八。是本紀載景王歷年，明闕五年也。今列周本紀及周年表自靈王二十四年至敬王三十九年，與齊歷年自莊公六年至簡公四年，相參之表於下：

周本紀	周年表	齊歷年
靈王二十四年	靈王二十四年	莊公六年
二十五	二十五	景公元年
二十六	二十六	二
二十七	二十七	三
景王元年	景王元年	四
二	二	五
三	三	六
六	六	九
七	七	十
八	八	十一
九	九	十二
十	十	十三
十一	十一	十四
十二	十二	十五
十三	十三	十六
十六	十六	十九
十七	十七	二十
十八	十八	二十一
十九	十九	二十二
二十	二十	二十三
敬王元年	二十一	二十四
二	二十二	二十五
三	二十三	二十六
六	敬王元年	二十九
七	二	三十
八	三	三十一
九	四	三十二
十	五	三十三
十一	六	三十四
十二	七	三十五
十三	八	三十六
十六	十一	三十九
十七	十二	四十
十八	十三	四十一
十九	十四	四十二
二十	十五	四十三
二十一	十六	四十四
二十二	十七	四十五
二十三	十八	四十六

四	五	二十六	二十七	二十八	二十九
四	五	二十一	二十二	二十三	二十四
七	八	四十九	五十	五十一	五十二
十四	十五	三十	三十一	三十二	三十三
十四	十五	二十五	二十六	二十七	二十八
十七	十八	五十三	五十四	五十五	五十六
四	五	三十四	三十五	三十六	三十七
二十四	二十五	二十九	三十	三十一	三十二
二十七	二十八	五十七	五十八	晏孺子元年	悼公元年
十四	十五	三十八	三十九	○	○
九	十	三十三	三十四	三十五	三十六
三十七	三十八	二	三	四	簡公元年
二十四	二十五	○	○	○	
十九	二十	三十七	三十八	三十九	
四十七	四十八	二	三	四	

敬王

敬王紀年，周本紀載四十二年，年表載四十三年。據晉年表頃公六年載：『周室亂，公平亂，立敬王。』又晉世家載：『頃公六年，周景王崩，王子爭立，晉六卿平王室亂，立敬王。』是則敬王元年，與晉頃公七年同年。復據周本紀載：『定王十六年，三晉滅智伯，分有其地。』六國表載魏桓子、韓康子、趙襄子敗知伯於晉陽，三分其地，亦在周定王十六年。考智伯之滅，六國表載在晉哀公四年。晉世家亦載云：『哀公四年，趙襄子、韓康子、魏桓子共殺知伯，盡并其地。』是則周定王之十六年，與晉哀公四年同年。按晉歷年，自頃公七年，至哀公四年，凡為六十七年。則周自敬王元年，至定王十六年，亦應為六十七年。然依年表載敬王四十三年，適為六十七年。更依本紀載敬王四十二年，則僅六十六年。而本紀載敬王以下，元王八年，與年表相同。則其自敬王元年，至定王十六年，為六十六年，所以與年表六十七年，不能相符者，實以紀敬王，誤闕一年。而敬王歷年，亦固以四十三年為是也。今並列周本紀及周年表，自敬王元年，至定王十六年。與晉歷年自頃公七年，至哀公四年，相參之表於下：

周本紀	周年表	晉歷年
敬王元年	敬王元年	頃公七年
二	二	八
三	三	九
四	四	十
五	五	十一
十	十	二
十一	十一	三
十二	十二	四
十三	十三	五
十四	十四	六
十五	十五	七
二十	二十	十二
二十一	二十一	十三
二十二	二十二	十四
二十三	二十三	十五
二十四	二十四	十六
二十五	二十五	十七
三十	三十	二十二
三十一	三十一	二十三
三十二	三十二	二十四
三十三	三十三	二十五
三十四	三十四	二十六
三十五	三十五	二十七
四十	四十	三十二
四十一	四十一	三十三
四十二	四十二	三十四
元王元年	四十三	三十五
二	元王元年	三十六
三	二	三十七

六	七	八	九	八	定王元年	二	三
六	七	八	九	七	八	定王元年	二
十二	十三	十四	定公元年	五	六	七	八

烈王

十六	十七	十八	十九	四	五	六	七
十六	十七	十八	十九	三	四	五	六
八	九	十	十一	九	十	十一	十二

二十六	二十七	二十八	二十九	八	九	十	十一
二十六	二十七	二十八	二十九	七	八	九	十
十八	十九	二十	二十一	十三	十四	十五	十六

三十六	三十七	三十八	三十九	十二	十三	十四	十五
三十六	三十七	三十八	三十九	十一	十二	十三	十四
二十八	二十九	三十	三十一	十七	十八	哀公元年	二

四	五	六	七	十六	○
三	四	五	六	十五	十六
出公元年	二	三	四	三	四

出公紀年，晉世家載十七年，年表載十八年，今依年表，詳見後晉紀年考。

烈王紀年，周紀載十年，年表載七年。據周本紀載：『威烈王二十四年崩，子安王驕立。是歲，盜殺楚聲王。』考楚世家及年表，盜殺聲王，在聲王六年。是則周威烈王之二十四年，與楚聲王六年同年。復據楚世家載：『宣王六年，周天子賀秦獻公。』按周賀秦獻公，周本紀及周年表同載在顯王五年。是則周顯王之五年，與楚宣王六年同年。更數楚歷年，自聲王六年，至宣王六年，為三十九年。則周自威烈王二十四年，至周顯王五年，亦應為三十九年。然參以周紀烈王十年，及周表烈王七年兩説，年表適為三十九年，而本紀則為四十二年，是本紀多出三年，而烈王紀年，亦固以周表七年之文為是也。今列周本紀及周年表，自威烈王二十四年，至顯王五年，與楚歷年自聲王六年，至宣王六年，相參之表於下：

周本紀	四	五	六	七	八
周年表	四	五	六	七	八
楚歷年	四	五	六	七	八
威烈王二十四年	十二	十三	十四	十五	十六
威烈王二十四年	十二	十三	十四	十五	十六
聲王六年	十二	十三	十四	十五	十六
安王元年	二十	二十一	二十二	二十三	二十四
安王元年	二十	二十一	二十二	二十三	二十四
悼王元年	二十	二十一	肅王元年	二	三
二	二	三	四	五	六
二	二	三	四	五	六
二	七	八	九	十	十一
三	十	顯王元年	二	三	四
三	三	四	五	〇	〇
三	四	五	六	〇	〇

九	九	九	十七	十七	十七	二十五	二十五	四	七	七	宣王元年	五〇〇
十	十	十	十八	十八	十八	二十六	二十六	五	八	顯王元年	二	
十一	十一	十一	十九	十九	十九	烈王元年	烈王元年	六	九	二	三	

總結

總所考定周紀年，爲文王五十年，武王十四年，穆王五十五年。自厲王至赧王，爲厲王三十七年，共和十四年，宣王四十六年，幽王十一年，平王五十一年，桓王二十三年，莊王十五年，釐王五年，惠王二十五年，襄王三十三年，頃王六年，匡王六年，定王二十一年，簡王十四年，靈王二十七年，景王二十五年，敬王四十三年，元王八年，定王二十八年，考王十五年，威烈王二十四年，安王二十六年，烈王七年，顯王四十八年，慎靚王六年，赧王五十九年，通凡六百二十三年。其統計如下：

王號	在位年數
厲王	三十七
共和	十四
宣王	四十六
幽王	十一
平王	五十一
桓王	二十三
莊王	十五
釐王	五
惠王	二十五
襄王	三十三
頃王	六
匡王	六
定王	二十一
簡王	十四
靈王	二十七
景王	二十五
敬王	四十三
元王	八
定王	二十八
考王	十五
威烈王	二十四
安王	二十六
烈王	七
顯王	四十八
慎靚王	六
赧王	五十九

歷年遞加數
三十七
五十一
九十七
一百有八
一百五十九
一百八十二
一百九十七
二百有二
二百二十七
二百六十
二百六十六
二百七十二
二百九十三
三百有七
三百三十四
三百五十九
四百有二
四百一十
四百三十八
四百五十三
四百七十七
五百有三
五百一十
五百五十八
五百六十四
六百二十三

復考周代自武王至赧王之歷年總數，已不可知。其概見於世家列傳中者，茲列舉於下。然亦皆約略之辭，不足為據，聊以備聞云耳。按楚世家載王孫滿云：『昔成王定鼎於郟鄏，卜世三十，卜年七百。』又匈奴列傳載：『夏道衰，而公劉失其稷官，變于西戎，邑于豳。其後三百有餘歲，戎狄攻大王亶父，亶父亡走岐下，而豳人悉從亶父而邑焉，作周。其後百有餘歲，周西伯昌伐畎夷氏。後十有餘年，武王伐紂，而營雒邑，復居于酆鄗，放逐戎夷涇洛之北，以時入貢，命曰荒服。其後二百有餘年，周道衰，而穆王伐犬戎，得四白狼四白鹿以歸，自是之後，荒服不至。於是周遂作甫刑之辟。穆王之後二百有餘年，周幽王用寵姬褒姒之故，與申侯有郤，申侯怒，而與犬戎共攻殺周幽王于驪山之下。』按是文自武王伐紂至穆王二百餘年，自穆王至幽王亦二百餘年，而周自幽王以下至赧王，凡五百餘年，是謂周代凡歷九百餘年也。然據魯紀年，真公十五年，與周共和元年同年。從真公十五年上溯至考公，凡一百五十餘年。按魯考公約與周康王同時。因魯世家紀年考公以上，僅伯禽一公未詳。伯禽封於周成王之時，考公在位四年，時間短促，而周本紀載：『成康之際，天下安寧，刑錯四十餘年不用。』則康王歷年雖未能遽定，然總不短。故魯公伯禽之卒，以及考公在位之四年，似皆在康王時。而周自康王以後，至於共和，亦應為一百五十餘年。更按周自共和以後至赧王，凡五百八十餘年。益以自康王以後至於共和之一百五十餘年，約凡在七百四十年間。又周自成王以上，武王歷年，據考為十四年。並上自康王至赧王七百四十餘年，約為七百五六十年，其間僅成康之際未明。假使自武王至赧王，凡歷九百餘年之說可徵，則成康之際，非

有二百餘年之久，無以充其數矣。故本傳載周自武王至幽王，四百餘年，蓋未可信。又平津侯主父列傳載：『嚴安上書曰：「臣聞周有天下，其治三百餘歲，成康其隆也，刑錯四十餘年而不用。及其衰也，亦三百餘歲。」』按周自厲王至赧王，已六百二十三年。則此謂周有天下，通凡六百餘歲，又不免失之於少矣。

秦紀年考

秦紀年於史記中，共有三系，秦本紀與始皇本紀下之附錄，及秦年表是也。然其歷數互異，而不能相同。考秦本紀載，秦侯十年，公伯三年，秦仲二十三年，莊公四十四年，襄公十二年，文公五十年，寧公十二年，出子六年，武公二十年，德公二年，宣公十二年，成公四年，繆公三十九年，康公十二年，共公五年，桓公二十七年，景公四十年，哀公三十六年，惠公十年，悼公十四年，厲共公三十四年，躁公十四年，懷公四年，靈公十三年，簡公十六年，惠公十三年，出子二年，獻公二十四年，孝公二十四年，惠文王二十七年，武王四年，昭王五十六年，孝文王一年，莊襄王四年，始皇帝三十七年，二世三年，通凡六百五十七年。其統計如下：

秦本紀於始皇帝歷年未詳，但云：『始皇帝五十一年而崩。』據始皇本紀載：始皇『以秦昭王四十八年正月，生於邯鄲。』按自秦昭王四十八年，至始皇帝三十七年，依秦紀孝文王一年，莊襄王四年，適凡五十一年。復依始皇本紀及年表，孝文王一年，莊襄王三年，則為五十年。更據始皇本紀，始皇『以秦昭王四十八年正月，生於邯鄲。』依秦本紀孝文王一年，莊襄王四年，則始皇元年，為十五歲。然始皇本紀載，始皇『年十三歲，莊襄王死，政代立為秦王。』又始皇本紀下附錄亦云：『始皇生十三年而立。』按始皇踰年改元，則始皇元年，應為十四歲，兩說殊不相符。然綜其原因，則以秦本紀載孝文王一年，莊襄王四年，實衍一年。（詳下孝文王及莊襄王紀年考。）致於始皇年歲，亦衍一年。以其於始皇歷年，但混云：『五十一年而崩。』未明謂在位三十幾年。又以即依秦紀始皇元年，為十五歲，至五十一年崩，其在位亦應為三十七年。茲故遷依始皇本紀及年表，為作三十七年，以便統計。

侯王	在位年數	歷年遞加數
秦侯	十	十
公伯	三	十三
秦仲	二十三	三十六
莊公	四十四	八十
襄公	十二	九十二
文公	五十	一百四十二
寧公	十二	一百五十四
出子	六	一百六十
武公	二十	一百八十
德公	二	一百八十二
宣公	十二	一百九十四
成公	四	一百九十八
繆公	三十九	二百三十七
康公	十二	二百四十九
共公	五	二百五十四
桓公	二十七	二百八十一
景公	四十	三百二十一
哀公	三十六	三百五十七
惠公	十	三百六十七
悼公	十四	三百八十一
厲共公	三十四	四百一十五
躁公	十四	四百二十九
懷公	四	四百三十三
靈公	十三	四百四十六
簡公	十六	四百六十二
惠公	十三	四百七十五
出子	二	四百七十七
獻公	二十四	五百有一
孝公	二十四	五百二十五
惠文王	二十七	五百五十二
武王	四	五百五十六
昭王	五十六	六百一十二
孝文王	一	六百一十三
莊襄王	四	六百一十七
始皇帝	三十七	六百五十四
二世	三	六百五十七

始皇本紀附錄之秦紀年，自襄公起。其年數為襄公十二年，文公五十年，憲公十二年，出子六年，武公二十年，德公二年，宣公十二年，成公四年，繆公三十九年，康公十二年，共公五年，桓公二十七年，景公四十年，畢公三十六年，惠公十年，悼公十五年，剌龔公三十四年，躁公十四年，懷公四年，靈公十年，簡公十五年，惠公十三年，出公二年，獻公二十三年，孝公二十四年，惠文王二十七年，武王四年，昭王五十六年，孝文王一年，莊襄王三年，始皇帝三十七年，二世三年，按本錄云：『右秦襄公至二世，六百一十歲。』今數實凡五百七十二年。其統計如下：

侯王	在位年數
襄公	十二
文公	五十
憲公	十二
出子	六
武公	二十
德公	二
宣公	十二
成公	四
繆公	三十九
康公	十二
共公	五
桓公	二十七
景公	四十
畢公	三十六
惠公	十
悼公	十五
剌龔公	三十四
躁公	十四
懷公	四
靈公	十
簡公	十五
惠公	十三
出公	二
獻公	二十三
孝公	二十四
惠文王	二十七
武王	四
昭王	五十六
孝文王	一
莊襄王	三
始皇帝	三十七
二世	三

歷年遞加數
十二
六十二
七十四
八十
一百
一百有二
一百一十四
一百一十八
一百五十七
一百六十九
一百七十四
二百有一
二百四十一
二百七十七
二百八十七
三百有二
三百三十六
三百五十
三百五十四
三百六十四
三百七十九
三百九十二
三百九十四
四百一十七
四百四十一
四百六十八
四百七十二
五百二十八
五百二十九
五百三十二
五百六十九
五百七十二

合十二諸侯，及六國秦表，其紀年為秦仲二十三年，莊公四十四年，襄公十二年，文公五十年，寧公十二年，出公六年，武公二十年，德公二年，宣公十二年，成公四年，穆公三十九年，康公十二年，共公五年，桓公二十七年，景公四十年，哀公三十六年，惠公十年，悼公十四年，厲共公三十四年，躁公十四年，懷公四年，靈公十年，簡公十五年，惠公十三年，出子二年，獻公二十三年，孝公二十四年，惠文王二十七年，武王四年，昭王五十六年，孝文王一年，莊襄王三年，始皇帝三十七年，二世三年，通凡六百三十八年。其統計如下：

侯王	在位年數	歷年遞加數
秦仲	二十三	二十三
莊公	四十四	六十七
襄公	十二	七十九
文公	五十	一百二十九
寧公	十二	一百四十一
出公	六	一百四十七
武公	二十	一百六十七
德公	二	一百六十九
宣公	十二	一百八十一
成公	四	一百八十五
穆公	三十九	二百二十四
康公	十二	二百三十六
共公	五	二百四十一
桓公	二十七	二百六十八
景公	四十	三百有八
哀公	三十六	三百四十四
惠公	十	三百五十四
悼公	十四	三百六十八
厲共公	三十四	四百有二
躁公	十四	四百一十六
懷公	四	四百二十
靈公	十	四百三十
簡公	十五	四百四十五
惠公	十三	四百五十八
出子	二	四百六十
獻公	二十三	四百八十三
孝公	二十四	五百有七
惠文王	二十七	五百三十四
武王	四	五百三十八
昭王	五十六	五百九十四
孝文王	一	五百九十五
莊襄王	三	五百九十八
始皇帝	三十七	六百三十五
二世	三	六百三十八

秦紀起秦侯，較年表多秦侯、公伯二世。年表起秦仲，更較始皇本紀之附錄，多秦仲、莊公二世。然秦紀秦仲、莊公之紀年，與年表相同，應無錯誤可言。茲故於秦紀，捨去秦侯、公伯、秦仲、莊公四世之八十年，於年表捨去秦仲、莊公二世之六十七年，而並自襄公作起，以便與始皇本紀之附錄相參。而其歷數，則秦本紀為五百七十七年，年表為五百七十一年，而始皇本紀附錄年數，則為五百七十二年，三說各不相同。考其原因，則以秦本紀及年表載悼公，同為十四年，而始皇本紀，載十五年。於是始皇本紀，較秦紀及年表多出一年。又秦本紀，靈公為十三年，而始皇本紀及年表，同為十年。於是秦紀歷年，反較始皇本紀，多出二年，更較年表多出三年。又秦本紀，簡公為十六年，而始皇本紀及年表，同為十五年。於是秦紀歷年，又多出一年。而較始皇本紀，共多出三年，較年表共多出四年。又秦本紀，獻公為二十四年，而始皇本紀及年表，同為二十三年。於是秦紀歷年又多出一年。而較始皇本紀，共多出四年，較年表共多出五年。又秦本紀，莊襄王為四年，而始皇本紀及年表，同為三年。於是秦紀歷年，又多出一年。而較始皇本紀，共多出五年，較年表共多出六年。故秦本紀，自襄公至二世，為五百七十七年。始皇本紀，較秦紀少五年，為五百七十二年。年表較秦紀少六年，較始皇本紀少一年，而為五百七十一年。又按秦本紀載，莊襄王四年，與始皇本紀及年表載，莊襄王三年，所以不同者，實以紀孝文王年，歧誤所致。因據以上疑難，作為以下悼公、靈公、簡公、獻公、孝文王、莊襄王，五考。

悼公

悼公紀年，本紀及年表，同為十四年，而始皇本紀，為十五年。因始皇本紀所錄，無事可據，茲故仍以秦本紀考之。據秦本紀載：悼公「九年，晉定公與吳王夫差盟，爭長于黃池，卒先吳。吳彊，陵中國。」年表載吳晉爭長於黃池，亦當秦悼公九年。按晉年表載定公三十年，『與吳會黃池，爭長。』又晉世家亦載：定公『三十年，定公與吳王夫差會黃池，爭長。趙鞅時從，卒長吳。』是則秦悼公之九年，與晉定公三十年同年。復據秦本紀載：厲共公『二十四年，晉亂，殺知伯，分其國，與趙韓魏。』按晉世家載：『哀公四年，趙襄子、韓康子、魏桓子共殺知伯，盡并其地。』又年表載：晉哀公四年，魏桓子、韓康子、趙襄子敗知伯晉陽，三分其地，亦當秦厲共公二十四年。是則秦厲共公之二十四年，與晉哀公四年同年。以晉歷年考之，自定公三十年，至哀公四年，凡為三十年。則秦自悼公九年，至厲共公之二十四年，亦應為三十年。今依秦本紀及年表謂悼公十四年數之，適得三十年。更以始皇本紀謂悼公十五年數之，則為三十一年。故以晉歷年為徵，則始皇本紀載悼公十五年，實衍一年。今列晉歷年，自定公三十年，至哀公四年，與秦本紀，始皇本紀，秦年表，自悼公九年，至厲共公二十四年，相參之表於下：

晉歷年	秦本紀	始皇本紀	秦年表
定公三十年	悼公九年	悼公九年	悼公九年
三十一	十	十	十
三十二	十一	十一	十一
三十四	十三	十三	十三
三十五	十四	十四	十四
三十六	厲共公元年	十五	厲共公元年
三十七	二	剌龔公元年	二
二	四	三	四
三	五	四	五
四	六	五	六
五	七	六	七
七	九	八	九
八	十	九	十
九	十一	十	十一
十	十二	十一	十二
十二	十四	十三	十四
十三	十五	十四	十五
十四	十六	十五	十六
十五	十七	十六	十七

三十三	十七	十八
十二	十九	二十
十二	十八	十九
十二	十九	二十
出公元年	哀公元年	二
三	二十一	二十二
二	二十	二十一
三	二十一	二十二
六	三	四
八	二十三	二十四
七	二十二	二十三
八	二十三	二十四
十一	○	
十三	○	
十二	二十四	
十三	○	
十六		
十八		
十七		
十八		

靈公 簡公

秦本紀載靈公在位十三年，而始皇本紀及年表，同載十年。又秦本紀載簡公在位十六年，而始皇本紀及年表，同載十五年考。秦本紀載靈公簡公，事蹟絕少，難得足徵，今故併合靈簡歷年，假魏歷年，以通考之。按魏世家載：『魏文侯元年，秦靈公之元年也。』又惠王九年云：『與秦戰少梁，虜我將公孫痤，取龐。秦獻公卒，子孝公立。』復據秦本紀載：獻公『二十三年，與魏晉戰少梁，虜其將公孫痤。』綜斯三說，是魏文侯元年，即秦靈公之元年。而魏惠王之九年，當秦獻公之二十三年。數魏歷年，自文侯元年至惠王九年，凡為六十三年。則秦自靈公元年，至獻公二十三年，亦應為六十三年。茲依始皇本紀及年表，載靈公十年簡公十五年計之，其年數正符六十三。更依秦本紀，載靈公十三年簡公十六年計之，其年數乃延至六十七，明多四年。而是所多之四年，即以載靈公十三年，較始皇本紀及年表多三年。又載簡公十六年，較始皇本紀及年表多一年之故。然則秦紀載靈公十三年，簡公十六年，實並失而俱非矣。今列秦本紀，及始皇本紀，秦年表，自靈公元年，至獻公二十三年，與魏歷年，自文侯元年，至惠王九年，相參之表於下：

秦本紀	五	六	七	八	九	十	十一	十二
始皇本紀	五	六	七	八	九	十	簡公元年	二
秦年表	五	六	七	八	九	十	簡公元年	二
魏歷年	五	六	七	八	九	十	十一	十二
靈公元年	二	三	四	五	六	七	八	九
靈公元年	五	六	七	八	九	十	十一	十二
靈公元年	五	六	七	八	九	十	十一	十二
文侯元年	十五	十六	十七	十八	十九	二十	二十一	二十二
二	十二	十三	十四	十五	十六	惠公元年	二	三
二	十五	惠公元年	二	三	四	五	六	七
二	十五	惠公元年	二	三	四	五	六	七
二	二十五	二十六	二十七	二十八	二十九	三十	三十一	三十二
三	六	七	八	九	十	十一	十二	十三
三	十	十一	十二	十三	出公元年	二	獻公元年	二
三	十	十一	十二	十三	出子元年	二	獻公元年	二
三	三十五	三十六	三十七	三十八	武侯元年	二	三	四
四	獻公元年	二	三	四	五	六	七	八
四	五	六	七	八	九	十	十一	十二
四	五	六	七	八	九	十	十一	十二
四	七	八	九	十	十一	十二	十三	十四

十三	簡公元年	十一	十二	十三
三	四	十五	十六	十七
三	四	十五	十六	十七
十三	十四	惠王元年	二	三
十	十一	十四	十五	十六
十三	十四	十八	十九	二十
十三	十四	十八	十九	二十
二十三	二十四	四	五	六
四	五	十七	十八	十九
八	九	二十一	二十二	二十三
八	九	二十一	二十二	二十三
三十三	三十四	七	八	九
出子元年	二	二十	二十一	二十二
三	四	○	○	○
三	四	○	○	○
五	六	○	○	○
九	十	二十三		
十三	十四	○		
十三	十四	○		
十五	十六	○		

獻公

獻公紀年，秦本紀載二十四年，始皇本紀及年表載二十三年。據秦本紀載：獻公『二十一年，與晉戰于石門，斬首六萬，天子賀以黼黻。』又載：孝公『二年，天子致胙。』按周本紀載：『顯王五年，賀秦獻公，獻公稱伯。九年，致文武胙于秦孝公。』據此由顯王五年至九年，其間凡為五年。則秦自獻公二十一年，至孝公二年，其間亦凡為五年，其表亦遂應如下列，獻公固無緣更有二十四年也。

周歷年	秦歷年
顯王五年	獻公二十一年
六	二十二
七	二十三
八	孝公元年
九	二

復據楚世家載：「宣王六年，周天子賀秦獻公。秦始復彊，而三晉益大，魏惠王、齊威王尤彊。三年，秦封衛鞅於商，南侵楚。是年，宣王卒，子威王熊商立。」按秦本紀載獻公「二十一年，與晉戰于石門，斬首六萬，天子賀以黼黻。」又載孝公「二十二年，衛鞅擊魏，虜魏公子卬，封鞅為列侯，號商君。」年表載周顯王五年，「賀秦。」亦在秦獻公二十一年，楚宣王六年。又秦孝公二十二年，「封大良造商鞅。」及魏惠王三十一年，「秦商君伐我，虜我公子卬。」亦在楚宣王三十年。綜是則秦獻公之二十一年，與楚宣王六年同年。而秦孝公之二十二年，與楚宣王三十年同年。然數楚宣王，自六年至三十年，其間凡為二十五年。則秦自獻公二十一年，至孝公二十二年，其間亦應為二十五年。唯依始皇本紀及年表，載獻公二十三年，其歷數適為二十五年。依秦本紀，載獻公二十四年，則其歷數應為二十六年，較楚自宣王六年至三十年之歷數，多出一年。此多出之一年，既無所容置，自難取信。故秦紀載獻公二十四年，徵以楚歷年，亦非是也。今列秦本紀，及始皇本紀，秦年表，自獻公二十一年，至孝公二十二年，與楚歷年，自宣王六年，至三十年，相參之表於下。

秦本紀	獻公二十一年	二十二	二	三	四	八	九	十	十四	十五	十六	二十	二十一	二十二
始皇本紀	獻公二十一年	二十二	三	四	五	九	十	十一	十五	十六	十七	二十一	二十二	○
秦年表	獻公二十一年	二十二	三	四	五	九	十	十一	十五	十六	十七	二十一	二十二	○
楚歷年	宣王六年	七	十一	十二	十三	十七	十八	十九	二十三	二十四	二十五	二十九	三十	○

二十三	二十四	孝公元年
二十三	孝公元年	二
二十三	孝公元年	二
八	九	十
五	六	七
六	七	八
六	七	八
十四	十五	十六
十一	十二	十三
十二	十三	十四
十二	十三	十四
二十	二十一	二十二
十七	十八	十九
十八	十九	二十
十八	十九	二十
二十六	二十七	二十八

復據魏世家載：惠王九年，『與秦戰少梁，虜我將公孫痤，取龐。秦獻公卒，子孝公立。』又秦本紀載：獻公『二十三年，與魏晉戰少梁，虜其將公孫痤。』按魏世家謂秦獻公卒於與魏戰少梁虜公孫痤之年。而秦本紀載秦與魏戰少梁虜公孫痤，在獻公二十三年，則是魏世家亦謂秦獻公在位止二十三年也。

孝文王

孝文王紀年，始皇本紀，六國表，呂不韋列傳，皆載在位一年。然據秦本紀載：昭王『五十六年秋，昭襄王卒，子孝文王立。尊唐八子爲唐太后，而合其葬于先王。韓王衰絰入弔祠，諸侯皆使其將相來弔祠，視喪事。孝文王元年，赦罪人，修先王功臣，褒厚親戚，弛苑囿。孝文王除喪，十月己亥即位，三日辛丑卒，子莊襄王立。』按是則孝文王享國，似僅在昭王五十六年秋冬之際。既未踰年，自應無元可紀。且秦本紀載莊襄王在位四年。今考秦自昭王五十六年以後至莊襄王之卒，實凡四年。(詳見下莊襄王紀年考。) 設其間尚有孝文王一年，是自昭王五十六年以後至莊襄王之卒，共爲五年，豈不爽然自失。至秦紀雖有『孝文王元年，赦罪人，修先王功臣，褒厚親戚，弛苑囿』之文，唯既載在『孝文王除喪，十月己亥即位』之上，則此元年實屬虛紀。蓋不宜尚未即位，而遽稱元年也。復考齊世家桓公元年，魯世家文公元年，皆載於其尚未即位之前，唯皆以桓公文公，承亂離之際，而是兩年，齊不屬之公孫無知，魯不屬之懷公，故定爲桓公元年，文公元年。不然，則齊魯於是兩年，將爲空籍。今秦本紀載孝文王元年，既在昭王五十六年，則是年已屬之昭王，不得再屬之孝文王，亦自不能援齊紀桓公，魯紀文公之例以爲據。故依秦本紀，則孝文王似無年可紀。而始皇本紀，六國表，呂不韋列傳，並謂孝文王在位一年者，蓋以孝文王既即位，又至莊襄王除喪即位之時，已在次年，再用踰年改元爲紀，於是莊襄王在位，遂爲三年，而孝文王得享一年有名無實之國也。

莊襄王

莊襄王紀年，秦本紀載四年，始皇本紀及年表載三年，呂不韋列傳亦云三年。茲用始皇年歲，及燕世家，楚世家，魏世家，韓世家，依次引證之。

考始皇本紀載：『莊襄王爲秦質子于趙，見呂不韋姬，悅而取之，生始皇。以秦昭王四十八年正月，生于邯鄲。及生，名爲政，姓趙氏。年十三歲，莊襄王死，政代立爲秦王。』據是自秦昭王四十八年，至莊襄王之卒，其間凡爲十三年。按是十三年中，除秦昭王至五十六年卒之九年，又孝文王元年之一年，下餘合爲三年。而此三年，即莊襄王在位之三年也。故以始皇年歲考之，莊襄王在位，實凡三年。

考燕召公世家載：『今王喜四年，秦昭王卒。』又云：『九年，秦王政初即位。』按秦昭王五十六年卒，既與燕王喜四年同年，則燕王喜五年，為孝文王元年。六年，為莊襄王元年。七年，為莊襄王二年。八年，為莊襄王三年。九年，為始皇元年。故以燕世家考之，莊襄王在位，亦凡三年。

考楚世家載：考烈王『十二年，秦昭王卒，楚王使春申君弔祠于秦。』又云：『十六年，秦莊襄王卒，秦王趙政立。』按考烈王自十二年以後至十六年，凡為四年。而考烈王十二年，為秦昭王之五十六年，則秦自昭王五十六年以後，至莊襄王之卒，亦應為四年。其間除孝文王一年，則莊襄王在位，亦實凡三年。

考魏世家載：安釐王『二十六年，秦昭王卒。』又云：『三十一年，秦王政初立。』按秦昭王以五十六年卒，是則安釐王之二十六年，為秦昭王之五十六年。二十七年，為孝文王元年。二十八年，為莊襄王元年。二十九年，為莊襄王二年。三十年，為莊襄王三年。三十一年，為始皇元年。故以魏世家考之，莊襄王亦不得云有四年也。

考韓世家載：桓惠王『二十二年，秦昭王卒。』又云：『二十九年，秦拔我十三城。』據秦紀及年表，秦取韓十三城，同為始皇三年。按秦昭王以五十六年卒，是則韓桓惠王二十二年，與秦昭王五十六年同年。而其二十九年，與始皇三年同年。序列其次，則韓桓惠王二十三年，為孝文王元年。二十四年，為莊襄王元年。二十五年，為莊襄王二年。二十六年，為莊襄王三年。二十七年，為始皇元年。二十八年，為始皇二年。二十九年，為始皇三年。故以韓世家考之，莊襄王亦無四年也。

總上所述，秦莊襄王紀年，應以始皇本紀及年表三年之說為是，而秦本紀四年之說為非。然以上所考，悉依孝文王有元年為說。如依孝文王未享國為說，則莊襄王實應有四年。唯須以孝文王元年，為莊襄王之元年。而以始皇本紀及年表，所載莊襄王之三年，為其四年，乃能相合。蓋以無論孝文王有元年，無元年。莊襄王有四年，無四年。其自秦昭王已卒之後，始皇即位之前，中間凡隔四年，則確然而無疑者也。

總結

總所考定秦紀年，為秦侯十年，公伯三年，秦仲二十三年，莊公四十四年，襄公十二年，文公五十年，寧公十二年，出子六年，武公二十年，德公二年，宣公十二年，成公四年，穆公三十九年，康公十二年，共公五年，桓公二十七年，景公四十年，哀公三十六年，惠公十年，悼公十四年，厲共公三十四年，躁公十四年，懷公四年，靈公十年，簡公十五年，惠公十三年，出子二年，獻公二十三年，孝公二十四年，惠文王二十七年，武王四年，昭王五十六年，孝文王一年，莊襄王三年，始皇三十七年，二世三年，通凡六百五十一年。其統計如下：

侯王	在位年數	歷年遞加數
秦侯	十	十
公伯	三	十三
秦仲	二十三	三十六
莊公	四十四	八十
襄公	十二	九十二
文公	五十	一百四十二
寧公	十二	一百五十四
出子	六	一百六十
武公	二十	一百八十
德公	二	一百八十二
宣公	十二	一百九十四
成公	四	一百九十八
穆公	三十九	二百三十七
康公	十二	二百四十九
共公	五	二百五十四
桓公	二十七	二百八十一
景公	四十	三百二十一
哀公	三十六	三百五十七
惠公	十	三百六十七
悼公	十四	三百八十一
厲共公	三十四	四百一十五
躁公	十四	四百二十九
懷公	四	四百三十三
靈公	十	四百四十三
簡公	十五	四百五十八
惠公	十三	四百七十一
出子	二	四百七十三
獻公	二十三	四百九十六
孝公	二十四	五百二十
惠文王	二十七	五百四十七
武王	四	五百五十一
昭王	五十六	六百有七
孝文王	一	六百有八
莊襄王	三	六百一十一
始皇帝	三十七	六百四十八
二世	三	六百五十一

魯紀年考

十二諸侯魯表及附見於六國楚表之魯紀年，為真公三十年，武公十年，懿公九年，孝公三十八年，惠公四十六年，隱公十一年，桓公十八年，莊公三十二年，湣公二年，釐公三十三年，文公十八年，宣公十八年，成公十八年，襄公三十一年，昭公三十二年，定公十五年，哀公二十八年，悼公三十八年，元公二十一年，穆公三十一年，共公二十四年，康公九年，景公二十九年，平公十九年，文侯二十三年，頃公二十四年，通凡六百有七年。其統計如下：

侯號	在位年數	歷年遞加數
真公	三十	三十
武公	十	四十
懿公	九	四十九
孝公	三十八	八十七
惠公	四十六	一百三十三
隱公	十一	一百四十四
桓公	十八	一百六十二
莊公	三十二	一百九十四
湣公	二	一百九十六
釐公	三十三	二百二十九
文公	十八	二百四十七
宣公	十八	二百六十五
成公	十八	二百八十三
襄公	三十一	三百一十四
昭公	三十二	三百四十六
定公	十五	三百六十一
哀公	二十八	三百八十九
悼公	三十八	四百二十七
元公	二十一	四百四十八
穆公	三十一	四百七十九
共公	二十四	五百有三
康公	九	五百一十二
景公	二十九	五百四十一
平公	十九	五百六十
文侯	二十三	五百八十三
頃公	二十四	六百有七

魯世家紀年，於列國中最為久遠。蓋除伯禽一公，自考公以下，皆有年紀也。其紀為考公四年，煬公六年，幽公十四年，魏公五十年，厲公三十七年，獻公三十二年，真公三十年，武公九年，懿公九年，伯御十一年，孝公二十七年，惠公四十六年，隱公十一年，桓公十八年，莊公三十二年，湣公二年，釐公三十三年，文公十八年，宣公十八年，成公十八年，襄公三十一年，昭公三十二年，定公十

五年，哀公二十七年，悼公三十七年，元公二十一年，穆公三十三年，共公二十二年，康公九年，景公二十九年，平公三十二年，文公二十三年，頃公二十四年，通凡七百六十年。其統計如下：

侯號	在位年數	歷年遞加數
考公	四	四
煬公	六	十
幽公	十四	二十四
魏公	五十	七十四
厲公	三十七	一百一十一
獻公	三十二	一百四十三
真公	三十	一百七十三
武公	九	一百八十二
懿公	九	一百九十一
伯御	十一	二百有二
孝公	二十七	二百二十九
惠公	四十六	二百七十五
隱公	十一	二百八十六
桓公	十八	三百有四
莊公	三十二	三百三十六
湣公	二	三百三十八
釐公	三十三	三百七十一
文公	十八	三百八十九
宣公	十八	四百有七
成公	十八	四百二十五
襄公	三十一	四百五十六
昭公	三十二	四百八十八
定公	十五	五百有三
哀公	二十七	五百三十
悼公	三十七	五百六十七
元公	二十一	五百八十八
穆公	三十三	六百二十一
共公	二十二	六百四十三
康公	九	六百五十二
景公	二十九	六百八十一
平公	三十二	七百一十三
文公	二十三	七百三十六
頃公	二十四	七百六十

為與年表相參，今斷去世家自考公至獻公之一百四十三年，則魯世家紀年，自真公至頃公，凡為六百一十七年。較年表六百有七年多出十年。考兩說之所以不同，則以年表武公十年，世家為九年，於是年表較世家多出一年。又年表哀公二十八年，世家為二十七年，於是年表較世家，又多出一年。並前武公，凡多出二年。又年表悼公三十八年，世家為三十七年，於是年表較世家，又多出一年，通前凡多三年。又年表穆公三十一年，世家為三十三年，於是世家較年表多出二年。除前年表較世家所多三年，年表較世家，尚多一年。又年表共公二十四年，世家為二十二年，於是年表較世家又多出二年，通前復為三年。又年表平公十九年，世家為三十二年，於是世家較年表，多出十三年。除前年表較世家所多三年，世家較年表，反多出十年。故年表自真公至頃公，通

凡六百有七年。而世家自真公至頃公，通凡六百一十七年。又按周召共和元年，年表載魯真公十五年，而謂『一云：「十四年。」』又魯世家，亦云在十四年，兩說不同。又年表魯孝公三十八年，世家孝公爲二十七年，然世家孝公上有伯御十一年，而年表不載。茲據以上疑難，作爲以下真公、武公、孝公，及哀、悼、穆、共、平四考。

真公

十二諸侯年表載共和元年，爲魯真公十五年，又曰『一云：「十四年。」』考史記原文，無一云云之例。此所謂『一云：「十四年」』者，蓋是集解或索隱，引用魯世家之辭，今脫落集解或索隱字耳。其故因表載共和元年，爲真公十五年，並無錯誤，且不與世家相違。考齊太公世家載：『武公九年，周厲王出奔居彘。十年，王室亂，大臣行政，號曰共和。』是厲王奔彘，與共和元年，明爲兩年事。其事既爲兩年，則厲王奔彘，在魯真公十四年。而共和元年，在真公十五年。故魯世家載：『真公十四年，周厲王無道，出奔彘，共和行政。』蓋統攝之辭，非謂真公十四年，即共和元年也。且試依年表一云之說，謂共和元年，爲真公十四年。然厲王奔彘，在共和元年之前年，則是厲王奔彘，在真公十三年矣。豈不並年表世家兩說，而俱失之。故年表及世家紀真公年，俱未錯誤。所異者，要在世家以厲王奔彘之年，統攝共和行政之元年耳。

武公

武公紀年，年表載十年，而魯世家載云：『武公九年春，武公與長子括，少子戲，西朝周宣王。宣王愛戲，欲立戲爲魯太子。夏，武公歸而卒，戲立，是爲懿公。』是明謂武公卒於九年夏，而無所謂十年也。然據魯世家載：真公『二十九年，周宣王即位。』又載『

孝公二十五年，諸侯畔周，犬戎殺幽王，秦始列爲諸侯。』考年表，亦周宣王元年，爲魯真公二十九年。幽王十一年，爲魯孝公三十六年。（年表魯孝公之三十六年，即世家魯孝公之二十五年，詳見下孝公紀年考。）復據宋世家載：『惠公四年，周宣王即位。』又載：『戴公二十九年，周幽王爲犬戎所殺，秦始列爲諸侯。』考年表，亦周宣王元年，在宋惠公四年。幽王十一年，在宋戴公二十九年。而綜上周宋魯紀年，則宋歷年自惠公四年，至戴公二十九年。魯年表自真公二十九年，至孝公三十六年。魯世家自真公二十九年，至孝公二十五年。其歷年皆應與周自宣王元年，至幽王十一年之歷數相符。按周自宣王元年，至幽王十一年，凡五十七年。宋歷年自惠公四年，至戴公二十九年，亦爲五十七年。魯年表自真公二十九年，至孝公三十六年，亦爲五十七年。唯魯世家自真公二十九年，至孝公二十五年，爲五十六年。本此則魯世家載武公九年，實闕紀一年也。今列周歷年，自宣王元年，至幽王十一年。宋歷年自惠公四年，至戴公二十九年。及魯年表自真公二十九年，至孝公三十六年。與魯世家自真公二十九年，至孝公二十五年，相參之表於下：

周歷年	宣王元年	二	三	五	六	七	八	十	十一	十二	十三	十五	十六	十七	十八	二十	二十一	二十二	二十三
宋歷年	惠公四年	五	六	八	九	十	十一	十三	十四	十五	十六	十八	十九	二十	二十一	二十三	二十四	二十五	二十六
魯年表	真公二十九年	三十	武公元年	三	四	五	六	八	九	十	懿公元年	三	四	五	六	八	九	孝公元年	二
魯世家	真公二十九年	三十	武公元年	三	四	五	六	八	九	懿公元年	二	四	五	六	七	九	伯御元年	二	三

四	二十五	二十六	二十七	二十八	二十九	三十	三十一
七	二十八	二十九	三十	哀公元年	戴公元年	二	三
二	四	五	六	七	八	九	十
二	五	六	七	八	九	十	十一

九	三十二	三十三	三十四	三十五	三十六	三十七	三十八
十二	四	五	六	七	八	九	十
七	十一	十二	十三	十四	十五	十六	十七
七	孝公元年	二	三	四	五	六	七

十四	三十九	四十	四十一	四十二	四十三	四十四	四十五
十七	十一	十二	十三	十四	十五	十六	十七
二	十八	十九	二十	二十一	二十二	二十三	二十四
三	八	九	十	十一	十二	十三	十四

十九	四十六	幽王元年	二	三	四	五	六
二十二	十八	十九	二十	二十一	二十二	二十三	二十四
七	二十五	二十六	二十七	二十八	二十九	三十	三十一
八	十五	十六	十七	十八	十九	二十	二十一

二十四	七	八	九	十	十一
二十七	二十五	二十六	二十七	二十八	二十九
三	三十二	三十三	三十四	三十五	三十六
四	二十二	二十三	二十四	二十五	○

本表宋歷年之哀公元年，係據宋世家作。按年表於是年，作惠公三十一年，不載哀公。然其歷數，則皆相同，詳見宋紀年考。

復考晉世家載：『釐侯十四年，周宣王初立。』又載：『文侯十年，周幽王無道，犬戎殺幽王，周東徙，而秦襄公始列為諸侯。』

復據楚世家載：『熊霜元年，周宣王初立。』又載：『若敖二十年，周幽王為犬戎所弒，周東徙，而秦襄公始列為諸侯。』按魯世家載：『真公二十九年，周宣王即位。』又載：『孝公二十五年，諸侯畔周，犬戎殺幽王，秦始列為諸侯。』是則魯真公二十九年，與晉釐侯十四年，及楚熊霜元年同年。而魯孝公二十五年，與晉文侯十年，及楚若敖二十年同年。然數晉自釐侯十四年，至文侯十年。楚自熊霜元年，至若敖二十年，同為五十七年。而魯世家自真公二十九年，至孝公二十五年，則為五十六年。故以晉楚歷年考之，亦足見魯世家載武公九年，誤闕一年也。今列晉歷年，自釐侯十四年，至文侯十年。又楚歷年自熊霜元年，至若敖二十年。與魯世家自真公二十九年，至孝公二十五年，相參之表於下：

晉歷年	楚歷年	魯世家
釐侯十四年	熊霜元年	真公二十九年
十五	二	三十
十六	三	武公元年
十七	四	二
三	二	六
四	三	七
五	四	八
六	五	九
七	六	懿公元年
十一	十	五
穆侯元年	十一	六
二	十二	七
三	十三	八
四	十四	九
八	十八	四
九	十九	五
十	二十	六
十一	二十一	七
十二	二十二	八
十六	四	孝公元年
十七	五	二
十八	六	三
十九	七	四
二十	八	五

十八	獻侯元年	二	二十四	二十五	二十六	二十七
五	六	熊徇元年	三	四	五	六
三	四	五	九	十	十一	十二

八	九	十	殤叔元年	二	三	四
七	八	九	七	八	九	十
二	三	四	十三	十四	十五	十六

五	六	七	文侯元年	二	三	四
十五	十六	十七	十一	十二	十三	十四
伯御元年	二	三	十七	十八	十九	二十

十三	十四	十五	五	六	七	八
熊鄂元年	二	三	十五	十六	十七	十八
九	十	十一	二十一	二十二	二十三	二十四

二十一	二十二	二十三	九	十
九	若敖元年	二	十九	二十
六	七	八	二十五	○

孝公

孝公紀年，年表載三十八年，世家載二十七年。據魯世家載：「懿公九年，懿公兄括之子伯御與魯人攻弑懿公，而立伯御為君。伯御即位十一年，周宣王伐魯，殺其君伯御。而問『魯公子能道順諸侯者』，以為魯後。樊穆仲曰：『魯懿公弟稱，肅恭明神，敬事耆老，賦事行刑，必問於遺訓，而咨於固實，不干所問，不犯所知。」宣王曰：「然，能訓治其民矣。」乃立稱於夷宮，是爲孝公。』又載：『二十七年，孝公卒。』復據十二諸侯年表載：『孝公稱元年，伯御立爲君，稱爲諸公子云。伯御，武公孫。』又孝公十一年載：『周宣王誅伯御，立其弟稱，是爲孝公。』其下載孝公至三十八年。按是則魯年表孝公三十八年，實合伯御十一年數之。而魯世家之孝公二十七年，則以孝公前，别有伯御十一年故也。而綜年表世家兩文，雖似紛歧，然其同謂伯御在位十一年，而孝公在位實二十七年，通凡三十八年，則一致也。

哀公　悼公　穆公　共公　平公

魯年表與世家，關於魯紀年之參差，自孝公以下，爲年表載哀公二十八年，世家載二十七年。年表載悼公三十八年，世家載三十七年。年表載穆公三十一年，世家載三十三年。年表載共公二十四年，世家載二十二年。年表載平公十九年，世家載三十二年。然因魯自哀公以下，史事鮮聞，諸侯世家中既難尋其脈絡，用爲佐證，而魯世家所僅見者，亦難引以爲據。兹舉其梗概如下：

據魯世家載：哀公『十六年，孔子卒。』晉世家載：定公『三十三年，孔子卒。』魯年表載：哀公十六年『孔子卒。』亦在晉定公三十三年。是魯哀公十六年，與晉定公三十三年同年。復據魯世家載：悼公『十三年，三晉滅智伯，分其地有之。』晉世家載：『哀公四年，趙襄子、韓康子、魏桓子共殺知伯，盡并其地。』晉年表載三晉滅智伯，亦在哀公四年。是魯悼公十三年，與晉哀公四年同年。以魯歷年考之，自定公三十三年，至哀公四年，凡二十七年。則魯自哀公十六年，至悼公十三年，亦應爲二十七年。然依魯世家載哀公二十七年數之，乃僅二十五年。更依年表載哀公二十八年數之，亦僅二十六年。又按周紀及周表，載三晉滅智伯，皆在周定王十六年。而魯悼公十三年，依年表在定王十五年，依世家在定王十四年，因世家紀哀公，較年表少一年。總之，三晉滅智伯，應在魯悼公十三年以後。而魯世家謂在悼公十三年，自未可據以為考定之資矣。

又魯世家載：『平公十二年，秦惠王卒。』今以本編綜合年表中魯世家表考之，平公十二年，當秦本紀表之武王元年。其時秦惠王已卒一年。又當始皇本紀表之昭王元年，其時秦惠王已卒五年。又當秦年表表之昭王二年，其時秦惠王已卒六年矣。

又魯世家載：『文公七年，楚懷王死于秦。』今以本編綜合年表中魯世家表考之，文公七年，當秦本紀表之昭王二十四年。以秦本紀考之，楚懷王死於秦，已十三年。蓋秦紀載楚懷王死於秦，在昭王十一年也。又當始皇本紀表之昭王二十八年，依秦紀懷王死於秦在昭王十一年，則其時懷王死於秦，已十七年矣。又當秦年表表之昭王二十九年，以秦年表考之，則懷王死於秦，已十八年。蓋年表載楚懷王卒於秦，亦在秦昭王十一年也。又當楚年表及世家表之頃襄王二十一年，按其時懷王卒於秦，亦已十八年。蓋楚年表及世家載懷王卒於秦，並在頃襄王三年也。

又魯世家載：『頃公二年，秦拔楚之郢，楚頃王東徙于陳。』今以本編綜合年表魯世家表考之，頃公二年，當秦本紀表之昭王四十二年。以秦本紀考之，其時秦拔楚郢，已十三年。蓋秦紀載：『大良造白起攻楚，取郢為南郡，楚王走。』在昭王之二十九年也。又當始皇本紀表之昭王四十六年。依秦紀秦拔楚郢在昭王二十九年考之，則其時秦拔楚郢，已十七年矣。又當秦年表表之昭王四十七年。按六國表載：『白起擊楚拔郢，更東至竟陵，以為南郡。』亦在昭王二十九年。則頃公二年，去秦拔楚郢時，已十八年矣。又當楚年表及世家表考烈王之三年。以六國表及楚世家考之，其時秦拔楚郢，已十九年。蓋六國表及楚世家，載秦拔楚郢，並在楚頃襄王之二十一年故也。

綜上考魯世家紀年，皆舛錯不倫，難依爲據。則魯自哀公以下之紀年，似未可明。然以魯年表紀哀公至頃公之歷年總數，與魯世家紀哀公至頃公之歷年總數，互相比映，則其長短得失適甚昭彰。今列魯年表及魯世家紀哀公至頃公之歷年總數表於下：

年表

侯號	在位年數	歷年遞加數
哀公	二十八	二十八
悼公	三十八	六十六
元公	二十一	八十七
穆公	三十一	一百一十八
共公	二十四	一百四十二
康公	九	一百五十一
景公	二十九	一百八十
平公	十九	一百九十九
文侯	二十三	二百二十二
頃公	二十四	二百四十六

世家

侯號	在位年數	歷年遞加數
哀公	二十七	二十七
悼公	三十七	六十四
元公	二十一	八十五
穆公	三十三	一百一十八
共公	二十二	一百四十
康公	九	一百四十九
景公	二十九	一百七十八
平公	三十二	二百一十
文公	二十三	二百三十三
頃公	二十四	二百五十七

按上表魯自哀公至頃公之歷數，年表載二百四十六年，世家載二百五十七年，世家較年表多十一年。考楚世家載昭王『十六年，孔子相魯。』據魯世家載：定公『十年，定公與齊景公會於夾谷，孔子行相事。』年表載：『公會齊侯于夾谷，孔子相。』亦在魯定公十年，楚昭王十六年。是則魯定公十年，與楚昭王十六年同年。又魯世家載：定公『十五年，定公卒，子將立，是爲哀公。』年表載魯定公薨，亦在十五年。本魯定公十年，與楚昭王十六年同年，於以下推，則魯哀公元年，應與楚昭王二十二年同年。復考

楚之滅魯，魯世家載：頃公「二十四年，楚考烈王伐滅魯，頃公亡，遷於下邑，為家人，魯絕祀。」魯世家所載哀公以下史事，俱不足據，故頃公二十四年，應當楚王何年，難得明證。然按年表載：楚考烈王八年，「取魯，魯君封於莒。」又春申君列傳載：「春申君相楚八年，為楚北伐滅魯。」據年表楚考烈王元年載：「黃歇為相。」春申君列傳亦云：「考烈王元年，以黃歇為相。」則春申君列傳載：「春申君相楚八年，為楚北伐滅魯。」亦應在考烈王八年，與年表載考烈王八年取魯相合。然年表楚考烈王十四年又載：「楚滅魯，頃公遷下邑，為家人，絕祀。」考年表載：「魯頃公元年。」在楚頃襄王二十七年。則考烈王十四年，為魯頃公二十四年。與魯世家載：頃公「二十四年，楚考烈王伐滅魯。」紀魯年相合。是則楚之取魯，在考烈王八年，然猶徙封魯君於莒，至十四年更滅之。而魯頃公之二十四年，實與楚考烈王之十四年同年。則魯自哀公元年至頃公二十四年之歷數，亦應與楚自昭王二十二年，至考烈王十四年之歷數相符。按魯年表載魯自哀公元年，至頃公二十四年，為二百四十六年。魯世家載魯自哀公元年，至頃公二十四年，為二百五十七年，已如前述。茲更計楚自昭王二十二年，至考烈王十四年之歷數於下，以明魯年表及世家之得失。以楚年表與世家所載楚王歷年，全無差誤，故不另別年表與世家云。

王號	在位年數
昭王	六
惠王	五十七
簡王	二十四
聲王	六
悼王	二十一
肅王	十一
宣王	三十
威王	十一
懷王	三十
頃襄王	三十六
考烈王	十四

按楚昭王，凡二十七年。今自二十二年起，故祇錄六年。考烈王凡二十五年。以滅魯在十四年，

歷年遞加數
六
三十六
七十八
九十三
一百一十四
一百二十五
一百五十五
一百六十六
一百九十六
二百三十二
二百四十六

故祇錄十四年。

考楚自昭王二十二年，至考烈王十四年，總凡二百四十六年，適與年表所紀魯自哀公元年至頃公二十四年之歷數相合。而魯世家紀魯自哀公元年至頃公二十四年，為二百五十七年，多出十一年。既無佐證，自難為憑。故言魯自哀公以下之紀年，仍宜以年表所紀為是。

總結

總所考定魯紀年，為考公四年，煬公六年，幽公十四年，魏公五十年，厲公三十七年，獻公三十二年，真公三十年，武公十年，懿公九年，伯御十一年，孝公二十七年，惠公四十六年，隱公十一年，桓公十八年，莊公三十二年，湣公二年，釐公三十三年，文公十八年，宣公十八年，成公十八年，襄公三十一年，昭公三十二年，定公十五年，哀公以下歷年，年表世家所載互異，據上考以年表所紀為是。按年表紀為哀公二十八年，悼公三十八年，元公二十一年，穆公三十一年，共公二十四年，康公九年，景公二十九年，平公十九年，文侯二十三年，頃公二十四年，通凡七百五十年。其統計如下：

侯	號
考	公
煬	公
幽	公
魏	公
厲	公
獻	公
真	公
武	公
懿	公
伯	御
孝	公
惠	公
隱	公
桓	公
莊	公
湣	公
釐	公
文	公
宣	公
成	公
襄	公
昭	公
定	公
哀	公
悼	公
元	公
穆	公
共	公
康	公
景	公
平	公
文	侯
頃	公

在位年數	歷年遞加數
四	四
六	十
十四	二十四
五十	七十四
三十七	一百一十一
三十二	一百四十三
三十	一百七十三
十	一百八十三
九	一百九十二
十一	二百有三
二十七	二百三十
四十六	二百七十六
十一	二百八十七
十八	三百有五
三十二	三百三十七
二	三百三十九
三十三	三百七十二
十八	三百九十
十八	四百有八
十八	四百二十六
三十一	四百五十七
三十二	四百八十九
十五	五百有四
二十八	五百三十二
三十八	五百七十
二十一	五百九十一
三十一	六百二十二
二十四	六百四十六
九	六百五十五
二十九	六百八十四
十九	七百有三
二十三	七百二十六
二十四	七百五十

齊紀年考

齊紀年，據十二諸侯年表及六國表載為武公二十六年，厲公九年，文公十二年，成公九年，莊公六十四年，釐公三十三年，襄公十二年，桓公四十三年，孝公十年，昭公二十年，懿公四年，惠公十年，頃公十七年，靈公二十八年，莊公六年，景公五十八年，晏孺子一年，悼公四年，簡公四年，平公二十五年，宣公五十一年，康公二十六年，威王三十六年，宣王十九年，湣王四十年，襄王十九年，王建四十四年，通凡六百三十年。其統計如下：

侯王	在位年數
武公	二十六
厲公	九
文公	十二
成公	九
莊公	六十四
釐公	三十三
襄公	十二
桓公	四十三
孝公	十
昭公	二十
懿公	四
惠公	十
頃公	十七
靈公	二十八
莊公	六
景公	五十八
晏孺子	一
悼公	四
簡公	四
平公	二十五
宣公	五十一
康公	二十六
威王	三十六
宣王	十九
湣王	四十
襄王	十九
王建	四十四

歷年遞加數
二十六
三十五
四十七
五十六
一百二十
一百三十五
一百六十五
二百有八
二百一十八
二百三十八
二百四十二
二百五十二
二百六十九
二百九十七
三百有三
三百一十六
三百二十六
三百六十六
三百七十
三百九十五
四百四十六
四百七十二
五百有八
五百二十七
五百六十七
五百八十六
六百三十

齊太公世家紀齊年，為獻公九年，武公二十六年，厲公九年，按世家未明，今據後厲公紀年考。文公十二年，成公九年，莊公六十四年，釐公三十三年，襄公十二年，桓公四十三年，孝公十年，昭公十九年，懿公四年，惠公十年，頃公十七年，靈公二十八年，莊公六年，景公五十八年，晏孺子一年，悼公四年，簡公四年，平公二十五年，宣公五十一年，康公二十六年。又田敬仲完世家紀齊年，為太公和二年，桓公六年，威王三十六年，宣王十九年，湣王四十年，襄王十九年，王建四十四年。並上兩紀，除田完世家所載太公和二年，及桓公六年，應屬齊康公年中。其姜齊自獻公至康公，為四百八十年。田齊自威王至王建，為一百五十八年，通凡六百三十八年。其統計如下：

侯王	在位年數	歷年遞加數
獻公	九	九
武公	二十六	三十五
厲公	九	四十四
文公	十二	五十六
成公	九	六十五
莊公	六十四	一百二十九
釐公	三十三	一百六十二
襄公	十二	一百七十四
桓公	四十三	二百一十七
孝公	十	二百二十七
昭公	十九	二百四十六
懿公	四	二百五十
惠公	十	二百六十
頃公	十七	二百七十七
靈公	二十八	三百有五
莊公	六	三百一十一
景公	五十八	三百六十九
晏孺子	一	三百七十
悼公	四	三百七十四
簡公	四	三百七十八
平公	二十五	四百有三
宣公	五十一	四百五十四
康公	二十六	四百八十
威王	三十六	五百一十六
宣王	十九	五百三十五
湣王	四十	五百七十五
襄王	十九	五百九十四
王建	四十四	六百三十八

綜齊太公及田完世家所紀齊年，自獻公至王建，六百三十八年。今斷去年表所不具之獻公九年，實為六百二十九年。較年表所載六百三十年少一年。考其原因，則以年表載昭公二十年，世家為十九年，致不相合。又齊太公世家，於厲公漫無年紀，茲並為考正於後。

厲公

齊太公世家載：『武公卒，子厲公無忌立。厲公暴虐，故胡公子復入齊，齊人欲立之，乃與攻殺厲公，胡公子亦戰死。齊人乃立厲公子赤為君，是為文公，而誅殺厲公者七十人。』讀此宛若厲公享國未踰年而死者。然更據太公世家載武公『二十四年，周宣王初立。』又載：『莊公二十四年，犬戎殺幽王，周東徙雒，秦始列為諸侯。』按周幽王被殺在其十一年，詳前周紀年考。又年表亦載周宣王元年，在齊武公二十四年。周幽王十一年，在齊莊公二十四年。是則齊武公之二十四年，與周宣王元年同年。而齊莊公之二十四年，與周幽王十一年同年。數周自宣王元年，至幽王十一年，凡五十七年。則齊自武公二十四年，至莊公二十四年，亦應為五十七年。然依年表載厲公九年，自武公二十四年，至莊公二十四年，適為五十七年。如依齊世家厲公無年紀，則自武公二十四年至莊公二十四年，乃僅四十八年。不唯與年表相失，即與周歷年亦不侔。故知厲公確有九年，而世家未具也。今列周歷年，自宣王元年，至幽王十一年。及齊年表齊世家，自武公二十四年，至莊公二十四年，相參之表於下：

周歷年
齊年表
齊世家

四
厲公元年
厲公

八
五
○

一
十二
九
○

十六
四
四

宣王元年	二	三	二十	二十一	二十二	二十三	二十四	二十五
武公二十四年	二十五	二十六	八	九	十	十一	十二	成公元年
武公二十四年	二十五	二十六	八	九	十	十一	十二	成公元年
五	六	七	二十八	二十九	三十	三十一	三十二	三十三
二	三	四	四	五	六	七	八	九
○	○	○	四	五	六	七	八	九
九	十	十一	三十六	三十七	三十八	三十九	四十	四十一
六	七	八	三	四	五	六	七	八
○	○	○	三	四	五	六	七	八
十三	十四	十五	四十四	四十五	四十六	幽王元年	二	三
文公元年	二	三	十一	十二	十三	十四	十五	十六
文公元年	二	三	十一	十二	十三	十四	十五	十六
十七	十八	十九	六	七	八	九	十	十一
五	六	七	十九	二十	二十一	二十二	二十三	二十四
五	六	七	十九	二十	二十一	二十二	二十三	二十四

二十六	二十七
二	三
二	三
三十四	三十五
莊公元年	二
莊公元年	二
四十二	四十三
九	十
九	十
四	五
十七	十八
十七	十八

昭公

昭公紀年，年表載二十年，世家載十九年。據衛世家載：文公『十七年，齊桓公卒。』又載：成公『二十六年，齊邴歜弒其君懿公。』年表亦載齊桓公卒，在衛文公十七年。齊懿公弒，在衛成公二十六年。是則衛文公十七年，與齊桓公四十三年同年。而衛成公二十六年，與齊懿公四年同年。以衛歷年考之，自文公十八年，至成公二十六年，凡三十四年。齊年表自孝公元年，至懿公四年，亦凡三十四年。更按齊世家，自孝公元年，至懿公四年，則爲三十三年。較衛歷年及年表，並少一年。然齊世家載孝公十年，懿公四年，皆與年表相同。則其紀昭公，誤闕一年，應無疑議。今列衛歷年，自文公十八年，至成公二十六年，及齊年表齊世家，自孝公元年，至懿公四年，相參之表於下：

衛歷年	文公十八年
齊年表	孝公元年
齊世家	孝公元年
二十四	二十五
七	八
七	八
六	七
四	五
四	五
十三	十四
十一	十二
十一	十二
二十	二十一
十八	十九
十八	十九

十九	二十	二十一	二十二	二十三
二	三	四	五	六
二	三	四	五	六

成公元年	二	三	四	五
九	十	昭公元年	二	三
九	十	昭公元年	二	三

八	九	十	十一	十二
六	七	八	九	十
六	七	八	九	十

十五	十六	十七	十八	十九
十三	十四	十五	十六	十七
十三	十四	十五	十六	十七

二十二	二十三	二十四	二十五	二十六
二十	懿公元年	二	三	四
懿公元年	二	三	四	○

又齊太公世家載：『昭公元年，晉文公敗楚於城濮，而會諸侯踐土，朝周天子，使晉稱伯。』年表亦載：『齊昭公潘元年，會晉敗楚，朝周王。』復據晉世家載文公五年，『四月戊辰，宋公、齊將、秦將，與晉侯次城濮。己巳，與楚兵合戰，楚兵敗，得臣收餘兵去。甲午，晉師還至衡雍，作王宮于踐土。』晉年表載文公敗楚城濮，會諸侯踐土，亦在五年。是則齊昭公元年，與晉文公五年同年。又晉世家載：靈公『十二年，齊人弒其君懿公。』年表載：齊懿公『四年，公刖邴歜父，而奪閻職妻，二人共殺公，立桓公子惠公。』亦在晉靈公十二年。是則齊懿公四年，與晉靈公十二年同年。以晉歷年考之，自文公五年，至靈公十二年，凡二十四年。齊年表自昭公元年，至懿公四年，亦凡二十四年。而齊世家，自昭公元年，至懿公四年，則為二十三年。較晉歷年及齊年表，並少一年。而齊世家載

懿公四年，與年表相同，則亦足徵其紀昭公，實闕一年矣。今列晉歷年，自文公五年，至靈公十二年，及齊年表齊世家，自昭公元年，至懿公四年，相參之表於下：

晉歷年	齊年表	齊世家
文公五年	昭公元年	昭公元年
六	二	二
七	三	三
八	四	四
九	五	五
襄公元年	六	六
二	七	七
三	八	八
四	九	九
五	十	十
六	十一	十一
七	十二	十二
靈公元年	十三	十三
二	十四	十四
三	十五	十五
四	十六	十六
五	十七	十七
六	十八	十八
七	十九	十九
八	二十	懿公元年
九	懿公元年	二
十	二	三
十一	三	四
十二	四	〇

總結

總所考定齊紀年，為獻公九年，武公二十六年，厲公九年，文公十二年，成公九年，莊公六十四年，釐公三十三年，襄公十二年，桓公四十三年，孝公十年，昭公二十年，懿公四年，惠公十年，頃公十七年，靈公二十八年，莊公六年，景公五十八年，晏孺子一年，悼公四年，簡公四年，平公二十五年，宣公五十一年，康公二十六年，威王三十六年，宣王十九年，湣王四十年，襄王十九年，王建四十四年，通凡六百三十九年。較齊年表紀年多九年，因年表自武公起，無獻公九年故。又較齊世家紀年多一年，因齊世家紀昭公闕一年也。茲復錄其統計於下：

侯	王	在位年數	歷年遞加數
獻	公	九	九
武	公	二十六	三十五
厲	公	九	四十四
文	公	十二	五十六
成	公	九	六十五
莊	公	六十四	一百二十九
釐	公	三十三	一百六十二
襄	公	十二	一百七十四
桓	公	四十三	二百一十七
孝	公	十	二百二十七
昭	公	二十	二百四十七
懿	公	四	二百五十一
惠	公	十	二百六十一
頃	公	十七	二百七十八
靈	公	二十八	三百有六
莊	公	六	三百一十二
景	公	五十八	三百七十
晏	孺子	一	三百七十一
悼	公	四	三百七十五
簡	公	四	三百七十九
平	公	二十五	四百有四
宣	公	五十一	四百五十五
康	公	二十六	四百八十一
威	王	三十六	五百一十七
宣	王	十九	五百三十六
湣	王	四十	五百七十六
襄	王	十九	五百九十五
王	建	四十四	六百三十九

晉紀年考

晉紀年，十二諸侯年表及六國魏表載：為靖侯十八年，釐侯十八年，獻侯十一年，穆侯二十七年，殤叔四年，文侯三十五年，昭侯六年，孝侯十六年，鄂侯六年，哀侯八年，小子三年，侯湣二十八年，武公自二十八年即位，至二十九年卒，凡二年。獻公二十六年，惠公十四年，文公九年，襄公七年，靈公十四年，成公七年，景公十九年，厲公八年，悼公十五年，平公二十六年，昭公六年，頃公十四年，定公三十七年，出公十八年，哀公十九年，幽公十八年，烈公二十七年，孝公十五年，静公二年，通凡四百八十三年。其統計如下：

侯	號
靖	侯
釐	侯
獻	侯
穆	侯
殤	叔
文	侯
昭	侯
孝	侯
鄂	侯
哀	侯
小	子
侯	湣
武	公
獻	公
惠	公
文	公
襄	公
靈	公
成	公
景	公
厲	公
悼	公
平	公
昭	公
頃	公
定	公
出	公
哀	公
幽	公
烈	公
孝	公
静	公

在位年數	歷遞加年數
十八	十八
十八	三十六
十一	四十七
二十七	七十四
四	七十八
三十五	一百一十三
六	一百一十九
十六	一百三十五
六	一百四十一
八	一百四十九
三	一百五十二
二十八	一百八十
二	一百八十二
二十六	二百有八
十四	二百二十二
九	二百三十一
七	二百三十八
十四	二百五十二
七	二百五十九
十九	二百七十八
八	二百八十六
十五	三百有一
二十六	三百二十七
六	三百三十三
十四	三百四十七
三十七	三百八十四
十八	四百有二
十九	四百二十一
十八	四百三十九
二十七	四百六十六
十五	四百八十一
二	四百八十三

晉世家紀晉年，為靖侯十八年，釐侯十八年，獻侯十一年，穆侯二十七年，殤叔四年，文侯三十五年，昭侯七年，孝侯十五年，鄂侯六年，哀侯九年，小子四年，侯緡二十八年，武公自三十八年即位，三十九年卒，凡二年。獻公二十六年，惠公十四年，文公九年，襄公七年，靈公十四年，成公七年，景公十九年，厲公八年，悼公十五年，平公二十六年，昭公六年，頃公十四年，定公三十七年，出公十七年，哀公十八年，幽公十八年，烈公二十七年，孝公十七年，靜公二年，通凡四百八十五年。其統計如下：

侯號	在位年數	歷遞加年數
靖侯	十八	十八
釐侯	十八	三十六
獻侯	十一	四十七
穆侯	二十七	七十四
殤叔	四	七十八
文侯	三十五	一百一十三
昭侯	七	一百二十
孝侯	十五	一百三十五
鄂侯	六	一百四十一
哀侯	九	一百五十
小子	四	一百五十四
侯緡	二十八	一百八十二
武公	二	一百八十四
獻公	二十六	二百一十
惠公	十四	二百二十四
文公	九	二百三十三
襄公	七	二百四十
靈公	十四	二百五十四
成公	七	二百六十一
景公	十九	二百八十
厲公	八	二百八十八
悼公	十五	三百有三
平公	二十六	三百二十九
昭公	六	三百三十五
頃公	十四	三百四十九
定公	三十七	三百八十六
出公	十七	四百有三
哀公	十八	四百二十一
幽公	十八	四百三十九
烈公	二十七	四百六十六
孝公	十七	四百八十三
靜公	二	四百八十五

按晉世家，紀晉自靖侯至靜公四百八十五年，較年表所紀四百八十三年多出二年。考其原因，則以年表載昭侯六年，世家為七年，於是世家較年表多出一年。又年表載孝侯十六年，世家載十五年。於是年表較世家多出一年，而歷數復反平均。又年表載哀侯八年，世家為九年。於是世家較年表，又多出一年。又年表載小子三年，世家為四年。於是世家較年表凡多出二年。又年表載出公十八年，世家為十七年。於是年表較世家，多出一年。然總數世家猶較年表多一年。又年表載哀公十九年，世家為十八年。於是年表較世家又多出一年。而年表與世家歷數，復相平均。又年表載孝公十五年，世家為十七年。於是世家，終較年表多出二年，為四百八十五年，而年表為四百八十三年。茲據以上疑難，作為昭侯、孝侯、哀侯、小子侯、出公、哀公、孝公、六考。又晉世家載曲沃桓叔系之紀年，自桓叔以下，至武公三十八年，較晉侯紀年中闕二年。又共和元年，年表載在晉靖侯十八年，晉世家載在靖侯十七年。因並作為靖侯，及曲沃桓叔、莊伯、武公、二考。

靖侯

十二諸侯年表載共和元年，為晉靖侯十八年。而晉世家載：『靖侯十七年周厲王迷惑暴虐，國人作亂，厲王出奔於彘，大臣行政，故曰共和。十八年，靖侯卒，子釐侯司徒立。』是世家謂共和元年，在靖侯十七年，而靖侯之卒，在共和二年。按晉世家載：『釐侯十四年，周宣王初立。』年表周宣王元年，亦在晉釐侯十四年。假使共和元年，為靖侯十七年，而靖侯卒在共和二年，則周宣王初立，應在釐侯十三年，而不得載云十四年。因周歷年，自共和三年，至宣王元年，凡十三年也。故世家紀靖侯十七年，為共和元年，實未足信。復據齊太公世家載：『武公九年，周厲王出奔居彘。十年，王室亂，大臣行政，號曰共和。』是共和元年，實在厲王奔彘之翌年。今世家載靖侯十七年，厲王奔彘。則共和元年，自在靖侯十八年。而世家並厲王奔彘，與共和元年為一年者，蓋亦連屬之文耳。

昭侯

昭侯紀年，年表載六年，世家為七年。據晉世家載：「文侯十年，周幽王無道，犬戎殺幽王。周東徙，而秦襄公始列為諸侯。」年表載犬戎殺幽王，亦在晉文侯十年。按齊世家載：「莊公二十四年，犬戎殺幽王，周東徙雒，秦始列為諸侯。」年表載：「幽王為犬戎所殺。」亦在齊莊公二十四年。綜是則晉文侯十年，與齊莊公二十四年同年。復據齊世家載：莊公「五十六年，晉弒其君昭侯。」晉年表載：「潘父殺昭侯，納成師，不克。」亦在齊莊公五十六年。是則晉昭侯被弒之年，與齊莊公五十六年同年。以齊歷年考之，自莊公二十四年，至五十六年，凡三十三年。則晉自文侯十年，至昭侯被弒之年，亦應為三十三年。然依世家謂昭侯七年數之，其年適為三十三。更以年表載昭侯六年數之，其年僅得三十二。是年表於昭侯，少紀一年也。今列晉年表及晉世家，自文侯十年，至昭侯末年，與齊歷年，自莊公二十四年至五十六年，相參之表於下：

晉年表	晉世家	齊歷年
文侯十年	文侯十年	莊公二十四年
十一	十一	二十五
十二	十二	二十六
十三	十三	二十七
十四	十四	二十八
二十	二十	三十四
二十六	二十六	四十
三十二	三十二	四十六
三	三	五十二

十五	十六	十七	十八	十九
十五	十六	十七	十八	十九
二十九	三十	三十一	三十二	三十三
二十一	二十二	二十三	二十四	二十五
二十一	二十二	二十三	二十四	二十五
三十五	三十六	三十七	三十八	三十九
二十七	二十八	二十九	三十	三十一
二十七	二十八	二十九	三十	三十一
四十一	四十二	四十三	四十四	四十五
三十三	三十四	三十五	昭侯元年	二
三十三	三十四	三十五	昭侯元年	二
四十七	四十八	四十九	五十	五十一
四	五	六	〇	
四	五	六	七	
五十三	五十四	五十五	五十六	

復考魯世家載：『孝公二十五年，諸侯畔周，犬戎殺幽王，秦始列為諸侯。』又載：『惠公三十年，晉人弒其君昭侯。』按晉世家載：『文侯十年，周幽王無道，犬戎殺幽王，周東徙，而秦襄公始列為諸侯。』是晉文侯十年，與魯孝公二十五年同年。而昭侯被弒之年，與魯惠公三十年同年。按魯世家紀年，自孝公二十五年，至惠公三十年，亦為三十三年。而年表載晉自文侯十年，至昭侯末年為三十二年。故以魯紀年考之，亦足見年表載晉昭侯六年為非然。今列魯世家自孝公二十五年至惠公三十年之歷數於下。至以魯年表考之，晉昭侯被弒在孝公三十六年。然是因年表紀魯孝公，併有伯御十一年之故，詳見魯紀年考。以其歷數與世家無異，茲故不論，但取世家為徵云。

孝公二十五年	二十六	二十七
惠公元年	二	三
四	五	六
七	八	九
十	十一	十二
十三	十四	十五
十六	十七	十八
十九	二十	二十一
二十二	二十三	二十四
二十五	二十六	二十七
二十八	二十九	三十

綜上述晉年表載昭侯六年，較世家所載七年，似少紀一年。然更考年表孝侯元年載：『潘父殺昭侯，納成師，不克。昭侯子立，是為孝侯。』按是則昭侯之卒，確在七年。特年表以孝侯之立，不踰年改元，遂以昭侯七年，為孝侯元年。而世家於孝侯之立，用踰年改元為紀，致年表載昭侯，較世家少一年也。

孝侯

孝侯紀年，年表載十六年，世家載十五年。據魯世家載：『惠公三十年，晉人弒其君昭侯。四十五年，晉人又弒其君孝侯。』按魯自惠公三十一年，至四十五年，凡十五年。晉孝侯元年，既與魯惠公三十一年同年，則其被弒，應在十五年。故以魯惠公紀年為徵，年表載晉孝侯十六年，實未可憑。然更據晉年表孝侯元年載：『潘父殺昭侯，納成師，不克。昭侯子立，是為孝侯。』按是則年表於孝侯，以不踰年改元為紀，而世家以踰年改元為紀，致年表紀孝侯，較世家多出一年。是其紛歧，亦在孝侯即位時，踰年改元，與未踰年改元，而不在年數差誤。故自昭侯元年，至孝侯末年，統計歷數，年表世家同為二十二年。

哀侯

哀侯紀年，年表載八年，世家爲九年。據衛康叔世家載：宣公『十年，晉曲沃莊伯，弑其君哀侯。』按晉世家載：哀侯在九年被虜，小子元年被弑。是則哀侯被弑，在其被虜之翌年，而哀侯紀年，終於被弑之前年。今衛世家既載莊伯弑哀侯，在宣公十年。則哀侯紀年，實終於衛宣公之九年。復據衛世家載：武公『四十二年，犬戎殺周幽王，武公將兵往佐周，平戎，甚有功，周平王命武公爲公。』按晉世家載：『文侯十年，周幽王無道，犬戎殺幽王，周東徙，而秦襄公始列爲諸侯。』年表載：周幽王十一年，『幽王爲犬戎所殺。』亦在晉文侯十年，衛武公四十二年。是則晉文侯十年，與衛武公之四十二年同年。以衛歷年考之，自武公四十二年，至宣公九年，凡六十二年。以晉年表，自文侯十年，至哀侯八年數之，亦爲六十二年。以晉世家，自文侯十年至哀侯九年數之，則其年爲六十三。然晉年表及世家紀年，自哀侯以前，歷數相均。則晉世家載哀侯九年，實衍一年。今列衛歷年，自武公四十二年，至宣公九年。及晉年表，自文侯十年，至哀侯八年。與晉世家，自文侯十年，至哀侯九年，相參之表於下：

衛歷年	武公四十二年	四十三	四十六	四十七	四十八	五十一	五十二	五十三	莊公元年	二	三	六	七	八
晉年表	文侯十年	十一	十四	十五	十六	十九	二十	二十一	二十四	二十五	二十六	二十九	三十	三十一
晉世家	文侯十年	十一	十四	十五	十六	十九	二十	二十一	二十四	二十五	二十六	二十九	三十	三十一

四十四	四十五	十一	十二	十三	十四	十五	十六	十七
十二	十三	三十四	三十五	昭侯元年	二	三	四	五
十二	十三	三十四	三十五	昭侯元年	二	三	四	五

四十九	五十	十九	二十	二十一	二十二	二十三	桓公元年	二
十七	十八	孝侯元年	二	三	四	五	六	七
十七	十八	七	孝侯元年	二	三	四	五	六

五十四	五十五	四	五	六	七	八	九	十
二十二	二十三	九	十	十一	十二	十三	十四	十五
二十二	二十三	八	九	十	十一	十二	十三	十四

四	五	十二	十三	十四	十五	十六	宣公元年	二
二十七	二十八	鄂侯元年	二	三	四	五	六	哀侯元年
二十七	二十八	鄂侯元年	二	三	四	五	六	哀侯元年

九	十	四	五	六	七	八	九	○
三十二	三十三	三	四	五	六	七	八	○
三十二	三十三	三	四	五	六	七	八	九

十八 六 六 三 八 七 十一 十六 十五 三 二 二

小子侯

小子侯紀年，年表載三年，世家為四年。據年表晉侯湣元年載：「曲沃武公殺小子。周伐曲沃，立晉哀侯弟湣為晉侯，晉侯湣元年。」是則小子見殺實在侯湣元年。易言之，則小子之見殺，雖年表亦謂在其四年。特以侯湣未踰年改元，而以小子四年為元年，故載小子止於三年。是則年表所載小子歷年，並不與世家相歧。祇以年表於侯湣用不踰年改元為紀，而世家於侯緡用踰年改元為紀耳。然計晉年表載小子三年，及侯湣二十八年，通凡三十一年。復據晉世家載：「晉小子之四年，曲沃武公，誘召晉小子殺之。」是謂小子明為四年。又載：侯緡「二十八年，齊桓公始霸。曲沃武公伐晉侯緡，滅之。盡以其寶器賂獻于周釐王，釐王命曲沃武公為晉君，列為諸侯，於是盡併晉地而有之。」是又謂晉侯緡明為二十八年。而併小子與侯緡，通為三十二年。綜上所述，倘使侯湣踰年改元，而小子實有四年，依年表紀年，則侯湣應為二十七年，乃符三十一年之數。倘使侯緡未踰年改元，而以小子之四年，為其元年，依世家紀年，則侯緡應為二十九年，乃符三十二年之數。而年表世家，紀侯湣同為二十八年，則小子紀年，於年表世家中，必有一誤，而非僅以侯湣踰年改元，與不踰年改元，所能概括之者。據晉世家載：「哀侯六年，魯弒其君隱公。」按魯世家載：隱公十一年，冬十一月，「揮使人弒隱公于蔿氏，而立子允為君，是為桓公。」又齊太公世家載：釐公「十九年，魯桓公弒其兄隱公，而自立為君。」年表載魯隱公十一年，「大夫翬請殺桓公，求為相，公不聽，即殺公。」亦在齊釐公十九年，晉哀侯六年。是則晉哀侯六年，與魯隱公十一年，齊釐公十九年同年。便據晉世家載：侯緡『二十八年，齊桓公始霸。』按魯世家載：莊公『十五年，齊桓公始霸。』又齊太公世家載：桓公『七年，諸侯會桓公於甄，而桓公於是始霸焉。』年表載齊桓公七年，『始霸，會諸侯于鄄。』亦在魯莊公十五年，晉侯湣二十八年。是則晉侯湣二十八年，與魯莊公十五年，齊桓公七年同年。以魯齊歷年考之，魯自隱公十一年，至莊公十五年，凡三十四年。齊自釐公十九年，至桓公七年，亦凡三十四年。依晉年表載小子三年，自哀侯六年，至侯湣二十八年，亦凡三十四年。更依晉世家載小子四年，自哀侯六年，至侯緡二十八年，則凡三十六年。除其紀哀侯九年，多衍一年，（詳前哀侯紀年考。）為三十五年。較魯齊歷年，及晉年表所紀，猶多一年。則世家紀小子侯四年，實衍一年。而其多衍一年之原因，則以於侯緡用踰年改元為紀，而猶謂其在位二十八年故也。今列魯歷年，自隱公十一年至莊公十五年。齊歷年自釐公十九年，至桓公七年。及晉年表與晉世家，紀晉自哀侯六年，至侯湣二十八年，相參之表於下：

魯歷年	隱公十一年	桓公元年	二	七	八	九	十	十五	十六	十七	十八	五	六	七	八	十三	十四	十五	十六	三十	四十	五十	○
齊歷年	釐公十九年	二十	二十一	二十六	二十七	二十八	二十九	襄公元年	二	三	四	九	十	十一	十二	十八	十九	二十	二十一	五	六	七	○
晉年表	哀侯六年	七	八	二	三	四	五	十	十一	十二	十三	十八	十九	二十	二十一	六十	七十	八十	九十	二十六	二十七	二十八	○
晉世家	哀侯六年	七	八	四	侯緡元年	二	三	八	九	十	十一	十六	十七	十八	十九	二十四	二十五	二十六	二十七				

三	四	五	六
二十二	二十三	二十四	二十五
小子元年	二	三	侯湣元年
九	小子元年	二	三
十一	十二	十三	十四
三十	三十一	三十二	三十三
六	七	八	九
四	五	六	七
莊公元年	二	三	四
五	六	七	八
十四	十五	十六	十七
十二	十三	十四	十五
九	十	十一	十二
桓公元年	二	三	四
二十二	二十三	二十四	二十五
二十	二十一	二十二	二十三
○			
○			
○			
二十八			

曲沃桓叔　莊伯　武公

桓叔紀年，據晉年表載：昭侯元年，『封季弟成師於曲沃。曲沃大於國，君子譏曰：「晉人亂，自曲沃始矣。」』又載孝侯九年，『曲沃桓叔成師卒，子代立，爲莊伯。』按是桓叔歷昭侯六年，孝侯九年，凡在位十五年。又晉世家載：『昭侯元年，封文侯弟成師子曲沃。』又載：『孝侯八年，曲沃桓叔卒，子鱓代桓叔，是爲曲沃莊伯。』按是桓叔歷昭侯七年，孝侯八年，亦凡十五年。至年表與世家載桓叔同爲十五年，然年表載歷昭侯六年，世家載歷昭侯七年，年表載歷孝侯九年，世家載歷孝侯八年，不相符合者，則以年表載孝侯不踰年改元，而世家載孝侯踰年改元故也。詳見上昭侯及孝侯紀年考。

莊伯紀年，晉年表載：孝侯九年，『曲沃桓叔成師卒，子代立，爲莊伯。』又載哀侯二年，『莊伯卒，子稱立，爲武公。』按是莊伯歷孝侯自十年至十六年爲七年，又鄂侯六年，哀侯二年，凡在位十五年。又晉世家載：『孝侯八年，曲沃桓叔卒，子鱓代桓叔，是爲曲沃莊伯。』又載：『哀侯二年，曲沃莊伯卒，子稱代莊伯立，是爲曲沃武公。』按是莊伯歷孝侯自九年至十五年爲七年，又鄂侯六年，哀侯二年，亦凡十五年。至年表載莊伯元年在孝侯十年，世家載莊伯元年在孝侯九年。紀年不同，而歷數不差者，則亦以年表孝侯不踰年改元，而世家孝侯踰年改元故也。

武公紀年，晉年表載：哀侯二年，『莊伯卒，子稱立，爲武公。』又載晉武公稱二十九年，按二十九，應是三十九之誤。『武公卒，子詭諸立，爲獻公。』按是武公歷哀侯自三年至八年爲六年，又小子三年，侯湣二十八年，代晉後二年，凡在位三十九年。又晉世家載：『哀侯二年，曲沃莊伯卒，子稱代莊伯立，是爲曲沃武公。』又載晉侯緡二十八年，『曲沃武公伐晉侯緡，滅之，盡以其寶器賂獻于周釐王，釐王命曲沃武公爲晉君，列爲諸侯，於是盡併晉地而有之。曲沃武公已即位三十七年矣，更號曰晉武公。晉武公始都晉國，前即位曲沃通年三十八年。』又載：『武公代晉二歲卒，與曲沃通年，即位凡三十九年而卒。』按是武公歷哀侯自三年至九年爲七年，又小子四年，侯緡二十八年，又代晉後二年，凡爲四十一年。不惟較年表三十九年之說多出二年，即於晉世家本文云：『武公代晉二歲卒，與曲沃通年，即位凡三十九年而卒。』亦相矛盾。考其原因，則以晉哀侯八年，世家誤載九年，小子三年，世家誤載四年。詳上哀侯及小子紀年考。以致所紀晉侯歷年，較所紀武公歷年多出二年也。

總上曲沃桓叔在位十五年，莊伯在位十五年，武公在位三十九年，通凡六十九年。據晉世家載云：『自桓叔初封曲沃，以至武公滅晉也，凡六十七歲，而卒代晉爲諸侯。武公代晉二歲卒。』按自桓叔至武公代晉，凡六十七歲，再益武公代晉二歲，實凡六十九歲與上所述相合。復考年表，自桓叔至武公代晉後二歲，亦為六十九歲。然依世家紀昭侯至武公之歷年，乃與六十九歲相違。其詳如下所表：

侯號	在位年數	歷年遞加數
昭侯	七	七
孝侯	十五	二十二
鄂侯	六	二十八
哀侯	九	三十七
小子	四	四十一
侯緡	二十八	六十九
武公	二	七十一

按是七十一年，實較上述六十九年，多出二年。然其原因，則亦以世家紀哀侯九年，多衍一年。又紀小子四年，復多衍一年，故也。

出公

出公紀年，年表載十八年，世家為十七年。據晉世家載：定公『三十三年，孔子卒。』秦本紀載：『孔子以悼公十二年卒。』年表載魯哀公十六年，『孔子卒。』亦在晉定公三十三年，秦悼公十二年。是則晉定公之三十三年，與秦悼公十二年同年。復據晉世家載：「哀公四年，趙襄子、韓康子、魏桓子，共殺知伯，盡并其地。」秦本紀載：厲共公「二十四年，晉亂，殺智伯，分其國與趙韓魏。」年表載晉哀公四年，「魏桓子敗知伯于晉陽」，亦在秦厲共公二十四年。是則晉哀公四年，與秦厲共公二十四年同年。而晉自定公三十三年，至哀公四年，亦應與秦自悼公十二年，至厲共公二十四年之歷數相符。按秦自悼公十二年，至厲共公二十四年，凡二十七年。依晉年表載出公十八年，則其自定公三十三年，至哀公四年之歷數，適為二十七年，與秦歷年相合。更依晉世家載出公十七年，則其自定公三十三年，至哀公四年之歷數，乃為二十六年，與秦歷年相錯。是世家於出公，少紀一年也。今列秦歷年，自悼公十二年，至厲共公二十四年，及晉年表晉世家，自定公三十三年，至哀公四年，相參之表於下：

秦歷年	晉年表	晉世家
悼公十二年	定公三十三年	定公三十三年
十三	三十四	三十四
十四	三十五	三十五
厲共公元年	三十六	三十六
二	三十七	三十七
三	出公元年	出公元年
四	二	二
五	三	三
六	四	四
七	五	五
八	六	六
九	七	七
十	八	八
十一	九	九
十二	十	十
十三	十一	十一
十四	十二	十二
十五	十三	十三
十六	十四	十四
十七	十五	十五
十八	十六	十六
十九	十七	十七
二十	十八	哀公元年
二十一	哀公元年	二

二十二　二　三
二十三　三　四
二十四　四　○

按始皇本紀載秦悼公十五年，秦本紀及年表皆載十四年，今依考定，作十四年。且即依悼公十五年數之，自悼公十二年至厲共公二十四年，亦非二十六年，乃二十八年，並不與晉世家相符也。

哀公　孝公

哀公紀年，年表載十九年，世家為十八年。又孝公紀年，年表載十五年，世家為十七年。年表因附於魏表中，僅見列侯元年，其事殊無可據。世家所載自哀公至孝公之史蹟，亦祇足與魏侯紀年相徵，而又異端並起，不可勝理，因校其差失，列舉於下：

按晉世家載：『幽公十五年，魏文侯初立。』是謂晉幽公十五年，與魏文侯元年同年也。又載：『靜公二年，魏武侯、韓哀侯、趙敬侯滅晉侯而三分其地，靜公遷為家人，晉絕不祀。』據魏世家載：魏武侯『十一年，與韓趙三分晉地，滅其後。』年表載：『魏韓趙滅晉，絕無後。』亦在魏武侯十一年，晉靜公二年。是則晉靜公二年，與魏武侯十一年同年。而晉自幽公十五年至靜公二年，亦應與魏自文侯元年至武侯十一年之歷數相符。今計魏自文侯元年，至武侯十一年，凡四十九年。則晉自幽公十五年至靜公二年之歷數，亦應為四十九年。然以晉世家自幽公十五年至靜公二年數之，凡為五十年，較魏歷年衍一年。而魏紀年並無歧誤，則晉世家之不能自完其說，及其不足為據，概可見矣。今列魏歷年，自文侯元年，至武侯十一年，與晉世家所紀，自幽公十五年，至靜公二年，相參之表於下：

魏歷年	七	八	九	十	十一	十二	十三
晉世家	三	四	五	六	七	八	九
文侯元年	十四	十五	十六	十七	十八	十九	二十
幽公十五年	十	十一	十二	十三	十四	十五	十六
二	二十一	二十二	二十三	二十四	二十五	二十六	二十七
十六	十七	十八	十九	二十	二十一	二十二	二十三
三	二十八	二十九	三十	三十一	三十二	三十三	三十四
十七	二十四	二十五	二十六	二十七	孝公元年	二	三
四	三十五	三十六	三十七	三十八	武侯元年	二	三
十八	四	五	六	七	八	九	十
五	四	五	六	七	八	九	十
烈公元年	十一	十二	十三	十四	十五	十六	十七
六	十一	○					
二	靜公元年	二					

又晉世家載：幽公「十八年，幽公淫婦人，夜竊出邑中，盜殺幽公。魏文侯以兵誅晉亂，立幽公子止，是為烈公。」按世家上文，

既謂幽公十五年，為魏文侯元年。則幽公十八年，應為魏文侯四年。然其謂幽公十五年，為文侯元年，既未可據，則是謂文侯四年誅晉亂，自不足徵。按年表載：『盜殺晉幽公，立其子止。』在魏文侯五年。

又晉世家載：『烈公十九年，周威烈王賜趙韓魏皆命為諸侯。』按魏世家載：文侯『二十二年，魏趙韓列為諸侯。』年表載魏文侯初為侯，亦在二十二年。是則晉烈公十九年，與魏文侯二十二年同年。然考上列魏晉相參年表，烈公十九年，為文侯之二十三年。則世家所紀，於歧誤之中，又別有其自相矛盾矣。

又晉世家載：『孝公九年，魏武侯初立，襲邯鄲，不勝而去。』是謂晉孝公九年，與魏武侯元年同年也。又載：『靜公二年，魏武侯、韓哀侯、趙敬侯滅晉侯，而三分其地。靜公遷為家人，晉絕不祀。』更按魏世家載：武侯『十一年，與韓趙三分晉地，滅其後。』年表載：『魏韓趙滅晉，絕無後。』亦在魏武侯十一年，晉靜公二年。是則晉靜公二年，與魏武侯十一年同年。而晉自孝公九年，至靜公二年，應與魏自武侯元年至十一年之歷數相符。據上列魏晉相參年表，晉自孝公九年，至靜公二年，適為十一年。是似與魏自武侯元年至十一年之歷數相合，實又非然。因並魏文侯紀年，以相參校，則有支離在焉。蓋魏年表及世家紀文侯，同為三十八年。依晉世家謂文侯元年，與幽公十五年同年，則文侯之三十八年，應在晉孝公七年。而魏武侯之元年，應在晉孝侯八年。魏武侯十一年分晉，應在晉靜公元年。若上列魏晉相參年表所載者。今乃謂魏武侯元年，在晉孝公九年，分晉在晉靜公二年，而魏武侯分晉，按魏表及世家，明在其十一年，則於魏文侯武侯之際，須有一年空籍，如下表所列，然後晉世家謂幽公十五年，為魏文侯元年，孝公九年，為魏武侯元年之說，乃能兩完。而晉世家紀年，苟非錯誤，誠不可解矣。

魏歷年	晉世家
文侯元年	幽公十五年
二	十六
三	十七
四	十八
五	烈公元年
六	二
七	三
八	四
九	五
十	六
十一	七
十二	八
十三	九
十四	十
十五	十一
十六	十二
十七	十三
十八	十四
十九	十五
二十	十六
二十一	十七
二十二	十八
二十三	十九
二十四	二十
二十五	二十一
二十六	二十二
二十七	二十三
二十八	二十四
二十九	二十五
三十	二十六
三十一	二十七
三十二	孝公元年
三十三	二
三十四	三
三十五	四
三十六	五
三十七	六
三十八	七
○	八
武侯元年	九
二	十
三	十一
四	十二
五	十三
六	十四
七	十五
八	十六
九	十七
十	靜公元年
十一	二

綜上所述，魯自哀公至孝公紀年，年表世家，皆無實據。然因年表紀年，參之列國，極少乖舛。而晉世家所紀，頗多差謬。故晉哀

公孝公紀年，亦宜以年表為準。又是雖以年表為準，然於晉歷年總紀，與世家並未發生歧異。蓋年表與世家紀年所不同者，在於出哀孝公各自紀年之參差。至其總紀，則自出公至孝公，同為九十七年。前考出公，既依年表為結，現自哀公至孝公，復以年表為歸，故其總紀，未有變也。今列年表及世家紀晉自出公至孝公之歷年總紀於下：

年表

侯號	在位年數	歷年遞加數
出公	十八	十八
哀公	十九	三十七
幽公	十八	五十五
烈公	二十七	八十二
孝公	十五	九十七

世家

侯號	在位年數	歷年遞加數
出公	十七	十七
哀公	十八	三十五
幽公	十八	五十三
烈公	二十七	八十
孝公	十七	九十七

總結

總所考定晉紀年，為靖侯十八年，釐侯十八年，獻侯十一年，穆侯二十七年，殤叔四年，文侯三十五年，昭侯六年，（據年表。）孝侯十六年，（亦據年表。）鄂侯六年，哀侯八年，小子侯三年，侯湣二十八年，武公二年，獻公二十六年，惠公十四年，文公九年，襄公七年，靈公十四年，成公七年，景公十九年，厲公八年，悼公十五年，平公二十六年，昭公六年，頃公十四年，定公三十七年，出公十八年，哀公十九年，幽公十八年，烈公二十七年，孝公十五年，通凡四百八十三年。與年表歷數相符，較世家歷數少二年。因世家所紀，多衍二年（哀侯一年，小子一年。）故也。茲更表列其統計於下：

侯號	在位年數	歷年遞加數
靖侯	十八	十八
釐侯	十八	三十六
獻侯	十一	四十七
穆侯	二十七	七十四
殤叔	四	七十八
文侯	三十五	一百一十三
昭侯	六	一百一十九
孝侯	十六	一百三十五
鄂侯	六	一百四十一
哀侯	八	一百四十九
小子	三	一百五十二
侯湣	二十八	一百八十
武公	二	一百八十二
獻公	二十六	二百有八
惠公	十四	二百二十二
文公	九	二百三十一
襄公	七	二百三十八
靈公	十四	二百五十二
成公	七	二百五十九
景公	十九	二百七十八
厲公	八	二百八十六
悼公	十五	三百有一
平公	二十六	三百二十七
昭公	六	三百三十三
頃公	十四	三百四十七
定公	三十七	三百八十四
出公	十八	四百有二
哀公	十九	四百二十一
幽公	十八	四百三十九
烈公	二十七	四百六十六
孝公	十五	四百八十一
靜公	二	四百八十三

楚紀年考

楚紀年，年表世家同，為熊勇十年，熊嚴十年，熊霜六年，熊徇二十二年，熊鄂九年，若敖二十七年，霄敖六年，蚡冒十七年，武王五十一年，文王十三年，堵敖五年，成王四十六年，穆王十二年，莊王二十三年，共王三十一年，康王十五年，郟敖四年，靈王十二年，平王十三年，昭王二十七年，惠王五十七年，簡王二十四年，聲王六年，悼王二十一年，肅王十一年，宣王三十年，威王十一年，懷王三十年，頃襄王三十六年，考烈王二十五年，幽王十年，王負芻五年，一無蹭蹬，通凡六百二十五年。其統計如下：

王號
熊勇
熊嚴
熊霜
熊徇
熊鄂
若敖
霄敖
蚡冒
武王
文王
堵敖
成王
穆王
莊王
共王
康王
郟敖
靈王
平王
昭王
惠王
簡王
聲王
悼王
肅王
宣王
威王
懷王
頃襄王
考烈王
幽王
負芻

在位年數	歷年遞加數
十	十
十	二十
六	二十六
二十二	四十八
九	五十七
二十七	八十四
六	九十
十七	一百有七
五十一	一百五十八
十三	一百七十一
五	一百七十六
四十六	二百二十二
十二	二百三十四
二十三	二百五十七
三十一	二百八十八
十五	三百有三
四	三百有七
十二	三百一十九
十三	三百三十二
二十七	三百五十九
五十七	四百一十六
二十四	四百四十
六	四百四十六
二十一	四百六十七
十一	四百七十八
三十	五百有八
十一	五百一十九
三十	五百四十九
三十六	五百八十五
二十五	六百一十
十	六百二十
五	六百二十五

宋紀年考

宋紀年，據十二諸侯年表，又附見於六國齊表中者，為釐公二十八年，惠公三十一年，戴公三十四年，武公十八年，宣公十九年，穆公九年，殤公九年，宋公馮十九年，湣公十年，桓公三十一年，襄公十四年，成公十七年，昭公九年，文公二十二年，共公十三年，平公四十四年，元公十五年，景公六十六年，昭公四十七年，悼公八年，休公二十三年，辟公三年，剔成四十一年，君偃四十三年，通凡五百七十三年。其統計如下：

公號	在位年數
釐公	二十八
惠公	三十一
戴公	三十四
武公	十八
宣公	十九
穆公	九
殤公	九
宋公馮	十九
湣公	十
桓公	三十一
襄公	十四
成公	十七
昭公	九
文公	二十二
共公	十三
平公	四十四
元公	十五
景公	六十六
昭公	四十七
悼公	八
休公	二十三
辟公	三
剔成	四十一
君偃	四十三

歷年遞加數
二十八
五十九
九十三
一百一十一
一百三十
一百三十九
一百四十八
一百六十七
一百七十七
二百有八
二百二十二
二百三十九
二百四十八
二百七十
二百八十三
三百二十七
三百四十二
四百有八
四百五十五
四百六十三
四百八十六
四百八十九
五百三十
五百三十七

宋世家紀年，為釐公二十八年，惠公三十年，哀公一年，戴公三十四年，武公十八年，宣公十九年，穆公九年，殤公十年，莊公十九年，湣公十一年，桓公三十一年，襄公十四年，成公十七年，昭公九年，文公二十二年，共公十三年，平公四十四年，元公十五年，景公六十四年，昭公四十七年，悼公八年，休公二十三年，辟公三年，剔成四十一年，君偃四十七年，通凡五百七十七年。其統計如下：

公號	在位年數	歷年遞加數
釐公	二十八	二十八
惠公	三十	五十八
哀公	一	五十九
戴公	三十四	九十三
武公	十八	一百一十一
宣公	十九	一百三十
穆公	九	一百三十九
殤公	十	一百四十九
莊公	十九	一百六十八
湣公	十一	一百七十九
桓公	三十一	二百一十
襄公	十四	二百二十四
成公	十七	二百四十一
昭公	九	二百五十
文公	二十二	二百七十二
共公	十三	二百八十五
平公	四十四	三百二十九
元公	十五	三百四十四
景公	六十四	四百有八
昭公	四十七	四百五十五
悼公	八	四百六十三
休公	二十三	四百八十六
辟公	三	四百八十九
剔成	四十一	五百三十
君偃	四十七	五百七十七

按宋紀年，世家所載，合五百七十七年。較年表五百七十三年，多出四年。考其原因，則以年表載惠公三十一年，世家載三十年。於是年表較世家多出一年。又世家於惠公下，有哀公一年，年表不載。於是年表世家所紀歷數，仍為平均。又年表載殤公九年，

世家為十年。於是世家較年表多出一年。又年表載湣公十年，世家載十一年。於是世家，又較年表，多出一年。通上殤公，凡多二年。又年表載景公六十六年，世家載六十四年。於是年表較世家，多出二年。除上世家較年表所多二年，年表世家，所紀歷年，復反平均。又年表載君偃四十三年，世家載四十七年。於是世家較年表，終多四年，為五百七十七年，而年表為五百七十三年。茲據以上疑難，作為以下惠公、哀公、殤公、湣公、景公、君偃、五考。

惠公　哀公

惠公紀年，年表載三十一年，世家載三十年。然世家載：『惠公卒，子哀公立。哀公元年卒，子戴公立。』考年表不載哀公，則世家載惠公三十年，並哀公一年，亦為三十一年，與年表歷數相同。綜是惠公或實以三十一年薨，而哀公因惠公三十一年為元年。年表依惠公為紀，故載惠公三十一年。世家依哀公為紀，故載惠公三十年，而別載哀公一年。

殤公

殤公紀年，年表載九年，世家為十年。據年表宋公馮元年載云：『華督見孔父妻好，悅之。華督殺孔父，及殺殤公。宋公馮元年，華督為相。』按是則年表載殤公九年，似亦因莊公以殤公十年為元年，而依莊公為紀，故載殤公，祇有九年。世家依殤公為紀，故載殤公終於十年。斯義略似，抑又不然。蓋年表世家載莊公同為十九年。如依年表莊公因殤公十年，不踰年改元為十九年。則世家莊公不因殤公十年，而踰年改元，實應為十八年。如依世家莊公不因殤公十年，而踰年改元，為十九年。則年表莊公因殤公十年，而不踰年改元，實應為二十年，今列是兩表於下以明之。

據年表莊公因殤公十年，不踰年改元表。

宋年表	殤公九年	十 宋公馮元年	二
宋世家	殤公九年	十	莊公元年
三	四	五	六
二	三	四	五
七	八	九	十
六	七	八	九
十一	十二	十三	十四
十	十一	十二	十三
十五	十六	十七	十八
十四	十五	十六	十七
十九	○		
十八	十九		

據世家莊公不因殤公十年，踰年改元表。

宋世家	殤公九年	十
宋年表	殤公九年	宋公馮元年
二	三	四
三	四	五
六	七	八
七	八	九
十	十一	十二
十一	十二	十三
十四	十五	十六
十五	十六	十七
十八	十九	
十九	○	

莊公元年	二	五	六	九	十	十三	十四	十七	十八

按上兩表，則年表殤公九年，與世家殤公十年，必有一誤。據曹叔世家載：桓公『四十六年，宋華父督弒其君殤公，及孔父。』是殤公被弒，與曹桓公四十六年同年。復據宋世家載：『戴公二十九年，周幽王為犬戎所殺，秦始列為諸侯。』又曹世家載：『惠伯二十五年，周幽王為犬戎所殺，因東徙，益卑，諸侯畔之。秦始列為諸侯。』年表載：『幽王為犬戎所殺。』亦在宋戴公二十九年，曹惠伯二十五年。是宋戴公之二十九年，與曹惠伯二十五年同年。而宋自戴公二十九年，至殤公被弒之年，亦應與曹自惠伯二十五年，至桓公四十六年之歷數相符。按曹自惠伯二十五年至桓公四十六年，凡六十一年。則宋自戴公二十九年，至殤公被弒之年，亦應為六十一年。然依年表載殤公九年，自戴公二十九年，至殤公九年，適為六十一年。依世家載殤公十年，自戴公二十九年，至殤公十年，則為六十二年。是宋世家於殤公，多紀一年也。今列曹歷年，自惠伯二十五年，至桓公四十六年。及宋年表，自戴公二十九年，至殤公九年。與宋世家，自戴公二十九年，至殤公十年，相參之表於下：

曹歷年	惠伯二十五年	
宋年表	戴公二十九年	
宋世家	戴公二十九年	
	三十三	三十四
	三	四
	三	四
	三	四
	十二	十三
	十二	十三
	十二	十三
	三	四
	三	四
	二十一	二十二
	十二	十三
	十二	十三

二十六	二十七	二十八	二十九	三十	三十一	三十二	三十	三十一
三十	三十一	三十二	三十三	三十四	武公元年	二	二	三
三十	三十一	三十二	三十三	三十四	武公元年	二	二	三

三十五	三十六	穆公元年	二	三	桓公元年	二	三十四	三十五
五	六	七	八	九	十	十一	六	七
五	六	七	八	九	十	十一	六	七

五	六	七	八	九	十	十一	三十八	三十九
十四	十五	十六	十七	十八	宣公元年	二	殤公元年	二
十四	十五	十六	十七	十八	宣公元年	二	殤公元年	二

十四	十五	十六	十七	十八	十九	二十	四十二	四十三
五	六	七	八	九	十	十一	五	六
五	六	七	八	九	十	十一	五	六

二十三	二十四	二十五	二十六	二十七	二十八	二十九	四十六	○
十四	十五	十六	十七	十八	十九	穆公元年	九	○
十四	十五	十六	十七	十八	十九	穆公元年	九	十

三十二	三十三
四	五
四	五
三十六	三十七
八	九
八	九
四十	四十一
三	四
三	四
四十四	四十五
七	八
七	八

又鄭世家載：莊公『三十三年，宋殺孔父。』宋殺孔父，與弒殤公同時。則殤公被弒，與鄭莊公三十三年同年。復據鄭年表及世家，載桓公三十六年，以幽王故，為犬戎所殺。而宋世家載：『戴公二十九年，周幽王為犬戎所殺，秦始列為諸侯。』年表載犬戎殺周幽王，亦在宋戴公二十九年。則宋戴公二十九年，與鄭桓公三十六年同年。而宋自戴公二十九年，至殤公被弒之年，亦應與鄭自桓公三十六年至莊公三十三年之歷數相符。按鄭自桓公三十六年，至莊公三十三年，亦為六十一年。與前列曹叔世家紀年，及宋年表載殤公九年相合。而與宋世家載殤公十年，自戴公二十九年，至殤公十年，為六十二年之數不符。是亦足徵世家於殤公，多紀一年也。今列鄭歷年，自桓公三十六年，至莊公三十三年。及宋年表，自戴公二十九年，至殤公九年。與宋世家，自戴公二十九年，至殤公十年，相參之表於下：

鄭歷年	四
宋年表	三十三
宋世家	三十三
桓公三十六年	十四
戴公二十九年	九
戴公二十九年	九
武公元年	二十四
三十	宣公元年
三十	宣公元年
二	七
三十一	十一
三十一	十一
三	十七
三十二	二
三十二	二

五	六	七	八	九	十	十一	十二	十三
三十四	武公元年	二	三	四	五	六	七	八
三十四	武公元年	二	三	四	五	六	七	八

十五	十六	十七	十八	十九	二十	二十一	二十二	二十三
十	十一	十二	十三	十四	十五	十六	十七	十八
十	十一	十二	十三	十四	十五	十六	十七	十八

二十五	二十六	二十七	莊公元年	二	三	四	五	六
二	三	四	五	六	七	八	九	十
二	三	四	五	六	七	八	九	十

八	九		十一	十二	十三	十四	十五	十六
十二	十三	十四	十五	十六	十七	十八	十九	穆公元年
十二	十三	十四	十五	十六	十七	十八	十九	穆公元年

十八	十九	二十	二十一	二十二	二十三	二十四	二十五	二十六
三	四	五	六	七	八	九	殤公元年	二
三	四	五	六	七	八	九	殤公元年	二

二十七	二十八	二十九	三十	三十一	三十二	三十三	〇
三	四	五	六	七	八	九	〇
三	四	五	六	七	八	九	十

復按衛世家載宣公「九年，宋督弒其君殤公及孔父。」是宋殤公被弒，與衛宣公九年同年。據衛世家載武公「四十二年，犬戎殺周幽王，武公將兵往佐周平戎，甚有功，周平王命武公為公。」而宋世家載：「戴公二十九年，周幽王為犬戎所殺，秦始列為諸侯。」年表載犬戎殺周幽王，亦在宋戴公二十九年，衛武公四十二年同年。而宋自戴公二十九年，至殤公被弒之年，亦應與衛自武公四十二年至宣公九年之歷數相符。按衛自武公四十二年至宣公九年，為六十二年。則宋自戴公二十九年至殤公被弒之年，亦應為六十二年。然依宋世家載殤公十年數之，自戴公二十九年至殤公十年，適為六十二年。更依宋年表載殤公九年數之，自戴公二十九年至殤公九年，則為六十一年。是又似年表少紀一年，而與上據曹鄭世家所考定之紀年相違矣。今列衛歷年，自武公四十二年，至宣公九年。及宋世家，自戴公二十九年，至殤公十年。與宋年表自戴公二十九年，至殤公九年，相參之表於下：

衛歷年	四十三	四十五	四十七	四十九
宋年表	三十	三十二	三十四	二
宋世家	三十	三十二	三十四	二

武公二十四年	五十一	五十二	五十三	五十四	五十五	莊公元年	二	三
戴公二十九年	四	五	六	七	八	九	十	十一
戴公二十九年	四	五	六	七	八	九	十	十一

四十四	六	七	八	九	十	十一	十二	十三
三十一	十四	十五	十六	十七	十八	宣公元年	二	三
三十一	十四	十五	十六	十七	十八	宣公元年	二	三

四十六	十六	十七	十八	十九	二十	二十一	二十二	二十三
三十三	六	七	八	九	十	十一	十二	十三
三十三	六	七	八	九	十	十一	十二	十三

四十八	三	四	五	六	七	八	九	十
武公元年	十六	十七	十八	十九	穆公元年	二	三	四
武公元年	十六	十七	十八	十九	穆公元年	二	三	四

五十	十三	十四	十五	十六	宣公元年	二	三	四
三	七	八	九	殤公元年	二	三	四	五
三	七	八	九	殤公元年	二	三	四	五

四	五	七
十二	十三	八
十二	十三	八
十四	十五	八
四	五	九
四	五	九
桓公元年	二	九
十四	十五	○
十四	十五	十
十一	十二	
五	六	
五	六	
五	六	
六	七	
六	七	

復按楚世家載：武王『三十一年，宋太宰華督弒其君殤公。』是宋殤公被弒之年，亦與楚武王三十一年同年。又楚世家載：『若敖二十年，周幽王為犬戎所弒，周東徙，而秦襄公始列為諸侯。』按宋世家載：『戴公二十九年，周幽王為犬戎所殺，秦始列為諸侯。』年表載犬戎殺周幽王，亦在楚若敖二十年，宋戴公二十九年。是則宋戴公二十九年，亦與楚若敖二十年同年。而宋自戴公二十九年，至殤公被弒之年，亦應與楚自若敖二十年，至武王三十一年之歷數相符。考楚自若敖二十年，至武王三十一年，凡為六十二年。與宋世家載殤公十年，及衞世家載：自武公『四十二年，犬戎殺周幽王。』至宣公『九年，宋督弒其君殤公，及孔父。』之歷數相合。而與宋年表載殤公九年，及曹叔世家載：自『惠伯二十五年，周幽王為犬戎所殺。』至桓公『四十六年，宋華父督，弒其君殤公，及孔父。』與鄭世家載：自桓公三十六年，周幽王為犬戎所殺，至莊公『三十三年，宋殺孔父。』之歷數相違。今亦列楚歷年，自若敖二十年，至武王三十一年。及宋世家，自戴公二十九年，至殤公十年。與宋年表，自戴公二十九年，至殤公九年，相參之表於下：

楚歷年	若敖二十年	二十一	蚡冒元年	二	三	四	五	六
宋年表	戴公二十九年	三十	九	十	十一	十二	十三	十四
宋世家	戴公二十九年	三十	九	十	十一	十二	十三	十四

二十二	二十三	二十四	十一	十二	十三	十四	十五	十六
三十一	三十二	三十三	宣公元年	二	三	四	五	六
三十一	三十二	三十三	宣公元年	二	三	四	五	六

二十五	二十六	二十七	四	五	六	七	八	九
三十四	武公元年	二	十一	十二	十三	十四	十五	十六
三十四	武公元年	二	十一	十二	十三	十四	十五	十六

霄敖元年	二	三	十四	十五	十六	十七	十八	十九
三	四	五	二	三	四	五	六	七
三	四	五	二	三	四	五	六	七

四	五	六	二十四	二十五	二十六	二十七	二十八	二十九
六	七	八	三	四	五	六	七	八
六	七	八	三	四	五	六	七	八

七	八	九	十
十五	十六	十七	十八
十五	十六	十七	十八
十七	武王元年	二	三
七	八	九	十
七	八	九	十
十	十一	十二	十三
十七	十八	十九	穆公元年
十七	十八	十九	穆公元年
二十	二十一	二十二	二十三
八	九	殤公元年	二
八	九	殤公元年	二
三十	三十一		
九	○		
九	十		

綜上考殤公紀年，年表及世家，有九年與十年之歧異。經證以曹、鄭、衛、楚世家，而其所得結果，依然參互錯綜，與年表及世家所發生之疑難，若出一轍。是則太史公所據或本不同，今既難於强斷，自當暫闕其疑。然據齊年表及田敬仲完世家，並載齊滅宋，在湣王三十八年。設殤公在位十年，依本編考定年表，於以下推，則齊滅宋，應在湣王三十九年。與年表及世家皆不相合。茲故於下總結中，依年表載殤公九年為紀。

湣公

湣公紀年，年表載十年，世家為十一年。據宋世家載：『湣公七年，齊桓公即位。』年表載齊桓公元年，亦在宋湣公七年。是則宋湣公七年，與齊桓公元年同年。復據宋世家載：桓公『三年，齊桓公始霸。』按齊世家載：桓公『七年，諸侯會桓公於甄，而桓公於是始霸焉。』年表載齊桓公七年，『始霸，會諸侯于鄄。』亦在宋桓公三年。是則宋桓公三年，與齊桓公七年同年。而宋自湣公七年，至桓公三年，亦應與齊自桓公元年至七年之歷數相符。按齊自桓公元年至七年，爲七年。依宋年表載湣公十年，自湣公七年至桓公三年，適爲七年。依宋世家載湣公十一年，自湣公七年至桓公三年，則爲八年。是世家於湣公紀年，實衍一年。今列齊歷年，自桓公元年至七年。及宋年表與宋世家，自湣公七年至桓公三年，相參之表於下：

齊歷年	桓公元年	二	三	四	五	六	七	○
宋年表	湣公七年	八	九	十	桓公元年	二	三	○
宋世家	湣公七年	八	九	十	十一	桓公元年	二	三

景公

景公紀年，合十二諸侯年表，及六國表，爲六十六年，世家爲六十四年。因宋世家自景公以下，無事可據，故亦用自景公至君偃歷年總數考之。幸自景公以下，年表及世家，所載昭公、悼公、休公、辟公、剔成，年數相同。君偃雖有四十三年，與四十七年之歧異。但經考定，已證明其實爲四十三年，詳下君偃紀年考。以故年表與世家所紀景公歷年，雖不相一，而其短長則仍易明。據宋世家載：『元公三年，楚公子弃疾弒靈王，自立爲平王。』年表載楚平王元年，亦在宋元公四年。是則宋元公四年，與楚平王元年同年。復據齊滅宋，田敬仲完世家，載在湣王三十八年，年表亦載在湣王三十八年。考年表齊湣王三十八年，當楚頃襄王十三年。又按秦本紀，載惠王後元十四年，『惠王卒。』楚世家載懷王十八年，『秦惠王卒。』田敬仲完世家載湣王『十三年，秦惠王卒。』年表載秦惠王，終於後十四年，亦在楚懷王十八年，齊湣王十三年。是齊湣王十三年，與楚懷王十八年同年。於以下推齊楚歷年，齊湣王三十八年，亦當楚頃襄王十三年。是則宋王偃亡年，與楚頃襄王十三年同年。而宋自元公四年，至君偃亡年，亦應與楚自平王元年，至頃襄王十三年之歷數相符。總楚自平王元年，至頃襄王十三年，通凡二百四十三年。其詳如下：

王號	在位年數	歷年遞加數
平王	十三	十三
昭王	二十七	四十
惠王	五十七	九十七
簡王	二十四	一百二十一
聲王	六	一百二十七
悼王	二十一	一百四十八
肅王	十一	一百五十九
宣王	三十	一百八十九
威王	十一	二百
懷王	三十	二百三十
頃襄王	十三	二百四十三

復依年表載宋景公六十六年，以統計其自元公四年，至君偃四十三年之歷年，亦凡二百四十三年。其詳如下

公號	在位年數	歷年遞加數
元公	十二	十二
景公	六十六	七十八
昭公	四十七	一百二十五
悼公	八	一百三十三
休公	二十三	一百五十六
辟公	三	一百五十九
剔成	四十一	二百
君偃	四十三	二百四十三

元公本十五年，今自四年起，故以十二年計。

復依宋世家載景公六十四年，以統計其自元公四年至君偃四十三年之歷年總結，凡為二百四十一年，其詳如下；然較以所引楚歷年，及宋年表紀年，並少二年。而世家載元、昭、悼、休、辟、剔成、諸公紀年，既皆與年表相合，則其所少二年，自應屬之景公。故景公紀年，仍當以年表六十六年為是。

公號	在位年數	歷年遞加數
元公	十二	十二
景公	六十四	七十六
昭公	四十七	一百二十三
悼公	八	一百三十一
休公	二十三	一百五十四
辟公	三	一百五十七
剔成	四十一	一百九十八
君偃	四十三	二百四十一

世家載君偃為四十七年，今錄四十三年者，從下考定之數也。不然，則是總數，應為二百四十五年矣。

君偃

君偃紀年，據附見於六國齊表者，自齊宣王十五年至齊湣王三十八年，凡四十三年，而世家載四十七年。按年表載齊湣王六年，『宋自立為王。』依表載君偃元年，在齊宣王十五年，則湣王六年，為君偃十一年。宋世家亦載：『君偃十一年，自立為王。』與年表合。是君偃十一年，與齊湣王六年同年。復據齊年表載湣王三十八年，『齊滅宋。』又田敬仲完世家，亦載湣王三十八年，『齊遂伐宋，宋王出亡，死於溫。』是君偃亡年，與齊湣王三十八年同年。而君偃自十一年，至亡死之年，亦應與齊自湣王六年，至三十八年之歷數相符。按齊自湣王六年，至三十八年，凡三十三年。依年表載君偃四十三年，自其十一年，自立爲王，至四十三年，亦爲三十三年。如依宋世家載君偃四十七年，則自君偃十一年自立爲王，至四十七年，應爲三十七年。是世家於君偃紀年，明衍四年。今列齊歷年，自湣王六年，至三十八年。及宋年表，自君偃十一年，至四十三年。與宋世家，自君偃十一年，至四十七年，相參之表於下：

齊歷年	湣王六年	七	八	二十五	二十六
宋年表	君偃十一年	十二	十三	三十	三十一
宋世家	君偃十一年	十二	十三	三十	三十一
九	十	十一	十二	二十九	三十
十四	十五	十六	十七	三十四	三十五
十四	十五	十六	十七	三十四	三十五
十三	十四	十五	十六	三十三	三十四
十八	十九	二十	二十一	三十八	三十九
十八	十九	二十	二十一	三十八	三十九
十七	十八	十九	二十	三十七	三十八
二十二	二十三	二十四	二十五	四十二	四十三
二十二	二十三	二十四	二十五	四十二	四十三
二十一	二十二	二十三	二十四	○	○
二十六	二十七	二十八	二十九	○	○
二十六	二十七	二十八	二十九	四十六	四十七

二十七	三十二	三十二	三十一	三十六	三十六	三十五	四十	四十	○	○	四十四
二十八	三十三	三十三	三十二	三十七	三十七	三十六	四十一	四十一	○	○	四十五

總結

總所考定宋紀年，爲釐公二十八年，惠公三十一年，戴公三十四年，武公十八年，宣公十九年，穆公九年，殤公九年，莊公十九年，湣公十年，桓公三十一年，襄公十四年，成公十七年，昭公九年，文公二十二年，共公十三年，平公四十四年，元公十五年，景公六十六年，昭公四十七年，悼公八年，休公二十三年，辟公三年，剔成四十一年，君偃四十三年，通凡五百七十三年，與年表所載相同。

茲復列其統計於下：

公號	在位年數	歷年遞加數
釐公	二十八	二十八
惠公	三十一	五十九
戴公	三十四	九十三
武公	十八	一百一十一
宣公	十九	一百三十
穆公	九	一百三十九
殤公	九	一百四十八
莊公	十九	一百六十七
湣公	十	一百七十七
桓公	三十一	二百有八
襄公	十四	二百二十二
成公	十七	二百三十九
昭公	九	二百四十八
文公	二十二	二百七十
共公	十三	二百八十三
平公	四十四	三百二十七
元公	十五	三百四十二
景公	六十六	四百有八
昭公	四十七	四百五十五
悼公	八	四百六十三
休公	二十三	四百八十六
辟公	三	四百八十九
剔成	四十一	五百三十
君偃	四十三	五百七十三

衛紀年考

衛紀年，據十二諸侯年表及六國魏表載：為釐侯四十二年，武公五十五年，莊公二十三年，桓公十六年，宣公十九年，惠公三年，黔牟十年，惠公後十四年，至三十一年，十八年。懿公八年，戴公一年，文公二十五年，成公三十五年，穆公十一年，定公十二年，獻公十八年，殤公十二年，獻公後元三年，襄公九年，靈公四十二年，出公十二年，莊公三年，君起一年，出公後元二十一年，悼公五年，敬公十九年，昭公六年，悼公十一年，慎公四十二年，聲公十一年，成侯二十九年，平侯八年，嗣君四十二年，懷君三十年，元君二十三年，君角二十一年，通凡六百四十六年。其統計如下：

侯號	在位年數	歷年遞加數
釐侯	四十二	四十二
武公	五十五	九十七
莊公	二十三	一百二十
桓公	十六	一百三十六
宣公	十九	一百五十五
惠公	三	一百五十八
黔牟	十	一百六十八
惠公後元	十八	一百八十六
懿公	八	一百九十四
戴公	一	一百九十五
文公	二十五	二百二十
成公	三十五	二百五十五
穆公	十一	二百六十六
定公	十二	二百七十八
獻公	十八	二百九十六
殤公	十二	三百有八
獻公後元	三	三百一十一
襄公	九	三百二十
靈公	四十二	三百六十二
出公	十二	三百七十四
莊公	三	三百七十七
君起	一	三百七十八
出公後元	二十一	三百九十九
悼公	五	四百有四
敬公	十九	四百二十三
昭公	六	四百二十九
悼公	十一	四百四十
慎公	四十二	四百八十二
聲公	十一	四百九十三
成侯	二十九	五百二十二
平侯	八	五百三十
嗣君	四十二	五百七十二
懷君	三十	六百有二
元君	二十三	六百二十五
君角	二十一	六百四十六

衛世家紀年，為頃侯十二年，釐侯四十二年，武公五十五年，莊公二十三年，桓公十六年，宣公十九年，惠公四年，黔牟八年，惠公後十三年，至三十一年，十九年。懿公九年，戴公一年，文公二十五年，成公三十五年，穆公十一年，定公十二年，獻公十八年，殤公

十二年，獻公後元三年，襄公九年，靈公四十二年，出公十二年，莊公三年，君起一年，出公後元二十一年，悼公五年，敬公十九年，昭公六年，懷公十一年，慎公四十二年，聲公十一年，成侯二十九年，平侯八年，嗣君四十二年，懷君三十一年，元君二十五年，君角二十一年，通凡六百六十二年。其統計如下：

侯號	在位年數	歷年遞加數
頃侯	十二	十二
釐侯	四十二	五十四
武公	五十五	一百有九
莊公	二十三	一百三十二
桓公	十六	一百四十八
宣公	十九	一百六十七
惠公	四	一百七十一
黔牟	八	一百七十九
惠公後元	十九	一百九十八
懿公	九	二百有七
戴公	一	二百有八
文公	二十五	二百三十三
成公	三十五	二百六十八
穆公	十一	二百七十九
定公	十二	二百九十一
獻公	十八	三百有九
殤公	十二	三百二十一
獻公後元	三	三百二十四
襄公	九	三百三十三
靈公	四十二	三百七十五
出公	十二	三百八十七
莊公	三	三百九十
君起	一	三百九十一
出公後元	二十一	四百一十二
悼公	五	四百一十七
敬公	十九	四百三十六
昭公	六	四百四十二
懷公	十一	四百五十三
慎公	四十二	四百九十五
聲公	十一	五百有六
成侯	二十九	五百三十五
平侯	八	五百四十三
嗣君	四十二	五百八十五
懷君	三十一	六百一十六
元君	二十五	六百四十一
君角	二十一	六百六十二

今於世家紀年中，斷去年表所不具之頃侯十二年，為六百五十年。較年表六百四十六年，尚多四年。考其原因，則以年表載惠公前元三年，世家為四年。於是世家較年表多出一年。又年表載黔牟十年，世家為八年。除去世家較年表所多出之惠公一年，年表反較世家多出一年。又年表載惠公後元十八年，世家為十九年。於是世家較年表又多出一年。而年表世家所紀歷數，復又平均。又年表載懿公八年，世家載九年。於是世家，又較年表多出一年。又年表載懷君三十年，世家為三十一年。於是世家又較年

表，多出一年。並前懿公所多，凡多二年。又年表載元君二十三年，世家載二十五年。於是世家又較年表多出二年。並前懿公及懷君所多二年，凡多四年。故年表紀年，自釐侯至君角，爲六百四十六年。而世家紀年爲六百五十年。茲據以上疑難，作爲以下惠公、黔牟、懿公、懷君、元君三考。

惠公　黔牟

惠公前元紀年，年表載三年。世家載云：『惠公四年，左右公子怨惠公之讒殺前太子伋而代立，乃作亂，攻惠公，立太子伋之弟黔牟爲君，惠公犇齊。』是明謂惠公犇齊在四年。然又載云：『衛君黔牟立八年，齊襄公率諸侯奉王命共伐衛，納惠公，誅左右公子，衛君黔牟犇于周，惠公復立。惠公立三年出亡，亡八年復入，與前通年凡十三年矣。』按上既明謂惠公犇齊在四年，是又云：『惠公立三年出亡』，殊覺自相矛盾。又云：『惠公立三年出亡，亡八年復入』，實凡十一年。而云：『與前通年凡十三年』，亦爲不倫。復據年表載惠公三年奔齊，黔牟立十年，惠公復入，與世家載通年凡十三年合。然年表又載魯莊公五年，『與齊伐衛，納惠公。』按魯莊公五年，年表載與黔牟八年同年，是年表又謂衛惠公以黔牟八年復入衛。衛惠公既以黔牟八年復入衛，則黔牟無十年可紀。而表猶載黔牟至十年，是年表又自相支離矣。總之，年表載惠公前元三年，黔牟十年，惠公後元十八年，既有歧誤。而世家載惠公前元四年與三年，黔牟八年，惠公後元十九年，亦含乖舛。今於史記中既不能尋取證據，以明其是非，固當暫爲闕疑。又自惠公前元元年，至後元末年，雖因中隔黔牟，以致年表世家紀其歷年，兩相參差，然要爲三十一年。故惠公與黔牟之紀年，雖未可詳，然於具體之衛紀年，殊無害也。

懿公

懿公紀年，年表載八年，世家爲九年。據衛世家載：惠公『二十五年，惠公怨周之容舍黔牟，與燕伐周。周惠王犇溫，衛燕立惠王弟穨爲王。』又鄭世家載厲公突後元『五年，燕衛與周惠王弟穨伐王，王出奔溫，立弟穨爲王。』年表載周惠王二年，『燕衛伐王，王奔溫，立子穨。』燕莊公十六年，『伐王，王奔溫，立子穨。』並在衛惠公二十五年，鄭厲公後元五年。是則衛惠公二十五年與鄭厲公後元五年同年。復據衛世家載：穆公『三年，楚莊王圍鄭，鄭降，復釋之。』又鄭世家載：襄公『八年，楚莊王以鄭與晉盟，來伐。圍鄭三月，鄭以城降楚。』年表載楚莊王十七年，『圍鄭，鄭伯肉袒謝，釋之。』鄭襄公八年，『楚圍我，我卑辭以解。』並在衛穆公三年。是則衛穆公三年，與鄭襄公八年同年。而衛自惠公二十五年至穆公三年，亦應與鄭自厲公後元五年至襄公八年之歷數相符。按鄭自厲公後元五年，至襄公八年，凡七十九年。則衛自惠公二十五年，至穆公三年，亦應爲七十九年。然依年表載懿公八年，則其年亦爲七十九年。如依世家載懿公九年，則其年爲八十年。而年表及世家載衛自惠公二十五年至三十一年，戴公一年，文公二十五年，成公三十五年，至穆公三年，皆無歧誤。則衛世家載，自惠公二十五年，至穆公三年，較鄭歷年所多出之一年，自應屬之懿公。故衛世家，於懿公載九年，實衍一年。而懿公紀年，終宜以年表所載八年爲是也。今列鄭歷年，自厲公後元五年至襄公八年。及衛年表與世家，自惠公二十五年，至穆公三年，相參之表於下：

鄭歷年	七	三	六	九
衛年表	二十七	三十	二	五
衛世家	二十七	三十	二	五

厲公後五年	六	十二	十三	十四	十五	十六	十七	十八
惠公二十五年	二十六	八	戴公元年	文公元年	二	三	四	五
惠公二十五年	二十六	八	九	戴公元年	文公元年	二	三	四

文公元年	二	二十二	二十三	二十四	二十五	二十六	二十七	二十八
二十八	二十九	九	十	十一	十二	十三	十四	十五
二十八	二十九	八	九	十	十一	十二	十三	十四

四	五	三十二	三十三	三十四	三十五	三十六	三十七	三十八
三十一	懿公元年	十九	二十	二十一	二十二	二十三	二十四	二十五
三十一	懿公元年	十八	十九	二十	二十一	二十二	二十三	二十四

七	八	四十二	四十三	四十四	四十五	穆公元年	二	三
三	四	四	五	六	七	八	九	十
三	四	三	四	五	六	七	八	九

十	十一	七	八	九	十	十一	十二	十三
六	七	十四	十五	十六	十七	十八	十九	二十
六	七	十三	十四	十五	十六	十七	十八	十九

十九	二十	二十一	十七	十八	十九	二十
六	七	八	二十四	二十五	二十六	二十七
五	六	七	二十三	二十四	二十五	二十六
二十九	三十	三十一	二十一	二十二	靈公元年	襄公元年
十六	十七	十八	二十八	二十九	三十	三十一
十五	十六	十七	二十七	二十八	二十九	三十
三十九	四十	四十一	二	三	四	五
成公元年	二	三	三十二	三十三	三十四	三十五
二十五	成公元年	二	三十一	三十二	三十三	三十四
四	五	六	六	七	八	○
十一	十二	十三	穆公元年	二	三	○
十	十一	十二	三十五	穆公元年	二	三
十四	十五	十六				
二十一	二十二	二十三				
二十	二十一	二十二				

懷君　元君

懷君紀年，年表載三十年，世家載三十一年。元君紀年，年表載二十三年，世家載二十五年。茲因衛世家載：『成侯十一年，公孫鞅入秦。』及『元君十四年，秦拔魏東地，秦初置東郡。更徙衛野王縣，而并濮陽為東郡。』其紀年均不足徵。故亦用年表及世家，自靈公至元君之歷年總數推之。據衞世家載：靈公『六年，楚公子弃疾弑靈王，自立爲平王。』按楚世家，弃疾弑靈王，在靈王十二年。是則衞靈公七年，爲楚平王元年。年表載楚平王元年，亦在衞靈公七年。是則衞靈公七年，與楚平王元年同年。復據衞世家載：『君角九年，秦并天下，立爲始皇帝。』而秦本紀，始皇本紀，及年表，並載始皇二十六年，初并天下。是則君角九年，與始皇二十六年同年。於以逆推君角元年，則應在始皇十八年。與年表紀君角年，適相符合。復據楚世家載：『幽王三年，秦魏伐楚，秦相呂不韋卒。』與始皇本紀載：『十二年，文信侯不韋死，竊葬。』又秦表始皇十二年載：『發四郡兵，助魏擊楚。呂不韋卒。』魏表景湣王八年載：『秦助我擊楚。』楚表幽王三年載：『秦魏擊我。』並相符合。是則楚幽王三年，爲秦始皇十二年。循以下推，則秦始皇十八年，爲楚幽王九年。以衞言之，君角元年，既在始皇十八年，是亦在楚幽王九年。而衞元君之末年，自應在楚幽王八年。又衞自靈公七年，至元君末年，亦遂應與楚自平王元年，至幽王八年之歷數相符。按楚自平王元年，至幽王八年，凡二百九十九年。其詳如下：

王號	在位年數
平王	十三
昭王	二十七
惠王	五十七
簡王	二十四
聲王	六
悼王	二十一
肅王	十一
宣王	三十
威王	十一
懷王	三十
頃襄王	三十六
考烈王	二十五
幽王	八

歷年遞加數
十三
四十
九十七
一百二十一
一百二十七
一百四十八
一百五十九
一百八十九
二百
二百三十
二百六十六
二百九十一
二百九十九

依衛年表載：懷君三十年，元君二十三年。其自靈公七年至元君二十三年，亦為二百九十九年，與所徵楚歷年合。其詳如下：

侯號	在位年數	歷年遞加數
靈公	三十六	三十六
出公	十二	四十八
莊公	三	五十一
君起	一	五十二
出公後元	二十一	七十三
悼公	五	七十八
敬公	十九	九十七
昭公	六	一百有三
悼公	十一	一百一十四
慎公	四十二	一百五十六
聲公	十一	一百六十七
成侯	二十九	一百九十六
平侯	八	二百有四
嗣君	四十二	二百四十六
懷君	三十	二百七十六
元君	二十三	二百九十九

靈公本四十二年，今自七年起，故祇載三十六年。

復依衛世家載：懷君三十一年，元君二十五年。其自靈公七年至元君二十五年，凡三百有二年。其詳如下：

侯號
靈公
出公
莊公
君起
出公後元
悼公
敬公
昭公
懷公
慎公
聲公
成侯
平侯
嗣君
懷君
元君

在位年數	歷年遞加數
三十六	三十六
十二	四十八
三	五十一
一	五十二
二十一	七十三
五	七十八
十九	九十七
六	一百有三
十一	一百一十四
四十二	一百五十六
十一	一百六十七
二十九	一百九十六
八	二百有四
四十二	二百四十六
三十一	二百七十七
二十五	三百有二

按是表既較上表多出三年，且與所徵楚自平王元年至幽王八年之歷年不合。而年表與世家所載，自靈公至嗣君之歷年，又皆一致，則世家較年表紀懷君多出一年，又紀元君多出二年，自屬虛紀。

總結

總所考定衞紀年，為頃侯十二年，釐侯四十二年，武公五十五年，莊公二十三年，桓公十六年，宣公十九年，惠公前元四年，暫依世家。黔牟八年，亦依世家。惠公後元十九年，亦依世家。懿公八年，戴公一年，文公二十五年，成公三十五年，穆公十一年，定公十二年，獻公前元十八年，殤公十二年，獻公後元三年，襄公九年，靈公四十二年，出公前元十二年，莊公三年，君起一年，出公後元二十一年，悼公五年，敬公十九年，昭公六年，懷公十一年，慎公四十二年，聲公十一年，成侯二十九年，平侯八年，嗣君四十二年，懷君三十年，元君二十三年，君角二十一年，通凡六百五十八年。其統計如下：

侯	號
頃	侯
釐	侯
武	公
莊	公
桓	公
宣	公
惠	公
黔	牟
惠	公後元
懿	公
戴	公
文	公
成	公
穆	公
定	公
獻	公
殤	公
獻	公後元
襄	公
靈	公
出	公
莊	公
君	起
出	公後元
悼	公
敬	公
昭	公
懷	公
慎	公
聲	公
成	侯
平	侯
嗣	君
懷	君
元	君
君	角

在位年數	歷年遞加數
十二	十二
四十二	五十四
五十五	一百有九
二十三	一百三十二
十六	一百四十八
十九	一百六十七
四	一百七十一
八	一百七十九
十九	一百九十八
八	二百有六
一	二百有七
二十五	二百三十二
三十五	二百六十七
十一	二百七十八
十二	二百九十
十八	三百有八
十二	三百二十
三	三百二十三
九	三百三十二
四十二	三百七十四
十二	三百八十六
三	三百八十九
一	三百九十
二十一	四百一十一
五	四百一十六
十九	四百三十五
六	四百四十一
十一	四百五十二
四十二	四百九十四
十一	五百有五
二十九	五百三十四
八	五百四十二
四十二	五百八十四
三十	六百一十四
二十三	六百三十七
二十一	六百五十八

陳紀年考

陳紀年，據十二諸侯年表載：幽公二十三年，釐公三十六年，武公十五年，夷公三年，平公二十三年，文公十年，桓公三十八年，厲公七年，莊公七年，宣公四十五年，穆公十六年，共公十八年，靈公十五年，成公三十年，哀公三十五年，惠公二十八年，懷公四年，湣公二十三年，通凡三百七十六年。其統計如下：

侯號	在位年數	歷年遞加數
幽公	二十三	二十三
釐公	三十六	五十九
武公	十五	七十四
夷公	三	七十七
平公	二十三	一百
文公	十	一百一十
桓公	三十八	一百四十八
厲公	七	一百五十五
莊公	七	一百六十二
宣公	四十五	二百有七
穆公	十六	二百二十三
共公	十八	二百四十一
靈公	十五	二百五十六
成公	三十	二百八十六
哀公	三十五	三百二十一
惠公	二十八	三百四十九
懷公	四	三百五十三
湣公	二十三	三百七十六

陳世家紀年，為幽公二十三年，釐公三十六年，武公十五年，夷公三年，平公二十三年，文公十年，桓公三十八年，厲公七年，莊公七年，宣公四十五年，穆公十六年，共公十八年，靈公十五年，成公三十年，哀公三十四年，惠公二十八年，懷公四年，湣公二十四年，通凡亦為三百七十六年。其統計如下：

侯號	在位年數	歷年遞加數
幽公	二十三	二十三
釐公	三十六	五十九
武公	十五	七十四
夷公	三	七十七
平公	二十三	一百
文公	十	一百一十
桓公	三十八	一百四十八
厲公	七	一百五十五
莊公	七	一百六十二
宣公	四十五	二百有七
穆公	十六	二百二十三
共公	十八	二百四十一
靈公	十五	二百五十六
成公	三十	二百八十六
哀公	三十四	三百二十
惠公	二十八	三百四十八
懷公	四	三百五十二
湣公	二十四	三百七十六

按上兩表，歷年總數，雖屬相均。然其各自紀年，仍有歧誤。蓋年表載哀公三十五年，世家為三十四年。年表載湣公二十三年，世家為二十四年。茲因於下，作為哀公、湣公二考。又陳世家載：『幽公十二年，周厲王奔于彘。』按年表厲王奔彘，應在幽公十三年，故並為幽公紀年考云。

幽公

十二諸侯年表，載共和元年，與陳幽公十四年同年。據齊世家載：『武公九年，周厲王出奔居彘。十年，王室亂，大臣行政，號曰共和。』是則厲王奔彘，應與陳幽公十三年同年。而陳世家載：『幽公十二年，周厲王奔于彘。』與年表不合。復據陳世家載幽公『二十三年，幽公卒，子釐公孝立。釐公六年，周宣王即位。』按年表載宣王元年，與釐公五年同年。如依世家載：『幽公十二年，周厲王奔于彘。』而幽公二十三年卒，則周宣王即位，應與釐公四年同年。不唯與年表所紀不合，即於世家本身，亦不能相符。其表如下：

周歷年	陳年表	陳世家
厲王三十七年	幽公十三年	幽公十二年
共和元年	十四	十三
二	十五	十四
三	十六	十五
四	十七	十六
五	十八	十七
六	十九	十八
七	二十	十九
八	二十一	二十
九	二十二	二十一
十	二十三	二十二
十一	釐公元年	二十三
十二	二	釐公元年
十三	三	二
十四	四	三
宣王元年	五	四
○	○	五
○	○	六

復據陳世家載：『釐公卒，子武公靈立。武公十五年卒，子夷公說立。是歲，周幽王即位。』是陳武公十五年，與周幽王元年同年。考年表周幽王元年，亦在陳武公十五年。然與世家所載：『幽公十二年，周厲王奔于彘。』則又自成矛盾。蓋依『幽公十二年，周厲王奔于彘。』則周幽王元年，應在陳武公十四年故也。其表如下：

周歷年	厲王三十七年	共和元年	二	三	四	五	六	二十五
陳年表	幽公十三年	十四	十五	十六	十七	十八	十九	二十九
陳世家	幽公十二年	十三	十四	十五	十六	十七	十八	二十八
	七	八	九	十	十一	十二	十三	十四	三十
	二十	二十一	二十二	二十三	釐公元年	二	三	四	三十四
	十九	二十	二十一	二十二	二十三	釐公元年	二	三	三十三
	宣王元年	二	三	四	五	六	七	八	三十五
	五	六	七	八	九	十	十一	十二	三
	四	五	六	七	八	九	十	十一	二
	九	十	十一	十二	十三	十四	十五	十六	四十
	十三	十四	十五	十六	十七	十八	十九	二十	八
	十二	十三	十四	十五	十六	十七	十八	十九	七
	十七	十八	十九	二十	二十一	二十二	二十三	二十四	四十五
	二十一	二十二	二十三	二十四	二十五	二十六	二十七	二十八	十三
	二十	二十一	二十二	二十三	二十四	二十五	二十六	二十七	十二

二十六	二十七	二十八	二十九
三十	三十一	三十二	三十三
二十九	三十	三十一	三十二
三十一	三十二	三十三	三十四
三十五	三十六	武公元年	二
三十四	三十五	三十六	武公元年
三十六	三十七	三十八	三十九
四	五	六	七
三	四	五	六
四十一	四十二	四十三	四十四
九	十	十一	十二
八	九	十	十一
四十六	幽王元年	○	
十四	十五	○	
十三	十四	十五	

按斯表以周幽王元年與陳武公十五年同年爲準，於以逆推陳紀年，則周厲王奔彘，實應以年表所載，在幽公十三年爲是。不然，則自幽公十二年至武公十五年，較周歷年所多出之一年，實無所容。復據陳世家載：『平公七年，周幽王爲犬戎所殺，周東徙，秦始列爲諸侯。』考年表周幽王十一年，載犬戎殺幽王，亦在陳平公七年。於以逆推，則周厲王奔彘，亦應在陳幽公十三年。故陳世家載：『幽公十二年，周厲王奔于彘。』實失誤也。

哀公

哀公紀年，年表載三十五年，世家爲三十四年。據陳世家載：『成公元年冬，楚莊王爲夏徵舒殺靈公，率諸侯伐陳。』又楚世家載：莊王『十六年，伐陳，殺夏徵舒。徵舒弒其君，故誅之也。』年表載楚莊王十六年，『率諸侯誅陳夏徵舒，立陳靈公子。』亦在陳成公元年。是則陳成公元年，與楚莊王十六年同年。復據陳世家載惠公：『二十八年，吳王闔閭與子胥敗楚入郢。』又楚世家載：『昭王十年冬，吳王闔閭、伍子胥、伯嚭與唐、蔡俱伐楚，楚大敗，吳兵遂入郢。』年表載楚昭王十年，『吳蔡伐我，入郢，昭王亡。』亦在陳惠公二十八年。是則陳惠公二十八年，與楚昭王十年同年。而陳自成公元年至惠公二十八年，應與楚自莊王十六年至昭王十年之歷數相符。按楚自莊王十六年至昭王十年，凡九十三年。則陳自成公元年至惠公二十八年，亦應爲九十三年。然依年表載哀公三十五年，則其年爲九十三年，與楚歷年合。更依世家載哀公三十四年，則其年爲九十二年，明闕一年。故以楚歷年爲徵，則世家載哀公三十四年，實非是也。今列楚歷年，自莊王十六年，至昭王十年。又陳年表，與陳世家，自成公元年，至惠公二十八年，相參之表於下：

楚歷年	陳年表	陳世家
莊王十六年	成公元年	成公元年
十七	二	二
十八	三	三
二十	五	五
二十一	六	六
二十二	七	七
二十三	八	八
二	十	十
三	十一	十一
四	十二	十二
五	十三	十三
七	十五	十五
八	十六	十六
九	十七	十七
十	十八	十八
十二	二十	二十
十三	二十一	二十一
十四	二十二	二十二
十五	二十三	二十三

十九	十七	十八	十九	二十	二十一	二十二	二十三	二十四
四	二十五	二十六	二十七	二十八	二十九	三十	哀公元年	二
四	二十五	二十六	二十七	二十八	二十九	三十	哀公元年	二

共王元年	二十七	二十八	二十九	三十	三十一	康王元年	二	三
九	五	六	七	八	九	十	十一	十二
九	五	六	七	八	九	十	十一	十二

六	六	七	八	九	十	十一	十二	十三
十四	十五	十六	十七	十八	十九	二十	二十一	二十二
十四	十五	十六	十七	十八	十九	二十	二十一	二十二

十一	郏敖元年	二	三	四	靈王元年	二	三	四
十九	二十五	二十六	二十七	二十八	二十九	三十	三十一	三十二
十九	二十五	二十六	二十七	二十八	二十九	三十	三十一	三十二

十六	七	八	九	十	十一	十二	平王元年	二
二十四	三十五	惠公元年	二	三	四	五	六	七
二十四	惠公元年	二	三	四	五	六	七	八

二十五	二十六	五	六	七	八
三	四	十	十一	十二	十三
三	四	十一	十二	十三	十四
四	五	九	十	十一	十二
十三	十四	十四	十五	十六	十七
十三	十四	十五	十六	十七	十八
十四	十五	十三	昭王元年	二	三
二十三	二十四	十八	十九	二十	二十一
二十三	二十四	十九	二十	二十一	二十二
五	六	四	五	六	七
三十三	三十四	二十二	二十三	二十四	二十五
三十三	三十四	二十三	二十四	二十五	二十六
三	四	八	九	十	
八	九	二十六	二十七	二十八	
九	十	二十七	二十八	○	

湣公

湣公紀年，年表載二十三年，世家載二十四年。據陳世家載：惠公「二十八年，吳王闔閭與子胥，敗楚入郢」。按吳太伯世家，吳敗楚入郢，在闔廬九年。年表載吳闔閭九年，「與蔡伐楚入郢」，亦在陳惠公二十八年。是則陳惠公之二十八年，與吳王闔閭九年同年。復據吳世家載吳王夫差十八年，「楚滅陳」。是則陳湣公之末年，與吳王夫差十八年同年。而陳自惠公二十八年，至湣公末年，亦應與吳自闔閭九年至夫差十八年之歷數相符。按吳自闔閭九年，至夫差十八年，為二十九年。則陳自惠公二十八年，至湣公末年，亦應為二十九年。然依年表載湣公二十三年，則其年為二十八年，與吳歷年相違。更依世家載湣公二十四年，則其年適為二十九年，與吳歷年相合。是年表於湣公，似少紀一年。今列吳歷年，自闔閭九年，至夫差十八年，及陳世家，自惠公二十八年，至湣公二十四年。與陳年表自惠公二十八年，至湣公二十三年，相參之表於下：

吳歷年	陳年表	陳世家
闔閭九年	惠公二十八年	惠公二十八年
十	懷公元年	懷公元年
十一	二	二
十二	三	三
十三	四	四
十四	湣公元年	湣公元年
十五	二	二
十六	三	三
十七	四	四
十八	五	五
十九	六	六
夫差元年	七	七
二	八	八
三	九	九
四	十	十
五	十一	十一
六	十二	十二
七	十三	十三
八	十四	十四
九	十五	十五
十	十六	十六
十一	十七	十七
十二	十八	十八
十三	十九	十九
十四	二十	二十
十五	二十一	二十一
十六	二十二	二十二
十七	二十三	二十三
十八	○	二十四

復據陳世家載：惠公『二十八年，吳王闔閭與子胥敗楚入郢。』按蔡世家載：昭侯十三年，『蔡昭侯使其子為質於吳，以共伐楚。冬，與吳王闔閭遂破楚入郢。』年表載楚昭王十年，『吳蔡伐我入郢，昭王亡，伍子胥鞭平王墓。』及蔡昭侯十三年，『吳與我伐楚郢。』並在陳惠公二十八年。是則陳惠公二十八年，與蔡昭侯十三年同年。更據蔡世家載：成侯『十三年，楚滅陳。』是則陳湣公末年，與蔡成侯十三年同年。而陳自惠公二十八年至湣公末年，亦應與蔡自昭侯十三年，至成侯十三年之歷數相符。按蔡自昭侯十三年，至成侯十三年，凡二十九年。則陳自惠公二十八年，至湣公末年，亦應為二十九年。然依年表載湣公二十三年，則其年為二十八年，與蔡歷年不合。更依世家載湣公二十四年，則其年適為二十九年，與蔡歷年相同。似亦足徵年表於湣公，少紀一年。今列蔡歷年，自昭侯十三年，至成侯十三年。及陳世家自惠公二十八年，至湣公二十四年。與陳年表，自惠公二十八年，至湣公二十三年，相參之表於下：

蔡歷年	昭侯十三年	十四	十五
陳年表	惠公二十八年	懷公元年	二
陳世家	惠公二十八年	懷公元年	二

蔡歷年	十八	十九	二十	二十一
陳年表	湣公元年	二	三	四
陳世家	湣公元年	二	三	四

蔡歷年	二十四	二十五	二十六	二十七
陳年表	七	八	九	十
陳世家	七	八	九	十

蔡歷年	二	三	四	五
陳年表	十三	十四	十五	十六
陳世家	十三	十四	十五	十六

蔡歷年	八	九	十	十一
陳年表	十九	二十	二十一	二十二
陳世家	十九	二十	二十一	二十二

十六	十七
三	四
三	四
二十二	二十三
五	六
五	六
二十八	成侯元年
十一	十二
十一	十二
六	七
十七	十八
十七	十八
十二	十三
二十三	○
二十三	二十四

又按蔡世家載：『侯齊四年，楚惠王滅蔡，蔡侯齊亡，蔡遂絕祀，後陳滅三十三年。』據侯齊四年，逆推三十三年，則陳滅在蔡成侯十二年。以上表考之，蔡成侯十二年，在陳湣公二十三年。則又似謂陳湣公，以二十三年滅者。與年表相合，而與上文成侯『十三年，楚滅陳。』自相齟齬矣。今列蔡自侯齊四年，逆推三十三年，至成侯十二年之表於下：（括弧內，為逆推數。）

蔡成侯十二年（三十三）	十三（三十二）	十四（三十一）	十五（三十）
十六（二十九）	十七（二十八）	十八（二十七）	十九（二十六）
聲侯元年（二十五）	二（二十四）	三（二十三）	四（二十二）
五（二十一）	六（二十）	七（十九）	八（十八）
九（十七）	十（十六）	十一（十五）	十二（十四）
十三（十三）	十四（十二）	十五（十一）	元侯元年（十）
二（九）	三（八）	四（七）	五（六）
六（五）	侯齊元年（四）	二（三）	三（二）
四（一）			

又按陳世家載惠公『二十八年，吳王闔閭與子胥敗楚入郢。』秦本紀載哀公『三十一年，吳王闔閭與伍子胥伐楚，楚王亡奔隨，吳遂入郢，楚大夫申包胥來告急。』年表載秦哀公三十一年，『楚包胥請救。』亦在陳惠公二十八年。是則陳惠公二十八年，與秦哀公三十一年同年。復據秦本紀載悼公『十三年，楚滅陳。』是則陳湣公末年，與秦悼公十三年同年。而陳自惠公二十八年至湣公末年，亦應與秦自哀公三十一年至悼公十三年之歷數相符。按秦自哀公三十一年至悼公十三年，凡二十九年。則陳自惠公二十八年至湣公末年，亦應爲二十九年。然依世家載湣公二十四年，則其年爲二十九年。如依年表載湣公二十三年，則其年爲二十八年。亦似年表於湣公闕紀一年。今列秦自哀公三十一年至悼公十三年及陳世家自惠公二十八年，至湣公二十四年。與陳年表，自惠公二十八年，至湣公二十三年，相參之表於下：

秦歷年	三十五	三十六	惠公元年	哀公三十一年	四	五	六	三十二	九	十	悼公元年	三十三	四	五	六	三十四	九	十	十一
陳年表	四	湣公元年	二	惠公二十八年	五	六	七	懷公元年	十	十一	十二	二	十五	十六	十七	三	二十	二十一	二十二
陳世家	四	湣公元年	二	惠公二十八年	五	六	七	懷公元年	十	十一	十二	二	十五	十六	十七	三	二十	二十一	二十二

二	三	三	七	八	八	二	三十	三十	七	八十	八十	二十	三十二	三十二
三	四	四	八	九	九	三	四十	四十	八	九十	九十	三十	○	四十二

更據陳世家載：滑公『二十四年，楚惠王復國，以兵北伐，殺陳滑公，遂滅陳而有之。是歲，孔子卒。』又鄭世家亦載：聲公『二十二年，楚惠王滅陳，孔子卒。』並謂陳滅，與孔子卒同年。而秦本紀又載云：『孔子以悼公十二年卒。』依孔子卒與陳滅同年，是秦本紀又謂陳滅在秦悼公之十二年也。按上表，其歷數與陳年表相合。然與前載悼公『十三年，楚滅陳。』則又相歧矣。

考史記本紀世家，載楚滅陳之文屢見不鮮。然究其實則徒滋益紛紜。除上述吳蔡世家秦本紀所敘堪資參考外，更將其不足於徵，及其不足取信者，臚舉於下：

周本紀載：敬王『四十一年，楚滅陳。』按年表，敬王四十一年，與陳滑公二十三年同年。

杞世家載：『湣公十五年，楚惠王滅陳。十六年，湣公弟閼路弒湣公代立，是為哀公。哀公立十年卒，湣公子敕立，是為出公。出公十二年卒，子簡公春立。立一年，楚惠王之四十四年，滅杞。杞後陳亡三十四年。』按杞自湣公十六年一年，哀公十年，出公十二年，簡公一年，實凡二十四年。而云：『杞後陳亡三十四年。』殊為不合。然依年表載楚惠王十年滅陳。或依陳世家載楚惠王滅陳，應在惠王十一年。而杞滅在惠王四十四年，以楚歷年考之，亦並可謂在陳後三十四年。依年表，不數楚惠王滅陳之年。依陳世家，並數惠王滅陳之年。唯上文則又不宜載楚惠王滅陳在杞湣公十五年矣。

宋世家載：景公『三十七年，楚惠王滅陳。』是謂陳湣公末年，與宋景公三十七年同年。按陳世家載：湣公『十五年，宋滅曹。』又宋世家載：景公『三十年，曹倍宋，又倍晉。宋伐曹，晉不救，遂滅曹有之。』年表載陳湣公十五年，亦在宋景公三十年。是則陳湣公十五年，與宋景公三十年同年。依宋世家謂陳湣公末年，與宋景公三十七年同年，則陳湣公以二十二年滅矣，益不足信。

楚世家載：惠王『八年，晉伐鄭，鄭告急於楚，楚使子西救鄭，受賂而去。白公勝怒，乃遂與勇力死士石乞等，襲殺令尹子西子綦於朝，因劫惠王，置之高府，欲弒之。惠王從者屈固負王亡走昭王夫人宮，白公自立為王。月餘，會葉公來救楚，楚惠王之徒，與共攻白公，殺之，惠王乃復位。是歲也，滅陳而縣之。』按是則楚之滅陳，似在惠王八年。據年表楚惠王八年，為陳湣公二十一年。方之諸說，差失愈遠。然考楚白公之亂，年表載在惠王十年。參之列國紀年，胥以年表所紀為是。故楚世家載白公之亂及滅陳，皆在惠王八年，實有闕誤。

鄭世家載：聲公『二十二年，楚惠王滅陳，孔子卒。』按年表，鄭聲公二十二年，與陳湣公二十三年同年。

綜上所述，陳湣公應為二十三年，抑二十四年，殊難定論。故於本考中，尚須兩存其說。

總結

總所考定陳紀年，為幽公二十三年，釐公三十六年，武公十五年，夷公三年，平公二十三年，文公十年，桓公三十八年，厲公七年，莊公七年，宣公四十五年，穆公十六年，共公十八年，靈公十五年，成公三十年，哀公三十五年，惠公二十八年，懷公四年，湣公二十三年，或二十四年未定?今暫依年表二十三年，通凡三百七十六年。其統計與上所錄年表統計表相同，於是故不重述。

蔡紀年，據十二諸侯年表及附見於六國楚表者，爲武侯二十六年，夷侯二十八年，釐侯四十八年，共侯二年，戴侯十年，宣侯三十五年，桓侯二十年，哀侯二十年，穆侯二十九年，莊公三十四年，文公二十年，景公四十九年，靈侯十二年，侯廬九年，悼侯三年，昭侯二十八年，成公十九年，聲侯十五年，元侯六年，侯齊四年，通凡四百一十七年。其統計如下：

侯號	在位年數	歷年遞加數
武侯	二十六	二十六
夷侯	二十八	五十四
釐侯	四十八	一百有二
共侯	二	一百有四
戴侯	十	一百一十四
宣侯	三十五	一百四十九
桓侯	二十	一百六十九
哀侯	二十	一百八十九
穆侯	二十九	二百一十八
莊公	三十四	二百五十二
文公	二十	二百七十二
景公	四十九	三百二十一
靈侯	十二	三百三十三
侯廬	九	三百四十二
悼侯	三	三百四十五
昭侯	二十八	三百七十三
成公	十九	三百九十二
聲侯	十五	四百有七
元侯	六	四百一十三
侯齊	四	四百一十七

蔡世家紀年，爲夷侯二十八年，釐侯四十八年，共侯二年，戴侯十年，宣侯三十五年，桓侯二十年，哀侯二十年，繆侯二十九年，莊侯三十四年，文侯二十年，景侯二十九年，靈侯十二年，平侯九年，悼侯三年，昭侯二十八年，成侯十九年，聲侯十五年，元侯六年，侯齊四年，通凡三百七十一年。其統計如下：

侯號	在位年數	歷年遞加數
夷侯	二十八	二十八
釐侯	四十八	七十六
共侯	二	七十八
戴侯	十	八十八
宣侯	三十五	一百二十三
桓侯	二十	一百四十三
哀侯	二十	一百六十三
繆侯	二十九	一百九十二
莊侯	三十四	二百二十六
文侯	二十	二百四十六
景侯	二十九	二百七十五
靈侯	十二	二百八十七
平侯	九	二百九十六
悼侯	三	二百九十九
昭侯	二十八	三百二十七
成侯	十九	三百四十六
聲侯	十五	三百六十一
元侯	六	三百六十七
侯齊	四	三百七十一

蔡年表紀年，自武侯至侯齊，四百一十七年。較世家所紀三百七十一年，多四十六年。除世家所不具之武侯二十六年，尚多二十年。考其原因，則以年表載景侯四十九年，世家載二十九年，致差二十年，茲故為景侯考於下：

景侯

據蔡世家載：『景侯元年，楚莊王卒。』又載：『靈侯二年，楚公子圍，弒其王郟敖，而自立為靈王。』按楚世家載莊王二十三年卒。又載：『郟敖三年，以其季父康王弟公子圍為令尹，主兵事。四年，圍使鄭，道聞王疾而還。十二月己酉，圍入問王疾，絞而弒之。』年表亦載楚莊王二十三年薨，在蔡景公元年。楚郟敖四年，『令尹圍殺郟敖自立為靈王。』在蔡靈侯二年。是則蔡景侯元年，與楚莊王二十三年同年。蔡靈侯二年，與楚郟敖四年同年。而蔡自景侯元年至靈侯二年，亦應與楚自莊王二十三年，至郟敖四年之歷數相符。按楚自莊王二十三年，至郟敖四年，凡五十一年。則蔡自景侯元年，至靈侯二年，亦應為五十一年。然依年表載蔡景侯四十九年，其歷數適為五十一年。更依世家載蔡景侯二十九年，則其歷數為三十一年。是蔡世家於景侯，明闕二十年。故其載景侯二十九年，「太子弒景侯而自立，是為靈侯。」或亦是四十九年之訛也。今列楚歷年，自莊王二十三年至郟敖四年。及蔡年表與蔡世家，自景侯元年，至靈侯二年，相參之表於下：

楚歷年	蔡年表	蔡世家
莊王二十三年	景公元年	景侯元年
共王元年	二	二
二	三	三
三	四	四
四	五	五
七	八	八
八	九	九
九	十	十
十	十一	十一
十一	十二	十二
十二	十三	十三
十五	十六	十六
十六	十七	十七
十七	十八	十八
十八	十九	十九
十九	二十	二十
二十	二十一	二十一
二十三	二十四	二十四
二十四	二十五	二十五
二十五	二十六	二十六
二十六	二十七	二十七
二十七	二十八	二十八
二十八	二十九	二十九
三十一	三十二	○
康王元年	三十三	○
二	三十四	○
三	三十五	○
四	三十六	○
五	三十七	○

五	六	六
六	七	七
八	四十	○
九	四十一	○
十	四十二	○
十三	十四	十四
十四	十五	十五
十一	四十三	○
十二	四十四	○
十三	四十五	○
二十一	二十二	二十二
二十二	二十三	二十三
十四	四十六	○
十五	四十七	○
鄭敎元年	四十八	○
二十九	三十	靈侯元年
三十	三十一	二
二	四十九	○
三	靈侯元年	○
四	二	○
六	三十八	○
七	三十九	○

總所考定蔡紀年，除年表載景公四十九年，較世家多二十年，其他並無歧誤。今既證明世家景侯二十九年，為四十九年之謬，則蔡紀年，自應以年表所紀為實。年表歷數統計，已具於前，茲故亦不重述。

曹紀年考

曹紀年，年表世家同為夷伯三十年，幽伯九年，戴伯三十年，惠伯三十六年，穆公三年，桓公五十五年，莊公三十一年，釐公九年，昭公九年，共公三十五年，文公二十三年，宣公十七年，成公二十三年，武公二十七年，平公四年，悼公九年，襄公五年，隱公四年，靖公四年，伯陽十五年，通凡三百七十八年。其統計如下：

侯號	在位年數	歷年遞加數
夷伯	三十	三十
幽伯	九	三十九
戴伯	三十	六十九
惠伯	三十六	一百有五
穆公	三	一百有八
桓公	五十五	一百六十三
莊公	三十一	一百九十四
釐公	九	二百有三
昭公	九	二百一十二
共公	三十五	二百四十七
文公	二十三	二百七十
宣公	十七	二百八十七
成公	二十三	三百一十
武公	二十七	三百三十七
平公	四	三百四十一
悼公	九	三百五十
襄公	五	三百五十五
隱公	四	三百五十九
靖公	四	三百六十三
伯陽	十五	三百七十八

鄭紀年考

鄭紀年，據十二諸侯年表及附見於六國韓表者，爲桓公三十六年，武公二十七年，莊公四十三年，厲公四年，昭公二年，子亹一年，子嬰十四年，厲公後元七年，文公四十五年，穆公二十二年，靈公一年，襄公十八年，悼公二年，成公十四年，釐公五年，簡公三十六年，定公十六年，獻公十三年，聲公三十八年，哀公三十九年，幽公一年，繻公二十七年，康公二十一年，通凡四百三十二年。其統計如下：

侯號	在位年數	歷年遞加數
桓公	三十六	三十六
武公	二十七	六十三
莊公	四十三	一百有六
厲公	四	一百一十
昭公	二	一百一十二
子亹	一	一百一十三
子嬰	十四	一百二十七
厲公後元	七	一百三十四
文公	四十五	一百七十九
繆公	二十二	二百有一
靈公	一	二百有二
襄公	十八	二百二十
悼公	二	二百二十二
成公	十四	二百三十六
釐公	五	二百四十一
簡公	三十六	二百七十七
定公	十六	二百九十三
獻公	十三	三百有六
聲公	三十八	三百四十四
哀公	三十九	三百八十三
幽公	一	三百八十四
繻公	二十七	四百一十一
康公	二十一	四百三十二

復據鄭世家紀年，為桓公三十六年，武公二十七年，莊公四十三年，厲公四年，昭公二年，子亹一年，子嬰十四年，厲公後元七年，文公四十五年，繆公二十二年，靈公一年，襄公十八年，悼公二年，成公十四年，釐公五年，簡公三十六年，定公十三年，獻公十三年，聲公三十七年，哀公八年，共公三十年，幽公一年，繻公二十七年，君乙二十一年，通凡四百二十七年。其統計如下：

侯號	在位年數
桓公	三十六
武公	二十七
莊公	四十三
厲公	四
昭公	二
子亹	一
子嬰	十四
厲公後元	七
文公	四十五
繆公	二十二
靈公	一
襄公	十八
悼公	二
成公	十四
釐公	五
簡公	三十六
定公	十三
獻公	十三
聲公	三十七
哀公	八
共公	三十
幽公	一
繻公	二十七
君乙	二十一

歷年遞加數
三十六
六十三
一百有六
一百一十
一百一十二
一百一十三
一百二十七
一百三十四
一百七十九
二百有一
二百有二
二百二十
二百二十二
二百三十六
二百四十一
二百七十七
二百九十
三百有三
三百四十
三百四十八
三百七十八
三百七十九
四百有六
四百二十七

按上表世家紀鄭年，四百二十七年，較年表所紀四百三十二年，少五年。考其原因，則以年表載定公十六年，世家為十三年。於是年表較世家多出三年。又年表載聲公三十八年，世家載三十七年。於是年表較世家，又多一年，通上凡多四年。又年表載哀公三十九年，無共公。世家載哀公八年，共公三十年，通為三十八年，又較年表少紀一年。並上四年，故年表較世家多出五年。茲據是疑難，作為以下定公及聲公哀公二考。

定公

定公紀年，年表載十六年，世家為十三年。據吳太伯世家載：餘祭四年，使季札聘於魯，去魯遂使齊，去齊使於鄭，去鄭適衛，自衛如晉。按鄭世家載簡公『二十二年，吳使延陵季子於鄭，見子產，如舊交』。又晉世家載平公『十四年，吳延陵季子來使，與趙文子、韓宣子、魏獻子語，曰：「晉國之政，卒歸此三家矣。」』年表載晉平公十四年，『吳季札來曰：「晉政卒歸韓魏趙。」』亦與鄭簡公二十二年載『吳季札來，謂子產曰：「政將歸子，子以禮，幸脫於厄矣。」』相當。是則鄭簡公之二十二年與晉平公十四年同年。復據鄭世家載聲公『二十年，齊田常弒其君簡公，而常相於齊』。又魯世家載定公『三十一年，齊田常弒其君簡公，而立簡公弟驁為平公。』年表載齊簡公四年，『田常殺簡公，立其弟為平公。常相之，專國權』。亦在鄭聲公二十年，晉定公三十一年。是則鄭聲公二十年，與晉定公三十一年同年。而鄭自簡公二十二年，至聲公二十年，亦應與晉自平公十四年，至定公三十一年之歷數相符。按晉自平公十四年，至定公三十一年，爲六十四年。則鄭自簡公二十二年，至聲公二十年，亦應爲六十四年。然依年表載定公十六年，則其年適爲六十四年。更依世家載定公十三年，則其年僅六十一年。是世家明闕三年，而鄭定公紀年，固應以年表所載十六年爲是也。今列晉自平公十四年，至定公三十一年，及鄭年表與鄭世家，紀鄭自簡公二十二年，至聲公二十年，相參之表於下：

晉歷年	平公十四年	十五	二	三	四
鄭年表	簡公二十二年	二十三	三十六	定公元年	二
鄭世家	簡公二十二年	二十三	三十六	定公元年	二
十六	十七	十八	六	七	八
二十四	二十五	二十六	十	十一	十二
二十四	二十五	二十六	十	十一	十二
十九	二十	二十一	二	三	四
二十七	二十八	二十九	四	五	六
二十七	二十八	二十九	七	八	九
二十二	二十三	二十四	十二	十三	十四
三十	三十一	三十二	聲公元年	二	三
三十	三十一	三十二	四	五	六
二十五	二十六	昭公元年	二十二	二十三	二十四
三十三	三十四	三十五	十一	十二	十三
三十三	三十四	三十五	十四	十五	十六

五	六	頃公元年	二	三	四	五
三	四	五	六	七	八	九
三	四	五	六	七	八	九
九	十	十一	十二	十三	十四	定公元年
十三	十四	十五	十六	獻公元年	二	三
十三	獻公元年	二	三	四	五	六
五	六	七	八	九	十	十一
七	八	九	十	十一	十二	十三
十	十一	十二	十三	聲公元年	二	三
十五	十六	十七	十八	十九	二十	二十一
四	五	六	七	八	九	十
七	八	九	十	十一	十二	十三
二十五	二十六	二十七	二十八	二十九	三十	三十一
十四	十五	十六	十七	十八	十九	二十
十七	十八	十九	二十	○	○	○

聲公　哀公

聲公紀年，年表載三十八年，世家為三十七年。哀公紀年，年表載三十九年，無共公。世家載八年，而於其後，別有共公三十年，哀公共公，通凡三十八年。按鄭世家載聲公，雖有事可據，然於紀年，難得足徵。聲公以下，共公之有無，在史記中，尚未能定。更欲求其紀年，自爾憂乎其難。茲故亦用鄭年表及世家，紀聲公至哀共末年之歷數，假楚歷年以推之。據鄭世家載：「定公元年，楚公子弃疾，弑其君靈王，而自立為平王。欲行德諸侯，歸靈王所侵鄭地于鄭。」按楚世家載公子弃疾弑靈王，在靈王十二年。年表載楚靈王十二年，「弃疾作亂自立，靈王自殺，復陳蔡。」亦在鄭定公元年。是則鄭定公元年，與楚靈王十二年同年。復據鄭世家載繻公「二十五年，鄭君殺其相子陽。」又楚世家載：悼王「四年，楚伐周，鄭殺子陽。」年表載韓列侯二年，「鄭殺其相駟子陽。」亦與楚悼王四年，「敗鄭師，圍鄭，鄭人殺子陽。」相當。依年表載鄭繻公元年，在韓武子三年。韓列侯二年，亦為繻公二十五年。是則鄭繻公二十五年，與楚悼王四年同年。而鄭自定公元年，至繻公二十五年，亦應與楚自靈王十二年至悼王四年之歷數相符。按楚自靈王十二年，至悼王四年，凡一百三十二年。則鄭自定公元年，至繻公二十五年，亦應為一百三十二年。然依年表，載聲公三十八年，哀公三十九年，其年適為一百三十二年。更依世家，載聲公三十七年，哀公八年，共公三十年，其年則僅一百三十年。按鄭世家，載定公十三年。茲依年表載十六年，為作空籍三年，以補充之。不然，則世家自定公元年，至繻公二十五年，更僅為一百二十七年也。定公十三年，與十六年，詳見上文定公紀年考。是世家明闕二年。而鄭聲公哀公紀年，仍須以年表所紀為實也。今列楚自靈王十二年，至悼王四年。又鄭年表，與鄭世家，自定公元年，至繻公二十五年，相參之表於下。至鄭有共公與否，因於史記中，無佐證可據，且又為世系問題，故當別論。

楚歷年	鄭年表	鄭世家
靈王十二年	定公元年	定公元年
平王元年	二	二
二	三	三
三	四	四

四	五	六	七	八	九	十	十一	十二
五	六	七	八	九	十	十一	十二	十三
五	六	七	八	九	十	十一	十二	十三

昭王元年	二	三	四	五	六	七	八	九
十五	十六	獻公元年	二	三	四	五	六	七
○	○	獻公元年	二	三	四	五	六	七

十一	十二	十三	十四	十五	十六	十七	十八	十九
九	十	十一	十二	十三	聲公元年	二	三	四
九	十	十一	十二	十三	聲公元年	二	三	四

二十一	二十二	二十三	二十四	二十五	二十六	二十七	惠王元年	二
六	七	八	九	十	十一	十二	十三	十四
六	七	八	九	十	十一	十二	十三	十四

四	五	六	七	八	九	十	十一	十二
十六	十七	十八	十九	二十	二十一	二十二	二十三	二十四
十六	十七	十八	十九	二十	二十一	二十二	二十三	二十四

十三	十四	十五	十六	十七	十八	十九	二十	二十一
十四	二十六	二十七	二十八	二十九	三十	三十一	三十二	三十三
○	二十六	二十七	二十八	二十九	三十	三十一	三十二	三十三

十	二十四	二十五	二十六	二十七	二十八	二十九	三十	三十一
八	三十六	三十七	三十八	哀公元年	二	三	四	五
八	三十六	三十七	哀公元年	二	三	四	五	六

二十	三十四	三十五	三十六	三十七	三十八	三十九	四十	四十一
五	八	九	十	十一	十二	十三	十四	十五
五	共公元年	二	三	四	五	六	七	八

三	四十四	四十五	四十六	四十七	四十八	四十九	五十	五十一
十五	十八	十九	二十	二十一	二十二	二十三	二十四	二十五
十五	十一	十二	十三	十四	十五	十六	十七	十八

十三	五十四	五十五	五十六	五十七	簡王元年	二	三	四
二十五	二十八	二十九	三十	三十一	三十二	三十三	三十四	三十五
二十五	二十一	二十二	二十三	二十四	二十五	二十六	二十七	二十八

總結

二十二	二十三	七	八	九	十	十一	十二
三十四	三十五	三十八	三十九	幽公元年	繻公元年	二	三
三十四	三十五	幽公元年	繻公元年	二	三	四	五

三十二	三十三	十三	十四	十五	十六	十七	十八
六	七	四	五	六	七	八	九
七	八	六	七	八	九	十	十一

四十二	四十三	十九	二十	二十一	二十二	二十三	二十四
十六	十七	十	十一	十二	十三	十四	十五
九	十	十二	十三	十四	十五	十六	十七

五十二	五十三	聲王元年	二	三	四	五	六
二十六	二十七	十六	十七	十八	十九	二十	二十一
十九	二十	十八	十九	二十	二十一	二十二	二十三

五	六	悼王元年	二	三	四
三十六	三十七	二十二	二十三	二十四	二十五
二十九	三十	二十四	二十五	○	○

總所考定鄭紀年之歧誤，在年表載定公十六年，世家為十三年。年表載聲公三十八年，世家為三十七年。年表載哀公三十九年，世家為哀公八年，共公三十年。今既證明世家所紀歷數闕誤五年，則鄭紀年實應以年表所紀為準。年表歷數統計，已具於前，故亦不復重述。

燕紀年考

燕紀年，據年表載：惠侯三十八年。惠侯以下，年表世家同為釐侯三十六年，頃侯二十四年，哀侯二年，鄭侯三十六年，穆侯十八年，宣侯十三年，桓公七年，莊公三十三年，襄公四十年，桓公十六年，宣公十五年，昭公十三年，武公十九年，文公六年，懿公四年，惠公九年，悼公七年，共公五年，平公十九年，簡公十二年，獻公二十八年，孝公十五年，成公十六年，湣公三十一年，釐公三十年，桓公十一年，文公二十九年，易王十二年。至王噲，年表載九年。而世家載云：『燕噲三年，與楚三晉攻秦，不勝而還。子之相燕，貴重主斷。』又云：『王因收印，自三百石吏已上，而效之子之。子之南面行王事，而噲老不聽政，顧為臣，國事皆決於子之。三年，國人大亂，百姓恫恐，將軍市被與太子平謀將攻子之。』又云：『二年，而燕人共立太子平，是為燕昭王。』按是載燕噲三年，子之三年，又齊勝燕後二年，通凡八年，與年表載王噲九年不合。據燕世家載：『燕噲三年，與楚三晉攻秦，不勝而還。』秦本紀載：惠文王後元『七年，樂池相秦。韓、趙、魏、燕、齊帥匈奴共攻秦。秦使庶長疾與戰脩魚，虜其將申差，敗趙公子渴、韓太子奐，斬首八萬二千。』又魏世家載：『哀王元年，五國共攻秦，不勝而去。』年表載秦惠王初更七年，『五國共擊秦，不勝而還。』魏哀王元年，『擊秦不勝。』皆與燕王噲三年，『擊秦不勝。』相當。是則燕王噲三年，與秦惠王後元七年，魏哀王元年同年。復據燕世家載：昭王『二十八年，燕國殷富，士卒樂軼輕戰。於是遂以樂毅為上將軍，與秦、楚、三晉合謀以伐齊。齊兵敗，湣王出亡於外，燕兵獨追北，入至臨淄，盡取齊寶，燒其宮室宗廟，齊城之不下者，獨唯聊、莒、即墨，其餘皆屬燕。』秦本紀載：昭王『二十三年，尉斯離與三晉、燕伐齊，破之濟西。』又魏世家載：昭王『十二年，與秦、趙、韓、燕共伐齊，敗之濟西，湣王出亡，燕獨入臨菑。』年表載秦昭王二十三年『尉斯離與韓、魏、燕、趙共擊齊，破之。』魏昭王十二年『與秦擊齊濟西。』皆與燕昭王二十八年『與秦、三晉擊齊，燕獨入至臨菑，取其寶器。』相當。是則燕昭王二十八年，與秦昭王二十三年，魏昭王十二年同年。而燕自王噲三年，至昭王二十八年，亦應與秦自惠文王後元七年，至昭王二十三年。及魏自哀王元年，至昭王十二年之歷數相符。按秦自惠文王後元七年，至昭王二十三年，凡三十五年。魏自哀王元年，至昭王十二年，亦凡三十五年。則燕自王噲三年，至昭王二十八年，亦應為三十五年。然依年表載王噲九年，則其年為三十五年。更依世家載王噲八年，則其年為三十四年。是世家紀年未明，而燕王噲紀年，仍以年表所載九年為是也。今列秦自惠文王後元七年，至昭王二十三年。魏自哀王元年，至昭王十二年。及燕年表與燕世家所載，自王噲三年，至昭王二十八年，相參之表於下：

秦歷年	惠文王後七年
魏歷年	哀王元年
燕年表	王噲三年
燕世家	王噲三年
十三	十四
七	八
九	昭王元年
昭王元年	二
二	三
十四	十五
七	八
八	九
九	十
二十一	二十二
十四	十五
十五	十六
十六	十七
五	六
二十一	二十二
二十二	二十三

八	九	十	十一	十二	二十三
二	三	四	五	六	十二
四	五	六	七	八	二十八
四	五	六	七	八	○
武王元年	二	三	四	昭王元年	
九	十	十一	十二	十三	
二	三	四	五	六	
三	四	五	六	七	
四	五	六	七	八	
十六	十七	十八	十九	二十	
九	十	十一	十二	十三	
十	十一	十二	十三	十四	
十一	十二	十三	十四	十五	
二十三	昭王元年	二	三	四	
十六	十七	十八	十九	二十	
十七	十八	十九	二十	二十一	
十八	十九	二十	二十一	二十二	
七	八	九	十	十一	
二十三	二十四	二十五	二十六	二十七	
二十四	二十五	二十六	二十七	二十八	

王噲以下，年表世家又同為昭王三十三年，惠王七年，武成王十四年，孝王三年，王喜三十三年。總燕自惠侯至王喜，通凡六百四十三年。其統計如下：

侯　惠釐頃哀鄭穆宣桓莊襄桓宣昭武文懿惠悼共平簡獻孝成湣釐桓文易王昭惠武孝王

王　侯侯侯侯侯侯侯公公公公公公公公公公公公公公公公公公王噲王王成王王喜

在位年數	歷年遞加數
三十八	三十八
三十六	七十四
二十四	九十八
二	一百
三十六	一百三十六
十八	一百五十四
十三	一百六十七
七	一百七十四
三十三	二百有七
四十	二百四十七
十六	二百六十三
十五	二百七十八
十三	二百九十一
十九	三百一十
六	三百一十六
四	三百二十
九	三百二十九
七	三百三十六
五	三百四十一
十九	三百六十
十二	三百七十二
二十八	四百
十五	四百一十五
十六	四百三十一
三十一	四百六十二
三十一	四百九十三
十一	五百有三
二十九	五百三十二
十二	五百四十四
九	五百五十三
三十三	五百八十六
七	五百九十三
十四	六百有七
三	六百一十
三十三	六百四十三

杞紀年考

杞紀年，據杞世家載：武公四十七年，靖公二十三年，共公八年，德公十八年，桓公十七年，孝公十七年，文公十四年，平公十八年，悼公十二年，釐公十九年，湣公十六年，哀公十年，出公十二年，簡公一年，通凡二百三十二年。其統計如下：

侯號	在位年數	歷年遞加數
武公	四十七	四十七
靖公	二十三	七十
共公	八	七十八
德公	十八	九十六
桓公	十七	一百一十三
孝公	十七	一百三十
文公	十四	一百四十四
平公	十八	一百六十二
悼公	十二	一百七十四
釐公	十九	一百九十三
湣公	十六	二百有九
哀公	十	二百一十九
出公	十二	二百三十一
簡公	一	二百三十二

吳紀年考

吳紀年，據十二諸侯年表，與附見於六國楚表者，及吳世家，自壽夢始，同為壽夢二十五年，諸樊十三年，餘祭十七年，餘眛四年。至王僚，則年表載十二年，世家載十三年。據吳世家載：餘祭『十年，楚靈王會諸侯，而以伐吳之朱方，以誅齊慶封。』又楚世家載靈王三年『七月，楚以諸侯兵伐吳，圍朱方。八月，克之，囚慶封，滅其族。以封徇曰：「無效齊慶封，弒其君，而弱其孤，以盟諸大夫。」』年表載楚靈王三年『夏，合諸侯宋地，盟。伐吳朱方，誅慶封。』亦與吳餘祭十年『楚誅慶封。』相當。是則吳餘祭十年，與楚靈王三年同年。復據吳世家載闔廬九年，悉興師與唐蔡西伐楚，比至郢，五戰，楚五敗，楚昭王亡出郢。又楚世家載：昭王『十年冬，吳王闔廬、伍子胥、伯嚭與唐蔡俱伐楚，楚大敗，吳兵遂入郢。』年表載楚昭王十年，『吳蔡伐我入郢。』亦與闔閭九年，『與蔡伐楚入郢。』相當。是則吳王闔閭九年，與楚昭王十年同年。而吳自餘祭十年，至闔閭九年，亦應與楚自靈王三年至昭王十年之歷數相符。按楚自靈王三年至昭王十年，凡三十三年。則吳自餘祭十年至闔閭九年之歷數，亦應為三十三年。然依年表載王僚十二年，則其年為三十三年，與楚歷年相合。更依世家載王僚十三年，則其年為三十四年，與楚歷年相違。是世家多紀一年，而王僚實十二年也。今列楚自靈王三年至昭王十年，及吳年表與吳世家自餘祭十年至闔閭九年，相參之表於下：

楚歷年	靈王三年	九	十	四	五	十一	十二	五	六
吳年表	餘祭十年	十六	十七	二	三	九	十	四	五
吳世家	餘祭十年	十六	十七	二	三	九	十	三	四

四	五	六	七	八
十一	十二	十三	十四	十五
十一	十二	十三	十四	十五
十一	十二	平王元年	二	三
餘昧元年	二	三	四	吳僚元年
餘昧元年	二	三	四	吳僚元年
六	七	八	九	十
四	五	六	七	八
四	五	六	七	八
十三	昭王元年	二	三	四
十一	十二	闔閭元年	二	三
十一	十二	十三	闔廬元年	二
七	八	九	十	〇
六	七	八	九	〇
五	六	七	八	九

王僚以下，年表世家，又同為闔閭十九年，夫差二十三年。總吳自壽夢至夫差，通凡一百一十三年。其統計如下：

王號	在位年數
壽夢	二十五
諸樊	十三
餘祭	十七
餘昧	四
王僚	十二
闔閭	十九
夫差	二十三

歷年遞加數
二十五
三十八
五十五
五十九
七十一
九十
一百一十三

韓紀年考

韓紀年，據年表世家同為武子十六年，景侯九年，列侯十三年。至文侯，年表載十一年，而世家則載：「十年，文侯卒，子哀侯立。」不能相合。然年表載文侯十一年，與哀侯元年同年。則哀侯或未踰年改元，因以文侯十一年為元年。不然，則表載哀侯元年中之十一，為衍文。要之，文侯實際，祇有十年，故應以世家所紀為準。自文侯以下，年表世家，又同為哀侯六年，莊侯十二年，昭侯二十六年，宣惠王二十一年，襄王十六年，釐王二十三年，桓惠王三十四年，王安九年，通凡一百九十五年。其統計如下：

侯王	在位年數	歷年遞加數
武子	十六	十六
景侯	九	二十五
列侯	十三	三十八
文侯	十	四十八
哀侯	六	五十四
莊侯	十二	六十六
昭侯	二十六	九十二
宣惠王	二十一	一百一十三
襄王	十六	一百二十九
釐王	二十三	一百五十二
桓惠王	三十四	一百八十六
王安	九	一百九十五

趙紀年，據趙年表載簡子六十年。簡子以下，年表世家同，為襄子三十三年，桓子一年，獻侯十五年，烈侯九年，武公十三年，敬侯十二年，成侯二十五年，肅侯二十四年，武靈王二十七年，惠文王三十三年，孝成王二十一年，悼襄王九年，王遷八年，代王嘉六年，通凡二百九十六年。其統計如下：

侯王	在位年數	歷年遞加數
簡子	六十	六十
襄子	三十三	九十三
桓子	一	九十四
獻侯	十五	一百有九
烈侯	九	一百一十八
武公	十三	一百三十一
敬侯	十二	一百四十三
成侯	二十五	一百六十八
肅侯	二十四	一百九十二
武靈王	二十七	二百一十九
惠文王	三十三	二百五十二
孝成王	二十一	二百七十三
悼襄王	九	二百八十二
王遷	八	二百九十
代王嘉	六	二百九十六

魏紀年考

魏紀年，據魏年表及世家，同為文侯三十八年，武侯十六年，惠王三十六年，襄王十六年，哀王二十三年，昭王十九年，安釐王三十四年，景湣王十五年，王假三年，通凡二百年。其統計如下：

侯王	在位年數	歷年遞加數
文侯	三十八	三十八
武侯	十六	五十四
惠王	三十六	九十
襄王	十六	一百六
哀王	二十三	一百二十九
昭王	十九	一百四十八
安釐王	三十四	一百八十二
景湣王	十五	一百九十七
王假	三	二百

漢紀年考

漢紀年，高祖本紀，載高祖十二年。按張蒼列傳載：『高祖十月，始至霸上。因故秦時，本以十月為歲首。』故高祖元年，與秦二世三年相接。又呂后本紀，載孝惠帝七年，呂后八年。孝文本紀，載孝文前元十六年，後元七年，凡二十三年。孝景本紀，載前元七年，中元六年，後元三年，凡十六年。孝武紀年，據漢興以來諸侯年表，為建元六年，元光六年，元朔六年，元狩六年，元鼎六年，元封六年，太初四年，凡四十年。按太史公自序云：『余述歷黃帝以來至太初而訖。』是史記實止於太初。而高祖功臣侯年表，惠景間侯者年表，建元以來侯者年表，屢書征和，後元。（孝武太初以後年號。）又李廣傳載：『天漢二年秋，（亦太初以後年號。）貳師將軍李廣利，將三萬騎，擊匈奴右賢王於祁連天山。』匈奴列傳，亦載貳師將軍降匈奴。（按漢興以來將相名臣年表，貳師將軍降匈奴，在征和三年。）概皆後人所續，茲故不錄。復據漢興以來將相名臣年表，太始元年，亦太初以後年號。註引：『班固云：「司馬遷記事，訖于天漢。」自此以後，後人所續。』今考漢書司馬遷列傳贊，作『訖于大漢』。證以太史公自序，足徵註文『天漢』，實為『大漢』之誤，故亦不足據。而總漢自高祖元年，訖于武帝太初，通凡一百有六年。其統計如下：

皇帝	在位年數	歷年遞加數
高祖	十二	十二
孝惠	七	十九
呂后	八	二十七
孝文	二十三	五十
孝景	十六	六十六
孝武	四十	一百有六

史記紀年考　卷三

劉坦著

考定年表

本編列國紀年考，於列國紀年，雖已作具體之辯正，而得有結論。然綜其所述，咸在考定每一國在本紀與年表，或年表與世家，所紀歷年之歧誤。若夫列國紀年之參互照映，則尚未明。故復依列國紀年考辯正所得，綜爲考定年表，以臚列之。至其作始略例，要以綜合年表爲據，唯依列國紀年考校正所得，而予以糾正耳。其詳既已備具於前，茲故不復贅述。

干支	周	秦 漢	魯	齊	晉	楚	宋	衛	陳	蔡	曹	鄭	燕	杞	吳	韓	趙	魏
癸未			孝公元年															
甲申			二															
乙酉			三															
丙戌			四															

丁亥	戊子	己丑	庚寅	辛卯	壬辰	癸巳	甲午	乙未
煬公元年	二	三	四	五	六	幽公元年	二	三

丙申	丁酉	戊戌	己亥	庚子	辛丑	壬寅	癸卯	甲辰
四	五	六	七	八	九	十	十一	十二

乙巳	十三
丙午	十四
丁未	魏公元年
戊申	二
己酉	三
庚戌	四
辛亥	五
壬子	六
癸丑	七

甲寅	乙卯	丙辰	丁巳	戊午	己未	庚申	辛酉	壬戌
八	九	十	十一	十二	十三	十四	十五	十六

癸亥	甲子	乙丑	丙寅	丁卯	戊辰	己巳	庚午	辛未
十七	十八	十九	二十	二十一	二十二	二十三	二十四	二十五

壬申	癸酉	甲戌	乙亥	丙子	丁丑	戊寅	己卯	庚辰
二十六	二十七	二十八	二十九	三十	三十一	三十二	三十三	三十四

辛巳	壬午	癸未	甲申	乙酉	丙戌	丁亥	戊子	己丑
三十五	三十六	三十七	三十八	三十九	四十	四十一	四十二	四十三

庚寅	辛卯	壬辰	癸巳	甲午	乙未	丙申	丁酉	戊戌
四十四	四十五	四十六	四十七	四十八	四十九	五十	厲公元年	二

己亥	庚子	辛丑	壬寅	癸卯	甲辰	乙巳	丙午	丁未
三	四	五	六	七	八	九	十	十一

戊申	十二
己酉	十三
庚戌	十四
辛亥	十五
壬子	十六
癸丑	十七
甲寅	十八
乙卯	十九
丙辰	二十

丁巳	二十一
戊午	二十二
己未	二十三
庚申	二十四
辛酉	二十五
壬戌	二十六
癸亥	二十七
甲子	二十八
乙丑	二十九

丙寅	丁卯	戊辰	己巳	庚午	辛未	壬申	癸酉	甲戌
三十	三十一	三十二	三十三	三十四	三十五	三十六	三十七	獻公元年

乙亥		二
丙子		三
丁丑		四
戊寅		五
己卯		六
庚辰		七
辛巳		八
壬午		九
癸未	厲王元年	十

甲申	二	十一
乙酉	三	十二
丙戌	四	十三
丁亥	五	十四
戊子	六	十五
己丑	七	十六
庚寅	八	十七
辛卯	九	十八
壬辰	十	十九

癸巳	甲午	乙未	丙申	丁酉	戊戌	己亥	庚子	辛丑
十一	十二	十三	十四	十五	十六	十七	十八	十九
二十	二十一	二十二	二十三	二十四	二十五	二十六	二十七	二十八
		頃侯元年	二	三	四	五	六	七
					武侯元年	二	三	四
				夷伯元年	二	三	四	五
				惠侯元年	二	三	四	五

壬寅	癸卯	甲辰	乙巳	丙午	丁未	戊申	己酉	庚戌
二十	二十一	二十二	二十三	二十四	二十五	二十六	二十七	二十八
		秦侯元年	二	三	四	五	六	七
二十九	三十	三十一	三十二	真公元年	二	三	四	五
獻公元年	二	三	四	五	六	七	八	九
	靖侯元年	二	三	四	五	六	七	八
	釐公元年	二	三	四	五	六	七	八
八	九	十	十一	十二	釐侯元年	二	三	四
					幽公元年	二	三	四
五	六	七	八	九	十	十一	十二	十三
六	七	八	九	十	十一	十二	十三	十四
六	七	八	九	十	十一	十二	十三	十四

辛亥	壬子	癸丑	甲寅	乙卯	丙辰	丁巳	戊午	己未
二十九	三十	三十一	三十二	三十三	三十四	三十五	三十六	三十七
八	九	十	公伯元年	二	三	秦仲元年	二	三
六	七	八	九	十	十一	十二	十三	十四
武公元年	二	三	四	五	六	七	八	九
九	十	十一	十二	十三	十四	十五	十六	十七
			熊勇元年	二	三	四	五	六
九	十	十一	十二	十三	十四	十五	十六	十七
五	六	七	八	九	十	十一	十二	十三
五	六	七	八	九	十	十一	十二	十三
十四	十五	十六	十七	十八	十九	二十	二十一	二十二
十五	十六	十七	十八	十九	二十	二十一	二十二	二十三
十五	十六	十七	十八	十九	二十	二十一	二十二	二十三

庚申	辛酉	壬戌	癸亥	甲子	乙丑	丙寅	丁卯	戊辰
共和元年	二	三	四	五	六	七	八	九
四	五	六	七	八	九	十	十一	十二
十五	十六	十七	十八	十九	二十	二十一	二十二	二十三
十	十一	十二	十三	十四	十五	十六	十七	十八
十八	釐侯元年	二	三	四	五	六	七	八
七	八	九	十	熊嚴元年	二	三	四	五
十八	十九	二十	二十一	二十二	二十三	二十四	二十五	二十六
十四	十五	十六	十七	十八	十九	二十	二十一	二十二
十四	十五	十六	十七	十八	十九	二十	二十一	二十二
二十三	二十四	二十五	二十六	夷侯元年	二	三	四	五
二十四	二十五	二十六	二十七	二十八	二十九	三十	幽伯元年	二
二十四	二十五	二十六	二十七	二十八	二十九	三十	三十一	三十二

己巳	庚午	辛未	壬申	癸酉	甲戌	乙亥	丙子	丁丑
十	十一	十二	十三	十四	宣王元年	二	三	四
十三	十四	十五	十六	十七	十八	十九	二十	二十一
二十四	二十五	二十六	二十七	二十八	二十九	三十	武公元年	二
十九	二十	二十一	二十二	二十三	二十四	二十五	二十六	厲公元年
九	十	十一	十二	十三	十四	十五	十六	十七
六	七	八	九	十	熊霜元年	二	三	四
二十七	二十八	惠公元年	二	三	四	五	六	七
二十三	二十四	二十五	二十六	二十七	二十八	二十九	三十	三十一
二十三	釐公元年	二	三	四	五	六	七	八
六	七	八	九	十	十一	十二	十三	十四
三	四	五	六	七	八	九	藏伯元年	二
三十三	三十四	三十五	三十六	三十七	三十八	釐侯元年	二	三

戊寅	己卯	庚辰	辛巳	壬午	癸未	甲申	乙酉	丙戌
五	六	七	八	九	十	十一	十二	十三
二十二	二十三	莊公元年	二	三	四	五	六	七
三	四	五	六	七	八	九	十	懿公元年
二	三	四	五	六	七	八	九	文公元年
十八	獻侯元年	二	三	四	五	六	七	八
五	六	熊訚元年	二	三	四	五	六	七
八	九	十	十一	十二	十三	十四	十五	十六
三十二	三十三	三十四	三十五	三十六	三十七	三十八	三十九	四十
九	十	十一	十二	十三	十四	十五	十六	十七
十五	十六	十七	十八	十九	二十	二十一	二十二	二十三
三	四	五	六	七	八	九	十	十一
四	五	六	七	八	九	十	十一	十二

丁亥	戊子	己丑	庚寅	辛卯	壬辰	癸巳	甲午	乙未
十四	十五	十六	十七	十八	十九	二十	二十一	二十二
八	九	十	十一	十二	十三	十四	十五	十六
二	三	四	五	六	七	八	九	伯御元年
二	三	四	五	六	七	八	九	十
九	十	十一	穆侯元年	二	三	四	五	六
八	九	十	十一	十二	十三	十四	十五	十六
十七	十八	十九	二十	二十一	二十二	二十三	二十四	二十五
四十一	四十二	武公元年	二	三	四	五	六	七
十八	十九	二十	二十一	二十二	二十三	二十四	二十五	二十六
二十四	二十五	二十六	二十七	二十八	釐侯元年	二	三	四
十二	十三	十四	十五	十六	十七	十八	十九	二十
								桓公元年
十三	十四	十五	十六	十七	十八	十九	二十	二十一

丙申	丁酉	戊戌	己亥	庚子	辛丑	壬寅	癸卯	甲辰
二十三	二十四	二十五	二十六	二十七	二十八	二十九	三十	三十一
十七	十八	十九	二十	二十一	二十二	二十三	二十四	二十五
二	三	四	五	六	七	八	九	十
十一	十二	成公元年	二	三	四	五	六	七
七	八	九	十	十一	十二	十三	十四	十五
十七	十八	十九	二十	二十一	二十二	熊鄂元年	二	三
二十六	二十七	二十八	二十九	三十	三十一	戴公元年	二	三
八	九	十	十一	十二	十三	十四	十五	十六
二十七	二十八	二十九	三十	三十一	三十二	三十三	三十四	三十五
五	六	七	八	九	十	十一	十二	十三
二十一	二十二	二十三	二十四	二十五	二十六	二十七	二十八	二十九
二	三	四	五	六	七	八	九	十
二十二	二十三	二十四	二十五	二十六	二十七	二十八	二十九	三十

乙巳	丙午	丁未	戊申	己酉	庚戌	辛亥	壬子	癸丑
三十二	三十三	三十四	三十五	三十六	三十七	三十八	三十九	四十
二十六	二十七	二十八	二十九	三十	三十一	三十二	三十三	三十四
十一	孝公元年	二	三	四	五	六	七	八
八	九	莊公元年	二	三	四	五	六	七
十六	十七	十八	十九	二十	二十一	二十二	二十三	二十四
四	五	六	七	八	九	若敖元年	二	三
四	五	六	七	八	九	十	十一	十二
十七	十八	十九	二十	二十一	二十二	二十三	二十四	二十五
三十六	武公元年	二	三	四	五	六	七	八
十四	十五	十六	十七	十八	十九	二十	二十一	二十二
三十	惠伯元年	二	三	四	五	六	七	八
十一	十二	十三	十四	十五	十六	十七	十八	十九
三十一	三十二	三十三	三十四	三十五	三十六	頃侯元年	二	三

甲寅	乙卯	丙辰	丁巳	戊午	己未	庚申	辛酉	壬戌
四十一	四十二	四十三	四十四	四十五	四十六	幽王元年	二	三
三十五	三十六	三十七	三十八	三十九	四十	四十一	四十二	四十三
九	十	十一	十二	十三	十四	十五	十六	十七
八	九	十	十一	十二	十三	十四	十五	十六
二十五	二十六	二十七	殤叔元年	二	三	四	文侯元年	二
四	五	六	七	八	九	十	十一	十二
十三	十四	十五	十六	十七	十八	十九	二十	二十一
二十六	二十七	二十八	二十九	三十	三十一	三十二	三十三	三十四
九	十	十一	十二	十三	十四	十五	夷公元年	二
二十三	二十四	二十五	二十六	二十七	二十八	二十九	三十	三十一
九	十	十一	十二	十三	十四	十五	十六	十七
二十	二十一	二十二	二十三	二十四	二十五	二十六	二十七	二十八
四	五	六	七	八	九	十	十一	十二

癸亥	甲子	乙丑	丙寅	丁卯	戊辰	己巳	庚午	辛未
四	五	六	七	八	九	十	十一	平王元年
四十四	襄公元年	二	三	四	五	六	七	八
十八	十九	二十	二十一	二十二	二十三	二十四	二十五	二十六
十七	十八	十九	二十	二十一	二十二	二十三	二十四	二十五
三	四	五	六	七	八	九	十	十一
十三	十四	十五	十六	十七	十八	十九	二十	二十一
二十二	二十三	二十四	二十五	二十六	二十七	二十八	二十九	三十
三十五	三十六	三十七	三十八	三十九	四十	四十一	四十二	四十三
三	平公元年	二	三	四	五	六	七	八
三十二	三十三	三十四	三十五	三十六	三十七	三十八	三十九	四十
十八	十九	二十	二十一	二十二	二十三	二十四	二十五	二十六
二十九	三十	三十一	三十二	三十三	三十四	三十五	三十六	武公元年
十三	十四	十五	十六	十七	十八	十九	二十	二十一

壬申	癸酉	甲戌	乙亥	丙子	丁丑	戊寅	己卯	庚辰
二	三	四	五	六	七	八	九	十
九	十	十一	十二	文公元年	二	三	四	五
二十七	惠公元年	二	三	四	五	六	七	八
二十六	二十七	二十八	二十九	三十	三十一	三十二	三十三	三十四
十二	十三	十四	十五	十六	十七	十八	十九	二十
二十二	二十三	二十四	二十五	二十六	二十七	宵敖元年	二	三
三十一	三十二	三十三	三十四	武公元年	二	三	四	五
四十四	四十五	四十六	四十七	四十八	四十九	五十	五十一	五十二
九	十	十一	十二	十三	十四	十五	十六	十七
四十一	四十二	四十三	四十四	四十五	四十六	四十七	四十八	共侯元年
二十七	二十八	二十九	三十	三十一	三十二	三十三	三十四	三十五
二	三	四	五	六	七	八	九	十
二十二	二十三	二十四	哀侯元年	二	鄭侯元年	二	三	四

辛巳	壬午	癸未	甲申	乙酉	丙戌	丁亥	戊子	己丑
十一	十二	十三	十四	十五	十六	十七	十八	十九
六	七	八	九	十	十一	十二	十三	十四
九	十	十一	十二	十三	十四	十五	十六	十七
三十五	三十六	三十七	三十八	三十九	四十	四十一	四十二	四十三
二十一	二十二	二十三	二十四	二十五	二十六	二十七	二十八	二十九
四	五	六	蚡冒元年	二	三	四	五	六
六	七	八	九	十	十一	十二	十三	十四
五十三	五十四	五十五	莊公元年	二	三	四	五	六
十八	十九	二十	二十一	二十二	二十三	文公元年	二	三
二	戴侯元年	二	三	四	五	六	七	八
三十六	穆公元年	二	三	桓公元年	二	三	四	五
十一	十二	十三	十四	十五	十六	十七	十八	十九
五	六	七	八	九	十	十一	十二	十三

庚寅	辛卯	壬辰	癸巳	甲午	乙未	丙申	丁酉	戊戌
二十	二十一	二十二	二十三	二十四	二十五	二十六	二十七	二十八
十五	十六	十七	十八	十九	二十	二十一	二十二	二十三
十八	十九	二十	二十一	二十二	二十三	二十四	二十五	二十六
四十四	四十五	四十六	四十七	四十八	四十九	五十	五十一	五十二
三十	三十一	三十二	三十三	三十四	三十五	昭侯元年	二	三
七	八	九	十	十一	十二	十三	十四	十五
十五	十六	十七	十八	宣公元年	二	三	四	五
七	八	九	十	十一	十二	十三	十四	十五
四	五	六	七	八	九	十	桓公元年	二
九	十	宣侯元年	二	三	四	五	六	七
六	七	八	九	十	十一	十二	十三	十四
二十	二十一	二十二	二十三	二十四	二十五	二十六	二十七	莊公元年
十四	十五	十六	十七	十八	十九	二十	二十一	二十二

己亥	庚子	辛丑	壬寅	癸卯	甲辰	乙巳	丙午	丁未
二十九	三十	三十一	三十二	三十三	三十四	三十五	三十六	三十七
二十四	二十五	二十六	二十七	二十八	二十九	三十	三十一	三十二
二十七	二十八	二十九	三十	三十一	三十二	三十三	三十四	三十五
五十三	五十四	五十五	五十六	五十七	五十八	五十九	六十	六十一
四	五	六	孝侯元年	二	三	四	五	六
十六	十七	武王元年	二	三	四	五	六	七
六	七	八	九	十	十一	十二	十三	十四
十六	十七	十八	十九	二十	二十一	二十二	二十三	桓公元年
三	四	五	六	七	八	九	十	十一
八	九	十	十一	十二	十三	十四	十五	十六
十五	十六	十七	十八	十九	二十	二十一	二十二	二十三
二	三	四	五	六	七	八	九	十
二十三	二十四	二十五	二十六	二十七	二十八	二十九	三十	三十一

戊申	己酉	庚戌	辛亥	壬子	癸丑	甲寅	乙卯	丙辰
三十八	三十九	四十	四十一	四十二	四十三	四十四	四十五	四十六
三十三	三十四	三十五	三十六	三十七	三十八	三十九	四十	四十一
三十六	三十七	三十八	三十九	四十	四十一	四十二	四十三	四十四
六十二	六十三	六十四	厲公元年	二	三	四	五	六
七	八	九	十	十一	十二	十三	十四	十五
八	九	十	十一	十二	十三	十四	十五	十六
十五	十六	十七	十八	十九	穆公元年	二	三	四
二	三	四	五	六	七	八	九	十
十二	十三	十四	十五	十六	十七	十八	十九	二十
十七	十八	十九	二十	二十一	二十二	二十三	二十四	二十五
二十四	二十五	二十六	二十七	二十八	二十九	三十	三十一	三十二
十一	十二	十三	十四	十五	十六	十七	十八	十九
三十二	三十三	三十四	三十五	三十六	穆侯元年	二	三	四

丁巳	戊午	己未	庚申	辛酉	壬戌	癸亥	甲子	乙丑
四十七	四十八	四十九	五十	五十一	桓王元年	二	三	四
四十二	四十三	四十四	四十五	四十六	四十七	四十八	四十九	五十
四十五	四十六	隱公元年	二	三	四	五	六	七
七	八	九	十	十一	十二	十三	十四	十五
十六	鄂侯元年	二	三	四	五	六	哀侯元年	二
十七	十八	十九	二十	二十一	二十二	二十三	二十四	二十五
五	六	七	八	九	殤公元年	二	三	四
十一	十二	十三	十四	十五	十六	宣公元年	二	三
二十一	二十二	二十三	二十四	二十五	二十六	二十七	二十八	二十九
二十六	二十七	二十八	二十九	三十	三十一	三十二	三十三	三十四
三十三	三十四	三十五	三十六	三十七	三十八	三十九	四十	四十一
二十	二十一	二十二	二十三	二十四	二十五	二十六	二十七	二十八
五	六	七	八	九	十	十一	十二	十三

丙寅	丁卯	戊辰	己巳	庚午	辛未	壬申	癸酉	甲戌
五	六	七	八	九	十	十一	十二	十三
寧公元年	二	三	四	五	六	七	八	九
八	九	十	十一	桓公元年	二	三	四	五
十六	十七	十八	十九	二十	二十一	二十二	二十三	二十四
三	四	五	六	七	八	小子元年	二	三
二十六	二十七	二十八	二十九	三十	三十一	三十二	三十三	三十四
五	六	七	八	九	莊公元年	二	三	四
四	五	六	七	八	九	十	十一	十二
三十	三十一	三十二	三十三	三十四	三十五	三十六	三十七	三十八
三十五	桓侯元年	二	三	四	五	六	七	八
四十二	四十三	四十四	四十五	四十六	四十七	四十八	四十九	五十
二十九	三十	三十一	三十二	三十三	三十四	三十五	三十六	三十七
十四	十五	十六	十七	十八	宣侯元年	二	三	四

乙亥	丙子	丁丑	戊寅	己卯	庚辰	辛巳	壬午	癸未
十四	十五	十六	十七	十八	十九	二十	二十一	二十二
十	十一	十二	出子元年	二	三	四	五	六
六	七	八	九	十	十一	十二	十三	十四
二十五	二十六	二十七	二十八	二十九	三十	三十一	三十二	三十三
侯湣元年	二	三	四	五	六	七	八	九
三十五	三十六	三十七	三十八	三十九	四十	四十一	四十二	四十三
五	六	七	八	九	十	十一	十二	十三
十三	十四	十五	十六	十七	十八	十九	惠公元年	二
厲公元年	二	三	四	五	六	七	莊公元年	二
九	十	十一	十二	十三	十四	十五	十六	十七
五十一	五十二	五十三	五十四	五十五	莊公元年	二	三	四
三十八	三十九	四十	四十一	四十二	四十三	厲公元年	二	三
五	六	七	八	九	十	十一	十二	十三

甲申	乙酉	丙戌	丁亥	戊子	己丑	庚寅	辛卯	壬辰
二十三	莊王元年	二	三	四	五	六	七	八
武公元年	二	三	四	五	六	七	八	九
十五	十六	十七	十八	莊公元年	二	三	四	五
襄公元年	二	三	四	五	六	七	八	九
十	十一	十二	十三	十四	十五	十六	十七	十八
四十四	四十五	四十六	四十七	四十八	四十九	五十	五十一	文王元年
十四	十五	十六	十七	十八	十九	湣公元年	二	三
三	四	黔牟元年	二	三	四	五	六	七
三	四	五	六	七	宣公元年	二	三	四
十八	十九	二十	哀侯元年	二	三	四	五	六
五	六	七	八	九	十	十一	十二	十三
四	昭公元年	二	子亹元年	子嬰元年	二	三	四	五
桓公元年	二	三	四	五	六	七	莊公元年	二

癸巳	甲午	乙未	丙申	丁酉	戊戌	己亥	庚子	辛丑
九	十	十一	十二	十三	十四	十五	釐王元年	二
十	十一	十二	十三	十四	十五	十六	十七	十八
六	七	八	九	十	十一	十二	十三	十四
十	十一	十二	桓公元年	二	三	四	五	六
十九	二十	二十一	二十二	二十三	二十四	二十五	二十六	二十七
二	三	四	五	六	七	八	九	十
四	五	六	七	八	九	十	桓公元年	二
八	惠公後元年	二	三	四	五	六	七	八
五	六	七	八	九	十	十一	十二	十三
七	八	九	十	十一	十二	十三	十四	十五
十四	十五	十六	十七	十八	十九	二十	二十一	二十二
六	七	八	九	十	十一	十二	十三	十四
三	四	五	六	七	八	九	十	十一

壬寅	癸卯	甲辰	乙巳	丙午	丁未	戊申	己酉	庚戌
三	四	五	惠王元年	二	三	四	五	六
十九	二十	德公元年	二	宣公元年	二	三	四	五
十五	十六	十七	十八	十九	二十	二十一	二十二	二十三
七	八	九	十	十一	十二	十三	十四	十五
二十八	武公元年	二	獻公元年	二	三	四	五	六
十一	十二	十三	堵敖元年	二	三	四	五	成王元年
三	四	五	六	七	八	九	十	十一
九	十	十一	十二	十三	十四	十五	十六	十七
十四	十五	十六	十七	十八	十九	二十	二十一	二十二
十六	十七	十八	十九	二十	穆侯元年	二	三	四
二十三	二十四	二十五	二十六	二十七	二十八	二十九	三十	三十一
厲公後元年	二	三	四	五	六	七	文公元年	二
十二	十三	十四	十五	十六	十七	十八	十九	二十
			武公元年	二	三	四	五	六

辛亥	壬子	癸丑	甲寅	乙卯	丙辰	丁巳	戊午	己未
七	八	九	十	十一	十二	十三	十四	十五
六	七	八	九	十	十一	十二	成公元年	二
二十四	二十五	二十六	二十七	二十八	二十九	三十	三十一	三十二
十六	十七	十八	十九	二十	二十一	二十二	二十三	二十四
七	八	九	十	十一	十二	十三	十四	十五
二	三	四	五	六	七	八	九	十
十二	十三	十四	十五	十六	十七	十八	十九	二十
十八	十九	懿公元年	二	三	四	五	六	七
二十三	二十四	二十五	二十六	二十七	二十八	二十九	三十	三十一
五	六	七	八	九	十	十一	十二	十三
釐公元年	二	三	四	五	六	七	八	九
三	四	五	六	七	八	九	十	十一
二十一	二十二	二十三	二十四	二十五	二十六	二十七	二十八	二十九
七	八	九	十	十一	十二	十三	十四	十五

庚申	辛酉	壬戌	癸亥	甲子	乙丑	丙寅	丁卯	戊辰
十六	十七	十八	十九	二十	二十一	二十二	二十三	二十四
三	四	穆公元年	二	三	四	五	六	七
湣公元年	二	釐公元年	二	三	四	五	六	七
二十五	二十六	二十七	二十八	二十九	三十	三十一	三十二	三十三
十六	十七	十八	十九	二十	二十一	二十二	二十三	二十四
十一	十二	十三	十四	十五	十六	十七	十八	十九
二十一	二十二	二十三	二十四	二十五	二十六	二十七	二十八	二十九
八	戴公元年	文公元年	二	三	四	五	六	七
三十二	三十三	三十四	三十五	三十六	三十七	三十八	三十九	四十
十四	十五	十六	十七	十八	十九	二十	二十一	二十二
昭公元年	二	三	四	五	六	七	八	九
十二	十三	十四	十五	十六	十七	十八	十九	二十
三十	三十一	三十二	三十三	襄公元年	二	三	四	五
十六	十七	十八	十九	二十	二十一	二十二	二十三	二十四

己巳	庚午	辛未	壬申	癸酉	甲戌	乙亥	丙子	丁丑
二十五	襄王元年	二	三	四	五	六	七	八
八	九	十	十一	十二	十三	十四	十五	十六
八	九	十	十一	十二	十三	十四	十五	十六
三十四	三十五	三十六	三十七	三十八	三十九	四十	四十一	四十二
二十五	二十六	惠公元年	二	三	四	五	六	七
二十	二十一	二十二	二十三	二十四	二十五	二十六	二十七	二十八
三十	三十一	襄公元年	二	三	四	五	六	七
八	九	十	十一	十二	十三	十四	十五	十六
四十一	四十二	四十三	四十四	四十五	穆公元年	二	三	四
二十三	二十四	二十五	二十六	二十七	二十八	二十九	莊公元年	二
共公元年	二	三	四	五	六	七	八	九
二十一	二十二	二十三	二十四	二十五	二十六	二十七	二十八	二十九
六	七	八	九	十	十一	十二	十三	十四
二十五	二十六	二十七	二十八	二十九	三十	三十一	三十二	三十三

戊寅	己卯	庚辰	辛巳	壬午	癸未	甲申	乙酉	丙戌
九	十	十一	十二	十三	十四	十五	十六	十七
十七	十八	十九	二十	二十一	二十二	二十三	二十四	二十五
十七	十八	十九	二十	二十一	二十二	二十三	二十四	二十五
四十三	孝公元年	二	三	四	五	六	七	八
八	九	十	十一	十二	十三	十四	文公元年	二
二十九	三十	三十一	三十二	三十三	三十四	三十五	三十六	三十七
八	九	十	十一	十二	十三	十四	成公元年	二
十七	十八	十九	二十	二十一	二十二	二十三	二十四	二十五
五	六	七	八	九	十	十一	十二	十三
三	四	五	六	七	八	九	十	十一
十	十一	十二	十三	十四	十五	十六	十七	十八
三十	三十一	三十二	三十三	三十四	三十五	三十六	三十七	三十八
十五	十六	十七	十八	十九	二十	二十一	二十二	二十三
三十四	三十五	三十六	三十七	三十八	三十九	四十	四十一	四十二

丁亥	戊子	己丑	庚寅	辛卯	壬辰	癸巳	甲午	乙未
十八	十九	二十	二十一	二十二	二十三	二十四	二十五	二十六
二十六	二十七	二十八	二十九	三十	三十一	三十二	三十三	三十四
二十六	二十七	二十八	二十九	三十	三十一	三十二	三十三	文公元年
九	十	昭公元年	二	三	四	五	六	七
三	四	五	六	七	八	九	襄公元年	二
三十八	三十九	四十	四十一	四十二	四十三	四十四	四十五	四十六
三	四	五	六	七	八	九	十	十一
成公元年	二	三	四	五	六	七	八	九
十四	十五	十六	共公元年	二	三	四	五	六
十二	十三	十四	十五	十六	十七	十八	十九	二十
十九	二十	二十一	二十二	二十三	二十四	二十五	二十六	二十七
三十九	四十	四十一	四十二	四十三	四十四	四十五	穆公元年	二
二十四	二十五	二十六	二十七	二十八	二十九	三十	三十一	三十二
四十三	四十四	四十五	四十六	四十七	靖公元年	二	三	四

丙申	丁酉	戊戌	己亥	庚子	辛丑	壬寅	癸卯	甲辰
二十七	二十八	二十九	三十	三十一	三十二	三十三	頃王元年	二
三十五	三十六	三十七	三十八	三十九	康公元年	二	三	四
二	三	四	五	六	七	八	九	十
八	九	十	十一	十二	十三	十四	十五	十六
三	四	五	六	七	靈公元年	二	三	四
穆王元年	二	三	四	五	六	七	八	九
十二	十三	十四	十五	十六	十七	昭公元年	二	三
十	十一	十二	十三	十四	十五	十六	十七	十八
七	八	九	十	十一	十二	十三	十四	十五
二十一	二十二	二十三	二十四	二十五	二十六	二十七	二十八	二十九
二十八	二十九	三十	三十一	三十二	三十三	三十四	三十五	文公元年
三	四	五	六	七	八	九	十	十一
三十三	三十四	三十五	三十六	三十七	三十八	三十九	四十	桓公元年
五	六	七	八	九	十	十一	十二	十三

乙巳	丙午	丁未	戊申	己酉	庚戌	辛亥	壬子	癸丑
三	四	五	六	匡王元年	二	三	四	五
五	六	七	八	九	十	十一	十二	共公元年
十一	十二	十三	十四	十五	十六	十七	十八	宣公元年
十七	十八	十九	二十	懿公元年	二	三	四	惠公元年
五	六	七	八	九	十	十一	十二	十三
十	十一	十二	莊王元年	二	三	四	五	六
四	五	六	七	八	九	文公元年	二	三
十九	二十	二十一	二十二	二十三	二十四	二十五	二十六	二十七
十六	十七	十八	靈公元年	二	三	四	五	六
三十	三十一	三十二	三十三	三十四	文公元年	二	三	四
二	三	四	五	六	七	八	九	十
十二	十三	十四	十五	十六	十七	十八	十九	二十
二	三	四	五	六	七	八	九	十
十四	十五	十六	十七	十八	十九	二十	二十一	二十二

甲寅	乙卯	丙辰	丁巳	戊午	己未	庚申	辛酉	壬戌
六	定王元年	二	三	四	五	六	七	八
二	三	四	五	桓公元年	二	三	四	五
二	三	四	五	六	七	八	九	十
二	三	四	五	六	七	八	九	十
十四	成公元年	二	三	四	五	六	七	景公元年
七	八	九	十	十一	十二	十三	十四	十五
四	五	六	七	八	九	十	十一	十二
二十八	二十九	三十	三十一	三十二	三十三	三十四	三十五	穆公元年
七	八	九	十	十一	十二	十三	十四	十五
五	六	七	八	九	十	十一	十二	十三
十一	十二	十三	十四	十五	十六	十七	十八	十九
二十一	二十二	靈公元年	襄公元年	二	三	四	五	六
十一	十二	十三	十四	十五	十六	宣公元年	二	三
二十三	共公元年	二	三	四	五	六	七	八

癸亥	甲子	乙丑	丙寅	丁卯	戊辰	己巳	庚午	辛未
九	十	十一	十二	十三	十四	十五	十六	十七
六	七	八	九	十	十一	十二	十三	十四
十一	十二	十三	十四	十五	十六	十七	十八	成公元年
頃公元年	二	三	四	五	六	七	八	九
二	三	四	五	六	七	八	九	十
十六	十七	十八	十九	二十	二十一	二十二	二十三	共王元年
十三	十四	十五	十六	十七	十八	十九	二十	二十一
二	三	四	五	六	七	八	九	十
成公元年	二	三	四	五	六	七	八	九
十四	十五	十六	十七	十八	十九	二十	景公元年	二
二十	二十一	二十二	二十三	宣公元年	二	三	四	五
七	八	九	十	十一	十二	十三	十四	十五
四	五	六	七	八	九	十	十一	十二
德公元年	二	三	四	五	六	七	八	九

壬申	癸酉	甲戌	乙亥	丙子	丁丑	戊寅	己卯	庚辰
十八	十九	二十	二十一	簡王元年	二	三	四	五
十五	十六	十七	十八	十九	二十	二十一	二十二	二十三
二	三	四	五	六	七	八	九	十
十	十一	十二	十三	十四	十五	十六	十七	靈公元年
十一	十二	十三	十四	十五	十六	十七	十八	十九
二	三	四	五	六	七	八	九	十
二十二	共公元年	二	三	四	五	六	七	八
十一	定公元年	二	三	四	五	六	七	八
十	十一	十二	十三	十四	十五	十六	十七	十八
三	四	五	六	七	八	九	十	十一
六	七	八	九	十	十一	十二	十三	十四
十六	十七	十八	悼公元年	二	成公元年	二	三	四
十三	十四	十五	昭公元年	二	三	四	五	六
十	十一	十二	十三	十四	十五	十六	十七	十八
				壽夢元年	二	三	四	五

辛巳	壬午	癸未	甲申	乙酉	丙戌	丁亥	戊子	己丑
六	七	八	九	十	十一	十二	十三	十四
二十四	二十五	二十六	二十七	景公元年	二	三	四	五
十一	十二	十三	十四	十五	十六	十七	十八	襄公元年
二	三	四	五	六	七	八	九	十
厲公元年	二	三	四	五	六	七	八	悼公元年
十一	十二	十三	十四	十五	十六	十七	十八	十九
九	十	十一	十二	十三	平公元年	二	三	四
九	十	十一	十二	獻公元年	二	三	四	五
十九	二十	二十一	二十二	二十三	二十四	二十五	二十六	二十七
十二	十三	十四	十五	十六	十七	十八	十九	二十
十五	十六	十七	成公元年	二	三	四	五	六
五	六	七	八	九	十	十一	十二	十三
七	八	九	十	十一	十二	十三	武公元年	二
桓公元年	二	三	四	五	六	七	八	九
六	七	八	九	十	十一	十二	十三	十四

庚寅	辛卯	壬辰	癸巳	甲午	乙未	丙申	丁酉	戊戌
靈王元年	二	三	四	五	六	七	八	九
六	七	八	九	十	十一	十二	十三	十四
二	三	四	五	六	七	八	九	十
十一	十二	十三	十四	十五	十六	十七	十八	十九
二	三	四	五	六	七	八	九	十
二十	二十一	二十二	二十三	二十四	二十五	二十六	二十七	二十八
五	六	七	八	九	十	十一	十二	十三
六	七	八	九	十	十一	十二	十三	十四
二十八	二十九	三十	哀公元年	二	三	四	五	六
二十一	二十二	二十三	二十四	二十五	二十六	二十七	二十八	二十九
七	八	九	十	十一	十二	十三	十四	十五
十四	釐公元年	二	三	四	五	簡公元年	二	三
三	四	五	六	七	八	九	十	十一
十	十一	十二	十三	十四	十五	十六	十七	孝公元年
十五	十六	十七	十八	十九	二十	二十一	二十二	二十三

己亥	庚子	辛丑	壬寅	癸卯	甲辰	乙巳	丙午	丁未
十	十一	十二	十三	十四	十五	十六	十七	十八
十五	十六	十七	十八	十九	二十	二十一	二十二	二十三
十一	十二	十三	十四	十五	十六	十七	十八	十九
二十	二十一	二十二	二十三	二十四	二十五	二十六	二十七	二十八
十一	十二	十三	十四	十五	平公元年	二	三	四
二十九	三十	三十一	康王元年	二	三	四	五	六
十四	十五	十六	十七	十八	十九	二十	二十一	二十二
十五	十六	十七	十八	殤公元年	二	三	四	五
七	八	九	十	十一	十二	十三	十四	十五
三十	三十一	三十二	三十三	三十四	三十五	三十六	三十七	三十八
十六	十七	十八	十九	二十	二十一	二十二	二十三	武公元年
四	五	六	七	八	九	十	十一	十二
十二	十三	十四	十五	十六	十七	十八	十九	文公元年
二	三	四	五	六	七	八	九	十
二十四	二十五	諸樊元年	二	三	四	五	六	七

戊申	己酉	庚戌	辛亥	壬子	癸丑	甲寅	乙卯	丙辰
十九	二十	二十一	二十二	二十三	二十四	二十五	二十六	二十七
二十四	二十五	二十六	二十七	二十八	二十九	三十	三十一	三十二
二十	二十一	二十二	二十三	二十四	二十五	二十六	二十七	二十八
莊公元年	二	三	四	五	六	景公元年	二	三
五	六	七	八	九	十	十一	十二	十三
七	八	九	十	十一	十二	十三	十四	十五
二十三	二十四	二十五	二十六	二十七	二十八	二十九	三十	三十一
六	七	八	九	十	十一	十二	獻公後元年	二
十六	十七	十八	十九	二十	二十一	二十二	二十三	二十四
三十九	四十	四十一	四十二	四十三	四十四	四十五	四十六	四十七
二	三	四	五	六	七	八	九	十
十三	十四	十五	十六	十七	十八	十九	二十	二十一
二	三	四	五	六	懿公元年	二	三	四
十一	十二	十三	十四	十五	十六	十七	文公元年	二
八	九	十	十一	十二	十三	餘祭元年	二	三

丁巳	戊午	己未	庚申	辛酉	壬戌	癸亥	甲子	乙丑
景王元年	二	三	四	五	六	七	八	九
三十三	三十四	三十五	三十六	三十七	三十八	三十九	四十	哀公元年
二十九	三十	三十一	昭公元年	二	三	四	五	六
四	五	六	七	八	九	十	十一	十二
十四	十五	十六	十七	十八	十九	二十	二十一	二十二
郏敖元年	二	三	四	靈王元年	二	三	四	五
三十二	三十三	三十四	三十五	三十六	三十七	三十八	三十九	四十
三	襄公元年	二	三	四	五	六	七	八
二十五	二十六	二十七	二十八	二十九	三十	三十一	三十二	三十三
四十八	四十九	靈侯元年	二	三	四	五	六	七
十一	十二	十三	十四	十五	十六	十七	十八	十九
二十二	二十三	二十四	二十五	二十六	二十七	二十八	二十九	三十
惠公元年	二	三	四	五	六	七	八	九
三	四	五	六	七	八	九	十	十一
四	五	六	七	八	九	十	十一	十二

丙寅	丁卯	戊辰	己巳	庚午	辛未	壬申	癸酉	甲戌
十	十一	十二	十三	十四	十五	十六	十七	十八
二	三	四	五	六	七	八	九	十
七	八	九	十	十一	十二	十三	十四	十五
十三	十四	十五	十六	十七	十八	十九	二十	二十一
二十三	二十四	二十五	二十六	昭公元年	二	三	四	五
六	七	八	九	十	十一	十二	平王元年	二
四十一	四十二	四十三	四十四	元公元年	二	三	四	五
九	靈公元年	二	三	四	五	六	七	八
三十四	三十五	惠公元年	二	三	四	五	六	七
八	九	十	十一	十二	平侯元年	二	三	四
二十	二十一	二十二	二十三	二十四	二十五	二十六	二十七	平公元年
三十一	三十二	三十三	三十四	三十五	三十六	定公元年	二	三
悼公元年	二	三	四	五	六	七	共公元年	二
二十	三十	四十	平公元年	二	三	四	五	六
三十	四十	五十	六十	七十	餘眜元年	二	三	四

乙亥	丙子	丁丑	戊寅	己卯	庚辰	辛巳	壬午	癸未
十九	二十	二十一	二十二	二十三	二十四	二十五	敬王元年	二
十一	十二	十三	十四	十五	十六	十七	十八	十九
十六	十七	十八	十九	二十	二十一	二十二	二十三	二十四
二十二	二十三	二十四	二十五	二十六	二十七	二十八	二十九	三十
六	頃公元年	二	三	四	五	六	七	八
三	四	五	六	七	八	九	十	十一
六	七	八	九	十	十一	十二	十三	十四
九	十	十一	十二	十三	十四	十五	十六	十七
八	九	十	十一	十二	十三	十四	十五	十六
五	六	七	八	九	悼侯元年	二	三	昭侯元年
二	三	四	悼公元年	二	三	四	五	六
四	五	六	七	八	九	十	十一	十二
三	四	五	平公元年	二	三	四	五	六
七	八	九	十	十一	十二	十三	十四	十五
王僚元年	二	三	四	五	六	七	八	九

甲申	乙酉	丙戌	丁亥	戊子	己丑	庚寅	辛卯	壬辰
三	四	五	六	七	八	九	十	十一
二十	二十一	二十二	二十三	二十四	二十五	二十六	二十七	二十八
二十五	二十六	二十七	二十八	二十九	三十	三十一	三十二	定公元年
三十一	三十二	三十三	三十四	三十五	三十六	三十七	三十八	三十九
九	十	十一	十二	十三	十四	定公元年	二	三
十二	十三	昭王元年	二	三	四	五	六	七
十五	景公元年	二	三	四	五	六	七	八
十八	十九	二十	二十一	二十二	二十三	二十四	二十五	二十六
十七	十八	十九	二十	二十一	二十二	二十三	二十四	二十五
二	三	四	五	六	七	八	九	十
七	八	九	襄公元年	二	三	四	五	隱公元年
十三	十四	十五	十六	獻公元年	二	三	四	五
七	八	九	十	十一	十二	十三	十四	十五
十六	十七	十八	悼公元年	二	三	四	五	六
十	十一	十二	闔閭元年	二	三	四	五	六
簡子元年	二	三	四	五	六	七	八	九

癸巳	甲午	乙未	丙申	丁酉	戊戌	己亥	庚子	辛丑
十二	十三	十四	十五	十六	十七	十八	十九	二十
二十九	三十	三十一	三十二	三十三	三十四	三十五	三十六	惠公元年
二	三	四	五	六	七	八	九	十
四十	四十一	四十二	四十三	四十四	四十五	四十六	四十七	四十八
四	五	六	七	八	九	十	十一	十二
八	九	十	十一	十二	十三	十四	十五	十六
九	十	十一	十二	十三	十四	十五	十六	十七
二十七	二十八	二十九	三十	三十一	三十二	三十三	三十四	三十五
二十六	二十七	二十八	懷公元年	二	三	四	湣公元年	二
十一	十二	十三	十四	十五	十六	十七	十八	十九
二	三	四	靖公元年	二	三	四	伯陽元年	二
六	七	八	九	十	十一	十二	十三	聲公元年
十六	十七	十八	十九	簡公元年	二	三	四	五
七	八	九	十	十一	十二	蠆公元年	二	三
七	八	九	十	十一	十二	十三	十四	十五
十	十一	十二	十三	十四	十五	十六	十七	十八

壬寅	癸卯	甲辰	乙巳	丙午	丁未	戊申	己酉	庚戌
二十一	二十二	二十三	二十四	二十五	二十六	二十七	二十八	二十九
二	三	四	五	六	七	八	九	十
十一	十二	十三	十四	十五	哀公元年	二	三	四
四十九	五十	五十一	五十二	五十三	五十四	五十五	五十六	五十七
十三	十四	十五	十六	十七	十八	十九	二十	二十一
十七	十八	十九	二十	二十一	二十二	二十三	二十四	二十五
十八	十九	二十	二十一	二十二	二十三	二十四	二十五	二十六
三十六	三十七	三十八	三十九	四十	四十一	四十二	出公元年	二
三	四	五	六	七	八	九	十	十一
二十	二十一	二十二	二十三	二十四	二十五	二十六	二十七	二十八
三	四	五	六	七	八	九	十	十一
二	三	四	五	六	七	八	九	十
六	七	八	九	十	十一	十二	獻公元年	二
四	五	六	七	八	九	十	十一	十二
十六	十七	十八	十九	夫差元年	二	三	四	五
十九	二十	二十一	二十二	二十三	二十四	二十五	二十六	二十七

辛亥	壬子	癸丑	甲寅	乙卯	丙辰	丁巳	戊午	己未
三十	三十一	三十二	三十三	三十四	三十五	三十六	三十七	三十八
悼公元年	二	三	四	五	六	七	八	九
五	六	七	八	九	十	十一	十二	十三
五十八	晏孺子元年	悼公元年	二	三	四	簡公元年	二	三
二十二	二十三	二十四	二十五	二十六	二十七	二十八	二十九	三十
二十六	二十七	惠王元年	二	三	四	五	六	七
二十七	二十八	二十九	三十	三十一	三十二	三十三	三十四	三十五
三	四	五	六	七	八	九	十	十一
十二	十三	十四	十五	十六	十七	十八	十九	二十
成公元年	二	三	四	五	六	七	八	九
十二	十三	十四	十五					
十一	十二	十三	十四	十五	十六	十七	十八	十九
三	四	五	六	七	八	九	十	十一
十三	十四	十五	十六	十七	十八	十九	湣公元年	二
六	七	八	九	十	十一	十二	十三	十四
二十八	二十九	三十	三十一	三十二	三十三	三十四	三十五	三十六

庚申	辛酉	壬戌	癸亥	甲子	乙丑	丙寅	丁卯	戊辰
三十九	四十	四十一	四十二	四十三	元王元年	二	三	四
十	十一	十二	十三	十四	厲共公元年	二	三	四
十四	十五	十六	十七	十八	十九	二十	二十一	二十二
四	平公元年	二	三	四	五	六	七	八
三十一	三十二	三十三	三十四	三十五	三十六	三十七	出公元年	二
八	九	十	十一	十二	十三	十四	十五	十六
三十六	三十七	三十八	三十九	四十	四十一	四十二	四十三	四十四
二十	莊公元年	二	三	君起元年	出公後元年	二	三	四
二十一	二十二	二十三						
十	十一	十二	十三	十四	十五	十六	十七	十八
二十	二十一	二十二	二十三	二十四	二十五	二十六	二十七	二十八
十二	十三	十四	十五	十六	十七	十八	十九	二十
三	四	五	六	七	八	九	十	十一
十五	十六	十七	十八	十九	二十	二十一	二十二	二十三
三十七	三十八	三十九	四十	四十一	四十二	四十三	四十四	四十五

己巳	庚午	辛未	壬申	癸酉	甲戌	乙亥	丙子	丁丑
五	六	七	八	定王元年	二	三	四	五
五	六	七	八	九	十	十一	十二	十三
二十三	二十四	二十五	二十六	二十七	二十八	悼公元年	二	三
九	十	十一	十二	十三	十四	十五	十六	十七
三	四	五	六	七	八	九	十	十一
十七	十八	十九	二十	二十一	二十二	二十三	二十四	二十五
四十五	四十六	四十七	四十八	四十九	五十	五十一	五十二	五十三
五	六	七	八	九	十	十一	十二	十三
十九	聲侯元年	二	三	四	五	六	七	八
二十九	三十	三十一	三十二	三十三	三十四	三十五	三十六	三十七
二十一	二十二	二十三	二十四	二十五	二十六	二十七	二十八	孝公元年
十二	十三	十四	十五	十六	哀公元年	二	三	四
四十六	四十七	四十八	四十九	五十	五十一	五十二	五十三	五十四

戊寅	己卯	庚辰	辛巳	壬午	癸未	甲申	乙酉	丙戌
六	七	八	九	十	十一	十二	十三	十四
十四	十五	十六	十七	十八	十九	二十	二十一	二十二
四	五	六	七	八	九	十	十一	十二
十八	十九	二十	二十一	二十二	二十三	二十四	二十五	宣公元年
十二	十三	十四	十五	十六	十七	十八	哀公元年	二
二十六	二十七	二十八	二十九	三十	三十一	三十二	三十三	三十四
五十四	五十五	五十六	五十七	五十八	五十九	六十	六十一	六十二
十四	十五	十六	十七	十八	十九	二十	二十一	悼公元年
九	十	十一	十二	十三	十四	十五	元侯元年	二
三十八	哀公元年	二	三	四	五	六	七	八
二	三	四	五	六	七	八	九	十
五	六	七	八	九	十	出公元年	二	三
五十五	五十六	五十七	五十八	五十九	六十	襄子元年	二	三

丁亥	戊子	己丑	庚寅	辛卯	壬辰	癸巳	甲午	乙未
十五	十六	十七	十八	十九	二十	二十一	二十二	二十三
二十三	二十四	二十五	二十六	二十七	二十八	二十九	三十	三十一
十三	十四	十五	十六	十七	十八	十九	二十	二十一
二	三	四	五	六	七	八	九	十
三	四	五	六	七	八	九	十	十一
三十五	三十六	三十七	三十八	三十九	四十	四十一	四十二	四十三
六十三	六十四	六十五	六十六	昭公元年	二	三	四	五
二	三	四	五	敬公元年	二	三	四	五
三	四	五	六	侯齊元年	二	三	四	
九	十	十一	十二	十三	十四	十五	十六	十七
十一	十二	十三	十四	十五	成公元年	二	三	四
四	五	六	七	八	九	十	十一	十二
四	五	六	七	八	九	十	十一	十二

丙申	丁酉	戊戌	己亥	庚子	辛丑	壬寅	癸卯	甲辰
二十四	二十五	二十六	二十七	二十八	考王元年	二	三	四
三十二	三十三	三十四	躁公元年	二	三	四	五	六
二十二	二十三	二十四	二十五	二十六	二十七	二十八	二十九	三十
十一	十二	十三	十四	十五	十六	十七	十八	十九
十二	十三	十四	十五	十六	十七	十八	十九	幽公元年
四十四	四十五	四十六	四十七	四十八	四十九	五十	五十一	五十二
六	七	八	九	十	十一	十二	十三	十四
六	七	八	九	十	十一	十二	十三	十四
十八	十九	二十	二十一	二十二	二十三	二十四	二十五	二十六
五	六	七	八	九	十	十一	十二	十三
簡公元年								
十三	十四	十五	十六	十七	十八	十九	二十	二十一

乙巳	丙午	丁未	戊申	己酉	庚戌	辛亥	壬子	癸丑
五	六	七	八	九	十	十一	十二	十三
七	八	九	十	十一	十二	十三	十四	懷公元年
三十一	三十二	三十三	三十四	三十五	三十六	三十七	三十八	元公元年
二十	二十一	二十二	二十三	二十四	二十五	二十六	二十七	二十八
二	三	四	五	六	七	八	九	十
五十三	五十四	五十五	五十六	五十七	簡王元年	二	三	四
十五	十六	十七	十八	十九	二十	二十一	二十二	二十三
十五	十六	十七	十八	十九	昭公元年	二	三	四
二十七	二十八	二十九	三十	三十一	三十二	三十三	三十四	三十五
十四	十五	十六	滑公元年	二	三	四	五	六
二十二	二十三	二十四	二十五	二十六	二十七	二十八	二十九	三十

甲寅	乙卯	丙辰	丁巳	戊午	己未	庚申	辛酉	壬戌
十四	十五	威烈王元年	二	三	四	五	六	七
二	三	四	靈公元年	二	三	四	五	六
二	三	四	五	六	七	八	九	十
二十九	三十	三十一	三十二	三十三	三十四	三十五	三十六	三十七
十一	十二	十三	十四	十五	十六	十七	十八	烈公元年
五	六	七	八	九	十	十一	十二	十三
二十四	二十五	二十六	二十七	二十八	二十九	三十	三十一	三十二
五	六	懷公元年	二	三	四	五	六	七
三十六	三十七	三十八	三十九	幽公元年	繻公元年	二	三	四
七	八	九	十	十一	十二	十三	十四	十五
			武子元年	二	三	四	五	六
三十一	三十二	三十三	桓子元年	獻侯元年	二	三	四	五
			文侯元年	二	三	四	五	六

癸亥	甲子	乙丑	丙寅	丁卯	戊辰	己巳	庚午	辛未
八	九	十	十一	十二	十三	十四	十五	十六
七	八	九	十	簡公元年	二	三	四	五
十一	十二	十三	十四	十五	十六	十七	十八	十九
三十八	三十九	四十	四十一	四十二	四十三	四十四	四十五	四十六
二	三	四	五	六	七	八	九	十
十四	十五	十六	十七	十八	十九	二十	二十一	二十二
三十三	三十四	三十五	三十六	三十七	三十八	三十九	四十	四十一
八	九	十	十一	頃公元年	二	三	四	五
五	六	七	八	九	十	十一	十二	十三
十六	十七	十八	十九	二十	二十一	二十二	二十三	二十四
七	八	九	十	十一	十二	十三	十四	十五
六	七	八	九	十	十一	十二	十三	十四
七	八	九	十	十一	十二	十三	十四	十五

壬申	癸酉	甲戌	乙亥	丙子	丁丑	戊寅	己卯	庚辰
十七	十八	十九	二十	二十一	二十二	二十三	二十四	安王元年
六	七	八	九	十	十一	十二	十三	十四
二十	二十一	穆公元年	二	三	四	五	六	七
四十七	四十八	四十九	五十	五十一	康公元年	二	三	四
十一	十二	十三	十四	十五	十六	十七	十八	十九
二十三	二十四	聲王元年	二	三	四	五	六	悼王元年
四十二	四十三	四十四	四十五	四十六	四十七	悼公元年	二	三
六	七	八	九	十	十一	十二	十三	十四
十四	十五	十六	十七	十八	十九	二十	二十一	二十二
二十五	二十六	二十七	二十八	二十九	三十	三十一	釐公元年	二
十六	景侯元年	二	三	四	五	六	七	八
十五	烈侯元年	二	三	四	五	六	七	八
十六	十七	十八	十九	二十	二十一	二十二	二十三	二十四

辛巳	壬午	癸未	甲申	乙酉	丙戌	丁亥	戊子	己丑
二	三	四	五	六	七	八	九	十
十五	惠公元年	二	三	四	五	六	七	八
八	九	十	十一	十二	十三	十四	十五	十六
五	六	七	八	九	十	十一	十二	十三
二十	二十一	二十二	二十三	二十四	二十五	二十六	二十七	孝公元年
二	三	四	五	六	七	八	九	十
四	五	六	七	八	休公元年	二	三	四
十五	十六	十七	十八	十九	二十	二十一	二十二	二十三
二十三	二十四	二十五	二十六	二十七	康公元年	二	三	四
三	四	五	六	七	八	九	十	十一
九	列侯元年	二	三	四	五	六	七	八
九	武公元年	二	三	四	五	六	七	八
二十五	二十六	二十七	二十八	二十九	三十	三十一	三十二	三十三

庚寅	辛卯	壬辰	癸巳	甲午	乙未	丙申	丁酉	戊戌
十一	十二	十三	十四	十五	十六	十七	十八	十九
九	十	十一	十二	十三	出子元年	二	獻公元年	二
十七	十八	十九	二十	二十一	二十二	二十三	二十四	二十五
十四	十五	十六	十七	十八	十九	二十	二十一	二十二
二	三	四	五	六	七	八	九	十
十一	十二	十三	十四	十五	十六	十七	十八	十九
五	六	七	八	九	十	十一	十二	十三
二十四	二十五	二十六	二十七	二十八	二十九	三十	三十一	三十二
五	六	七	八	九	十	十一	十二	十三
十二	十三	十四	十五	十六	十七	十八	十九	二十
九	十	十一	十二	十三	文侯元年	二	三	四
九	十	十一	十二	十三	敬侯元年	二	三	四
三十四	三十五	三十六	三十七	三十八	武侯元年	二	三	四

己亥	庚子	辛丑	壬寅	癸卯	甲辰	乙巳	丙午	丁未
二十	二十一	二十二	二十三	二十四	二十五	二十六	烈王元年	二
三	四	五	六	七	八	九	十	十一
二十六	二十七	二十八	二十九	三十	三十一	共公元年	二	三
二十三	二十四	二十五	二十六	成王元年	二	三	四	五
十一	十二	十三	十四	十五	靜公元年	二		
二十	二十一	肅王元年	二	三	四	五	六	七
十四	十五	十六	十七	十八	十九	二十	二十一	二十二
三十三	三十四	三十五	三十六	三十七	三十八	三十九	四十	四十一
十四	十五	十六	十七	十八	十九	二十	二十一	
二十一	二十二	二十三	二十四	二十五	二十六	二十七	二十八	二十九
五	六	七	八	九	十	哀侯元年	二	三
五	六	七	八	九	十	十一	十二	成侯元年
五	六	七	八	九	十	十一	十二	十三

戊申	三	十二	四	六	八	二十三	四十二	三十	四	二	十四
己酉	四	十三	五	七	九	辟公元年	聲公元年	桓公元年	五	三	十五
庚戌	五	十四	六	八	十	二	二	二	六	四	十六
辛亥	六	十五	七	九	十一	三	三	三	莊侯元年	五	惠王元年
壬子	七	十六	八	十	宣王元年	剔成元年	四	四	二	六	二
癸丑	顯王元年	十七	九	十一	二	二	五	五	三	七	三
甲寅	二	十八	十	十二	三	三	六	六	四	八	四
乙卯	三	十九	十一	十三	四	四	七	七	五	九	五
丙辰	四	二十	十二	十四	五	五	八	八	六	十	六

丁巳	戊午	己未	庚申	辛酉	壬戌	癸亥	甲子	乙丑
五	六	七	八	九	十	十一	十二	十三
二十一	二十二	二十三	孝公元年	二	三	四	五	六
十三	十四	十五	十六	十七	十八	十九	二十	二十一
十五	十六	十七	十八	十九	二十	二十一	二十二	二十三
六	七	八	九	十	十一	十二	十三	十四
六	七	八	九	十	十一	十二	十三	十四
九	十	十一	成侯元年	二	三	四	五	六
九	十	十一	文公元年	二	三	四	五	六
七	八	九	十	十一	十二	昭侯元年	二	三
十一	十二	十三	十四	十五	十六	十七	十八	十九
七	八	九	十	十一	十二	十三	十四	十五

丙寅	丁卯	戊辰	己巳	庚午	辛未	壬申	癸酉	甲戌
十四	十五	十六	十七	十八	十九	二十	二十一	二十二
七	八	九	十	十一	十二	十三	十四	十五
二十二	二十三	二十四	康公元年	二	三	四	五	六
二十四	二十五	二十六	二十七	二十八	二十九	三十	三十一	三十二
十五	十六	十七	十八	十九	二十	二十一	二十二	二十三
十五	十六	十七	十八	十九	二十	二十一	二十二	二十三
七	八	九	十	十一	十二	十三	十四	十五
七	八	九	十	十一	十二	十三	十四	十五
四	五	六	七	八	九	十	十一	十二
二十	二十一	二十二	二十三	二十四	二十五	肅侯元年	二	三
十六	十七	十八	十九	二十	二十一	二十二	二十三	二十四

乙亥	丙子	丁丑	戊寅	己卯	庚辰	辛巳	壬午	癸未
二十三	二十四	二十五	二十六	二十七	二十八	二十九	三十	三十一
十六	十七	十八	十九	二十	二十一	二十二	二十三	二十四
七	八	九	景公元年	二	三	四	五	六
三十三	三十四	三十五	三十六	宣王元年	二	三	四	五
二十四	二十五	二十六	二十七	二十八	二十九	三十	威王元年	二
二十四	二十五	二十六	二十七	二十八	二十九	三十	三十一	三十二
十六	十七	十八	十九	二十	二十一	二十二	二十三	二十四
十六	十七	十八	十九	二十	二十一	二十二	二十三	二十四
十三	十四	十五	十六	十七	十八	十九	二十	二十一
四	五	六	七	八	九	十	十一	十二
二十五	二十六	二十七	二十八	二十九	三十	三十一	三十二	三十三

甲申	乙酉	丙戌	丁亥	戊子	己丑	庚寅	辛卯	壬辰
三十二	三十三	三十四	三十五	三十六	三十七	三十八	三十九	四十
惠文王元年	二	三	四	五	六	七	八	九
七	八	九	十	十一	十二	十三	十四	十五
六	七	八	九	十	十一	十二	十三	十四
三	四	五	六	七	八	九	十	十一
三十三	三十四	三十五	三十六	三十七	三十八	三十九	四十	四十一
二十五	二十六	二十七	二十八	二十九	平侯元年	二	三	四
二十五	二十六	二十七	二十八	二十九	易王元年	二	三	四
二十二	二十三	二十四	二十五	二十六	宣惠王元年	二	三	四
十三	十四	十五	十六	十七	十八	十九	二十	二十一
三十四	三十五	三十六	襄王元年	二	三	四	五	六

癸巳	甲午	乙未	丙申	丁酉	戊戌	己亥	庚子	辛丑
四十一	四十二	四十三	四十四	四十五	四十六	四十七	四十八	慎靚王元年
十	十一	十二	十三	十四	十五	十六	十七	十八
十六	十七	十八	十九	二十	二十一	二十二	二十三	二十四
十五	十六	十七	十八	十九	湣王元年	二	三	四
懷王元年	二	三	四	五	六	七	八	九
君偃元年	二	三	四	五	六	七	八	九
五	六	七	八	嗣君元年	二	三	四	五
五	六	七	八	九	十	十一	十二	王噲元年
五	六	七	八	九	十	十一	十二	十三
二十二	二十三	二十四	武靈王元年	二	三	四	五	六
七	八	九	十	十一	十二	十三	十四	十五

壬寅	癸卯	甲辰	乙巳	丙午	丁未	戊申	己酉	庚戌
二	三	四	五	六	赧王元年	二	三	四
十九	二十	二十一	二十二	二十三	二十四	二十五	二十六	二十七
二十五	二十六	二十七	二十八	二十九	平公元年	二	三	四
五	六	七	八	九	十	十一	十二	十三
十	十一	十二	十三	十四	十五	十六	十七	十八
十	十一	十二	十三	十四	十五	十六	十七	十八
六	七	八	九	十	十一	十二	十三	十四
二	三	四	五	六	七	八	九	昭王元年
十四	十五	十六	十七	十八	十九	二十	二十一	襄王元年
七	八	九	十	十一	十二	十三	十四	十五
十六	哀王元年	二	三	四	五	六	七	八

辛亥	壬子	癸丑	甲寅	乙卯	丙辰	丁巳	戊午	己未
五	六	七	八	九	十	十一	十二	十三
武王元年	二	三	四	昭王元年	二	三	四	五
五	六	七	八	九	十	十一	十二	十三
十四	十五	十六	十七	十八	十九	二十	二十一	二十二
十九	二十	二十一	二十二	二十三	二十四	二十五	二十六	二十七
十九	二十	二十一	二十二	二十三	二十四	二十五	二十六	二十七
十五	十六	十七	十八	十九	二十	二十一	二十二	二十三
二	三	四	五	六	七	八	九	十
二	三	四	五	六	七	八	九	十
十六	十七	十八	十九	二十	二十一	二十二	二十三	二十四
九	十	十一	十二	十三	十四	十五	十六	十七

庚申	辛酉	壬戌	癸亥	甲子	乙丑	丙寅	丁卯	戊辰
十四	十五	十六	十七	十八	十九	二十	二十一	二十二
六	七	八	九	十	十一	十二	十三	十四
十四	十五	十六	十七	十八	十九	文公元年	二	三
二十三	二十四	二十五	二十六	二十七	二十八	二十九	三十	三十一
二十八	二十九	三十	頃襄王元年	二	三	四	五	六
二十八	二十九	三十	三十一	三十二	三十三	三十四	三十五	三十六
二十四	二十五	二十六	二十七	二十八	二十九	三十	三十一	三十二
十一	十二	十三	十四	十五	十六	十七	十八	十九
十一	十二	十三	十四	十五	十六	釐王元年	二	三
二十五	二十六	二十七	惠文王元年	二	三	四	五	六
十八	十九	二十	二十一	二十二	二十三	昭王元年	二	三

己巳	庚午	辛未	壬申	癸酉	甲戌	乙亥	丙子	丁丑
二十三	二十四	二十五	二十六	二十七	二十八	二十九	三十	三十一
十五	十六	十七	十八	十九	二十	二十一	二十二	二十三
四	五	六	七	八	九	十	十一	十二
三十二	三十三	三十四	三十五	三十六	三十七	三十八	三十九	四十
七	八	九	十	十一	十二	十三	十四	十五
三十七	三十八	三十九	四十	四十一	四十二	四十三		
三十三	三十四	三十五	三十六	三十七	三十八	三十九	四十	四十一
二十	二十一	二十二	二十三	二十四	二十五	二十六	二十七	二十八
四	五	六	七	八	九	十	十一	十二
七	八	九	十	十一	十二	十三	十四	十五
四	五	六	七	八	九	十	十一	十二

戌丙	酉乙	申甲	未癸	午壬	巳辛	辰庚	卯己	寅戊
十四	九十三	八十三	七十三	六十三	五十三	四十三	三十三	二十三
二十三	一十三	十三	九十二	八十二	七十二	六十二	五十二	四十二
一十二	十二	九十	八十	七十	六十	五十	四十	三十
九	八	七	六	五	四	三	二	年元王襄
四十二	三十二	二十二	一十二	十二	九十	八十	七十	六十
八	七	六	五	四	三	二	年元君懷	二十四
四	三	二	年元王惠	三十三	二十三	一十三	十三	九十二
一十二	十二	九十	八十	七十	六十	五十	四十	三十
四十二	三十二	二十二	一十二	十二	九十	八十	七十	六十
二	年元王釐安	九十	八十	七十	六十	五十	四十	三十

丁亥	戊子	己丑	庚寅	辛卯	壬辰	癸巳	甲午	乙未
四十一	四十二	四十三	四十四	四十五	四十六	四十七	四十八	四十九
三十三	三十四	三十五	三十六	三十七	三十八	三十九	四十	四十一
二十二	二十三	頃公元年	二	三	四	五	六	七
十	十一	十二	十三	十四	十五	十六	十七	十八
二十五	二十六	二十七	二十八	二十九	三十	三十一	三十二	三十三
九	十	十一	十二	十三	十四	十五	十六	十七
五	六	七	武成王元年	二	三	四	五	六
二十二	二十三	桓惠王元年	二	三	四	五	六	七
二十五	二十六	二十七	二十八	二十九	三十	三十一	三十二	三十三
三	四	五	六	七	八	九	十	十一

丙申	五十	四十二	八	十九	三十四	十八	七	八	孝成王元年	十二
丁酉	五十一	四十三	九	王建元年	三十五	十九	八	九	二	十三
戊戌	五十二	四十四	十	二	三十六	二十	九	十	三	十四
己亥	五十三	四十五	十一	三	考烈王元年	二十一	十	十一	四	十五
庚子	五十四	四十六	十二	四	二	二十二	十一	十二	五	十六
辛丑	五十五	四十七	十三	五	三	二十三	十二	十三	六	十七
壬寅	五十六	四十八	十四	六	四	二十四	十三	十四	七	十八
癸卯	五十七	四十九	十五	七	五	二十五	十四	十五	八	十九
甲辰	五十八	五十	十六	八	六	二十六	孝王元年	十六	九	二十

乙巳	丙午	丁未	戊申	己酉	庚戌	辛亥	壬子	癸丑
五十九								
五十一	五十二	五十三	五十四	五十五	五十六	孝文王元年	莊襄王元年	二
十七	十八	十九	二十	二十一	二十二	二十三	二十四	
九	十	十一	十二	十三	十四	十五	十六	十七
七	八	九	十	十一	十二	十三	十四	十五
二十七	二十八	二十九	三十	元君元年	二	三	四	五
二	三	王喜元年	二	三	四	五	六	七
十七	十八	十九	二十	二十一	二十二	二十三	二十四	二十五
十	十一	十二	十三	十四	十五	十六	十七	十八
二十一	二十二	二十三	二十四	二十五	二十六	二十七	二十八	二十九

甲寅	乙卯	丙辰	丁巳	戊午	己未	庚申	辛酉	壬戌
三	始皇帝元年	二	三	四	五	六	七	八
十八	十九	二十	二十一	二十二	二十三	二十四	二十五	二十六
十六	十七	十八	十九	二十	二十一	二十二	二十三	二十四
六	七	八	九	十	十一	十二	十三	十四
八	九	十	十一	十二	十三	十四	十五	十六
二十六	二十七	二十八	二十九	三十	三十一	三十二	三十三	三十四
十九	二十	二十一	悼襄王元年	二	三	四	五	六
三十	三十一	三十二	三十三	三十四	景湣王元年	二	三	四

癸亥	甲子	乙丑	丙寅	丁卯	戊辰	己巳	庚午	辛未
九	十	十一	十二	十三	十四	十五	十六	十七
二十七	二十八	二十九	三十	三十一	三十二	三十三	三十四	三十五
二十五	幽王元年	二	三	四	五	六	七	八
十五	十六	十七	十八	十九	二十	二十一	二十二	二十三
十七	十八	十九	二十	二十一	二十二	二十三	二十四	二十五
王安元年	二	三	四	五	六	七	八	九
七	八	九	王遷元年	二	三	四	五	六
五	六	七	八	九	十	十一	十二	十三

壬申	癸酉	甲戌	乙亥	丙子	丁丑	戊寅	己卯	庚辰
十八	十九	二十	二十一	二十二	二十三	二十四	二十五	二十六
三十六	三十七	三十八	三十九	四十	四十一	四十二	四十三	四十四
九	十	負芻元年	二	三	四	五		
君角元年	二	三	四	五	六	七	八	九
二十六	二十七	二十八	二十九	三十	三十一	三十二	三十三	
七	八	代王嘉元年	二	三	四	五	六	
十四	十五	王假元年	二	三				

辛巳	二十七	十
壬午	二十八	十一
癸未	二十九	十二
甲申	三十	十三
乙酉	三十一	十四
丙戌	三十二	十五
丁亥	三十三	十六
戊子	三十四	十七
己丑	三十五	十八

庚寅	辛卯	壬辰	癸巳	甲午	乙未	丙申	丁酉	戊戌
三十六	三十七	二世元年	二	三	漢高祖元年	二	三	四
十九	二十	二十一						

己亥	庚子	辛丑	壬寅	癸卯	甲辰	乙巳	丙午	丁未
五	六	七	八	九	十	十一	十二	孝惠帝元年

戊申	己酉	庚戌	辛亥	壬子	癸丑	甲寅	乙卯	丙辰
二	三	四	五	六	七	呂后元年	二	三

丁巳	戊午	己未	庚申	辛酉	壬戌	癸亥	甲子	乙丑
四	五	六	七	八	孝文帝元年	二	三	四

丙寅 五

丁卯 六

戊辰 七

己巳 八

庚午 九

辛未 十

壬申 十一

癸酉 十二

甲戌 十三

乙亥	丙子	丁丑	戊寅	己卯	庚辰	辛巳	壬午	癸未
十四	十五	十六	後元年	二	三	四	五	六

甲申	七
乙酉	孝景帝元年
丙戌	二
丁亥	三
戊子	四
己丑	五
庚寅	六
辛卯	七
壬辰	中元年

癸巳	二
甲午	三
乙未	四
丙申	五
丁酉	六
戊戌	後元年
己亥	二
庚子	三
辛丑	孝武建元元年

壬寅	癸卯	甲辰	乙巳	丙午	丁未	戊申	己酉	庚戌
二	三	四	五	六	元光元年	二	三	四

辛亥	壬子	癸丑	甲寅	乙卯	丙辰	丁巳	戊午	己未
五	六	元朔元年	二	三	四	五	六	元狩元年

庚申	二
辛酉	三
壬戌	四
癸亥	五
甲子	六
乙丑	元鼎元年
丙寅	二
丁卯	三
戊辰	四

己巳	庚午	辛未	壬申	癸酉	甲戌	乙亥	丙子	丁丑
五	六	元封元年	二	三	四	五	六	太初元年

戊寅 二

己卯 三

庚辰 四